新编中文版
Office
五合一教程

恒盛杰资讯／编著

中国青年出版社
中国青年电子出版社
http://www.21books.com http://www.cgchina.com

图书在版编目(CIP)数据

新编中文版 Office 五合一教程 / 恒盛杰资讯编著. —北京：中国青年出版社，2006

ISBN 7-5006-7059-1

I.新... II.恒... III.办公室—自动化—应用软件，Office 2003 —教材 IV.TP317.1

中国版本图书馆 CIP 数据核字（2006）第 099863 号

书　　名：新编中文版 Office 五合一教程
编　　著：恒盛杰资讯
出版发行：中国青年出版社
　　　　　地址：北京市东四十二条 21 号　邮政编码：100708
　　　　　电话：(010) 84015588　传真：(010) 64053266
印　　刷：北京市耀华印刷有限公司
开　　本：787 × 1092　1/16　印　张：22
版　　次：2006 年 10 月北京第 1 版
印　　次：2006 年 10 月第 1 次印刷
书　　号：ISBN 7-5006-7059-1
定　　价：34.00 元（附赠 1CD）

办公自动化为人们日常工作效率的提高带来质的飞跃。目前，应用最广的办公软件首推美国 Microsoft 公司的 Microsoft Office 系列。Microsoft Office 提供了有效的方法和技术，将人、信息和业务流程有机地整合为一体，帮助人们利用有限的时间充分挖掘信息含金量，进而提升业务水平。

随着该系列软件的不断升级，办公自动化的进程也发生着日新月异的变化。Microsoft Office 2003 在 Office 前几个版本的基础上进行了大幅度改进，更强大的功能和更方便的操作更符合人们的使用习惯。本书力求把全新的 Microsoft Office 2003 系列中文版的 Word 2003，Excel 2003，PowerPoint 2003，Access 2003 和 Outlook 2003 五个常用软件系统地介绍给用户。

本书内容

本书分为 6 篇，共 18 章。

第 1 篇为基本操作篇，主要讲述 Office 的基础知识：Office 2003 概述，文件的创建、打开、保存、关闭和基本编辑操作，Office 2003 的窗口组成以及 Office 2003 的帮助功能等。

第 2 篇为 Word 2003 的基础和应用，主要讲述 Word 2003 中文档的基本操作：字符的插入与设置，格式的设置与处理，表格的创建与编辑，图片的插入与修改等。

第 3 篇为 Excel 2003 的基础和应用，主要讲述 Excel 2003 中表的基本操作：单元格的基本操作，表格的格式设定，在工作表中应用公式及函数，利用工作表中的数据创建图表等。

第 4 篇为 PowerPoint 2003 的基础和应用，主要讲述 PowerPoint 2003 中幻灯片的基本操作：幻灯片的创建，剪贴画与图形的插入，文本的编辑，动画的设置，声音、影片的插入和幻灯片的后期处理等。

第 5 篇为 Access 2003 的基础和应用，主要讲述 Access 2003 中数据库的基本操作：数据表的创建，窗体的创建，不同种类报表的创建，各种形式查询的创建等。

第 6 篇为 Outlook 2003 的基础和应用，主要讲述 Outlook 2003 中日常事务的管理：电子邮件的收发，联系人的添加与管理，约会的安排，任务的分派，日历、便笺的创建等。

本书特色

实用性：本书的实例都来自日常办公中常见的典型范例，实例中应用的技巧都源于实践经验的总结和归纳。

全面性：本书内容包括应用 Office 2003 系列的 Word，Excel，PowerPoint，Access

和 Outlook 处理日常事务的各个方面。

易读性：遵循大多数读者的学习习惯，本书按照课前预习、正式课堂、课堂问答、举一反三和课后练习的顺序安排各个章节的内容。附录部分为课后练习的部分答案，上机练习题的答案收录在光盘中。

本书光盘

随书附赠光盘包含本书涉及的所有素材源文件和最终效果，供读者学习时参考。光盘中还包括 83 个实例的多媒体视频教学文件，长达 200 分钟，帮助读者巩固对书中所学知识的应用。另外，所有课后练习中上机题目的答案和操作详解也收录在光盘中，以便读者在学习过程中随时参考。

读者对象

零起点用户可以轻松入门，学会使用 Office 2003；有一定基础的用户可以得到更多启发，以便增强应用技能。

作　者

2006 年 9 月

目 录 CONTENTS

Chapter 8

Part 4
PowerPoint 2003的基础与应用

Chapter 9

Chapter 10

Chapter 11

Part 5
Access 2003的基础与应用

Chapter 12

Chapter 13

Chapter 14

Appendix

Part 1

Office 2003的基础知识

Office 2003是Microsoft公司推出的新一代办公软件，提供了更加人性化的软件界面，用户能更加便捷地完成操作。

本篇讲解Office 2003中文版的基本操作，帮助用户了解Office 2003的概况，为接下来的学习奠定基础。

本篇包括
第1章　Office 2003的基本操作

1 Chapter

Office 2003的基本操作

 课前预习

本章主要讲述 Office 2003 中文版的基础知识。Office 2003 中文版是 Microsoft 公司推出的新一代办公软件，提供了创建业务信息解决方案所需要的构件，提高了公司对市场变化的应对能力。在本章将学习到：Office 2003 的概述，Office 2003 的启动，Office 2003 各组件的界面，Office 2003 各组件的基本操作，Office 2003 的帮助平台。

 正式课堂

1.1 Office 2003的概述

Office 2003 是 Microsoft 的新一代产品，将用户、信息和信息处理结合在一起，使用户更方便地对信息进行有效的处理，以取得更好的效果。

1.1.1 Office 2003简介

Office 2003 中文版是 Microsoft 公司推出的办公自动化软件，包括 Word 2003 中文版、Excel 2003 中文版、PowerPoint 2003 中文版、Access 2003 中文版、Outlook 2003 中文版等 9 大软件，运行环境为 Windows 95, Windows 98, Windows 2000, Windows Me, Windows XP 和 Windows 2003 等。

Office 2003 的功能强大，可以进行文档处理、电子表格制作、幻灯片制作、数据库管理、电子邮件管理以及日常事务的管理等。每一个应用软件均采用同一标准的菜单栏、工具栏、快捷键等，能方便地实现数据的共享、文件的合并等操作。Office 2003 的设计具有人性化，能根据用户在操作过程可能遇到的各种情况进行智能化猜想，给用户的操作提供了方便。

在 Office 2003 中，Word 2003 主要用于创建简单的文本文档或者复杂的事务性文档；Excel 2003 主要用于创建电子表格，并对表格中的数据进行处理、分析，还可以创建报表等；PowerPoint 2003 主要用来创建演示文稿，包括文本、声音和图片，可以用于演讲或展示；Access 2003 可以建立完整的数据库处理，查询数据或打印报表，使管理更具有系统性；Outlook 2003 可以实现对"电子邮件"、"日历"、"联系人"、"便笺"等事务的管理，使日常生活变得正常、有序。

1.1.2 通过不同的方式启动Office 2003

1. 从"开始"菜单启动

执行"开始>所有程序>Microsoft Office"命令，如图1-1所示。在弹出的菜单中，单击相应的程序名（如Microsoft Office Excel 2003），即会启动相应程序。

图1-1　在"开始"菜单中启动Office 2003各组件的操作

2. 设置Office各组件桌面快捷方式图标

在桌面上设置Office 2003各组件快捷方式，使用时，直接双击相应的快捷方式图标即可启动Word 2003，Excel 2003，PowerPoint 2003，Access 2003和Outlook 2003。具体操作步骤如下：

步骤01　执行"开始>所有程序>Microsoft Office"命令。

步骤02　在弹出的菜单中，右键单击Microsoft Office Word 2003选项，在弹出的快捷菜单中，执行"发送到>桌面快捷方式"命令，如图1-2所示；桌面即会显示快捷方式图标，如图1-3所示。

步骤03　按照步骤2所介绍的方法，可以创建Excel 2003，PowerPoint 2003，Aceess 2003和Outlook 2003的桌面快捷方式图标，显示结果如图1-3所示。

图1-2　设置快捷方式操作

图1-3　桌面快捷方式图标

新编中文版 Office 五合一教程

1.1.3 **Office 2003各组件的窗口介绍**

Word 2003 窗口、Excel 2003 窗口、PowerPoint 2003 窗口、Access 2003 窗口和 Out-look 2003 窗口如图 1-4 到图 1-8 所示。这 5 个窗口都包括：标题栏、菜单栏、工具栏和状态栏。

标题栏显示正在打开的文件的名称，右侧是 3 个按钮（"最小化"按钮 、"最大化"按钮 、"关闭"按钮 ）。单击"最大化"按钮后，"最大化"按钮变为"还原"按钮 。

菜单栏位于标题栏的下面，包含所有菜单项，如 Word 2003 窗口中的"文件"菜单、"编辑"菜单、"视图"菜单等。

工具栏位于菜单栏的下面，包括很多按钮，如"打开"按钮 、"保存"按钮 、"打印"按钮 等。这些按钮的功能和菜单中与之对应的命令的功能是一样的，如单击"打开"按钮和执行"文件>打开"命令的结果是一样的。

状态栏位于窗口的底部，显示正在打开的文件的状态。例如，Word 2003 中的状态栏会显示当前文件的页码、光标所在的位置是第几行第几列；PowerPoint 2003 中的状态栏会显示幻灯片的数量、当前正在显示的幻灯片的位置。

图 1-4　Word 2003 窗口

图 1-5　Excel 2003 窗口

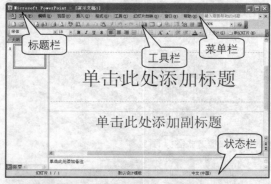

图 1-6　PowerPoint 2003 窗口

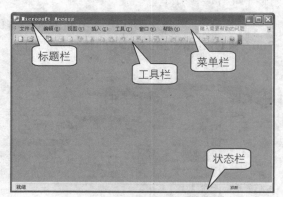

图 1-7　Access 2003 窗口

图1-8   Outlook 2003 窗口

1.2   Office 2003各组件的通用操作

Office 2003 各组件的通用操作包括文档的创建和打开、文档的保存和关闭、文档的打印等操作，Office 2003 中的大部分软件都具有与此相似的操作。

1.2.1   新建和打开

Word, Excel 和 PowerPoint 的新建和打开操作基本一致。启动 Word，Excel 和 PowerPoint 时，系统将自动创建一个文档，如启动 Word 时，会创建"文档 1"；启动 Excel 时，会创建"Book1"；启动 PowerPoint 时，会创建"演示文稿 1"等。Access 和 Outlook 的操作相对复杂一些。

1. 创建默认空白文件

在 Office 2003 的应用程序中，创建空白文件的具体操作如下：

打开相应的 Office 2003 程序，执行"文件>新建"命令，打开"新建文档"（"新建工作簿"、"新建演示文稿"）任务窗格，如图 1-9、图 1-11 和图 1-13 所示。

如图 1-10、图 1-12 和图 1-14 所示分别为新建的 Word 文档、新建的 Excel 工作簿和新建的 PowerPoint 演示文稿。

图 1-9   "新建文档"任务窗格

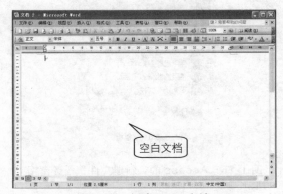

图 1-10   新建 Word 文档

新编中文版 Office 五合一教程

图 1-11 "新建工作簿"任务窗格

图 1-12 新建 Excel 工作簿

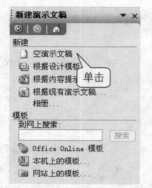

图 1-13 "新建演示文稿"任务窗格

图 1-14 新建 PowerPoint 演示文稿

在 Access 2003 中，执行"文件>新建"命令，弹出"新建文件"任务窗格，如图 1-15 所示。单击"空数据库"超链接后，弹出如图 1-16 所示的"文件新建数据库"对话框。在该对话框的"保存位置"下拉列表框中选择将要新建的数据库文件的保存位置。在"文件名"下拉列表框处直接输入新建数据库的名称。在"保存类型"下拉列表框中选择文件的保存类型。默认保存位置为"我的文档"文件夹。可以在对话框左边的列表框中选择其他保存位置，如"桌面"。

图 1-15 Access 的"新建文件"任务窗格

图 1-16 "文件新建数据库"对话框

　　设置好保存位置后，单击　创建(C)　按钮，即可弹出如图1-17所示的空数据库。在空数据库继续创建表、查询、窗体、报表、页、宏、模块等对象。

图1-17　Access的新建空白数据库

　　在Outlook 2003中，执行"文件>新建"命令，弹出的"新建"菜单如图1-18所示。在该菜单中选择要新建的内容（如导航窗格快捷方式），会弹出如图1-19所示的"添加到导航窗格"对话框。在"文件夹名称"下拉列表框中设置要添加到导航窗格的文件夹的名称。设置完成后，单击"确定"按钮。

图1-18　Outlook的"新建"菜单

图1-19　"添加到导航窗格"对话框

2. 利用模板创建文件

　　利用模板创建文件的具体操作步骤如下：

　　步骤01 执行"文件>新建"命令，打开"新建文档"（"新建工作簿"、"新建演示文稿"和"新建文件"）任务窗格，并单击"本机上的模板"超链接，如图1-20、图1-22、图1-24和图1-26所示。

　　步骤02 弹出"模板"对话框。（图1-21所示的为Word 2003的"模板"对话框，包括常用、报告、备忘录、出版物等模板类型；图1-23所示的为Excel 2003的"模板"对话框，包括常用、电子方案表格等模板类型；图1-24所示的为PowerPoint 2003的"新建演示文稿"对话框，包括常用、设计模板、演示文稿等模板类型；图1-27所示的为Access 2003的"模板"对话框）。在对话框中，单击相应的标签即可进入相应的选项卡中选取相应的文档，如单击图1-21中的"报告"标签，可以进入"报告"选项卡，在该选项卡中选择适当的模板。

图 1-20　进入 Word 模板的操作

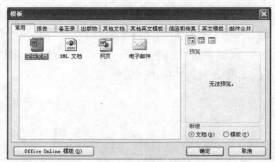

图 1-21　Word 2003 的"模板"对话框

图 1-22　进入 Excel 模板的操作

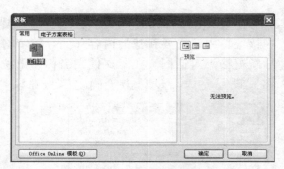

图 1-23　Excel 2003 的"模板"对话框

图 1-24　进入 PowerPoint 模板的操作

图 1-25　"新建演示文稿"对话框

图 1-26　进入 Access 模板的操作

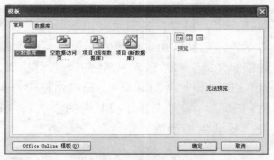

图 1-27　Access 2003 的"模板"对话框

在 Outlook 2003 中，创建"此文件夹中的讨论"文件时可以使用模板。这里使用的模板与 Word 2003 中创建新文档时使用的模板一样。

步骤 03 单击需要的模板的图标，并在预览框中预览，如图 1-28 和图 1-29 所示为 Excel 2003 和 PowerPoint 2003 中的模板。满意后单击 确定 按钮即可打开相应的模板文档。

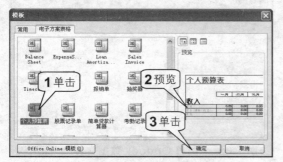
图 1-28　Excel 2003 模板

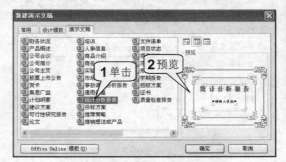
图 1-29　PowerPoint 2003 模板

3. 打开文件

若要对已有的文件进行编辑，首先要打开已有文件。在 Office 中可以一次性打开多个不同类型的文件。具体步骤如下：

步骤 01 在 Word 2003，Excel 2003，PowerPoint 2003 和 Access 2003 中，执行"文件>打开"命令，弹出"打开"对话框。如图 1-30 所示为 Word 2003 的"打开"对话框，如图 1-31 所示为 Excel 2003 的"打开"对话框，如图 1-32 所示为 PowerPoint 的"打开"对话框，如图 1-33 所示为 Access 2003 的"打开"对话框。

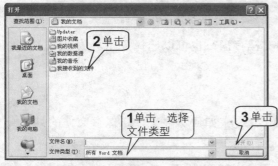
图 1-30　Word 2003 的"打开"对话框

图 1-31　Excel 2003 的"打开"对话框

图 1-32　PowerPoint 2003 的"打开"对话框

图 1-33　Access 2003 的"打开"对话框

在 Outlook 2003 中，执行"文件>打开"命令，弹出的"打开"菜单如图 1-34 所示。在 Outlook 中可以打开其他用户的文件夹和本机上的 Outlook 数据文件。这里执行"Outlook 数据文件"命令，弹出如图 1-35 所示的"打开 Outlook 数据文件"对话框。

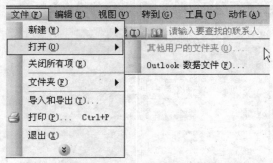

图 1-34　Outlook 2003 的"打开"菜单

图 1-35　"打开 Outlook 数据文件"对话框

步骤 02 在图 1-30、图 1-31、图 1-32、图 1-33 和图 1-35 所示的对话框的"文件类型"后面的下拉列表框中选取相应的文档类型，如"所有 Word 文档"、"所有演示文稿"等。

步骤 03 在对话框左侧单击"桌面"、"我的文档"、"我的电脑"和"网上邻居" 4 个图标中的一个图标，可以切换到相应的文件夹，如单击"我的电脑"图标会显示"我的电脑"文件夹中的文件，默认显示为"我的文档"文件夹中的文件。单击"查找范围"下拉列表框右侧的下三角按钮，在弹出的下拉列表框中选择要打开的文件夹。

步骤 04 单击要打开的文档，单击 [打开(O)] 或 [确定] 按钮，即可打开相应的文档。

1.2.2　保存和关闭

在 Office 2003 中编辑好文件后，需及时将文档存盘；也可以选择关闭，放弃对文件的编辑。

1. 保存文件

下面介绍在 Word，Excel，PowerPoint 和 Access 中如何保存文件。保存文件的具体操作步骤如下：

步骤 01 在 Word 2003，Excel 2003，PowerPoint 2003 和 Access 2003 中，如果保存新建文件，执行"文件>保存"命令后，弹出"另存为"对话框。图 1-36 所示的为 Word 2003 的"另存为"对话框，图 1-37 所示的为 Excel 2003 的"另存为"对话框，图 1-38 所示的为 PowerPoint 2003 的"另存为"对话框，图 1-39 所示的为 Access 2003 的"另存为"对话框。

步骤 02 在"文件名"后面的文本框中键入文件的名称；单击"保存位置"下拉列表框右侧的下三角按钮，从弹出的下拉列表框中选择要保存文件的位置；从"保存类型"下拉列表框中选择将要保存的文件的文件类型。

步骤 03 操作完毕后，单击 🖬 或 [确定] 按钮，文件被保存。

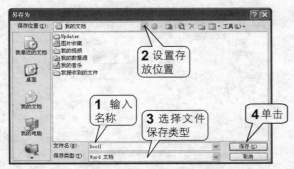

图 1-36　Word 2003 的 "另存为" 对话框

图 1-37　Excel 2003 的 "另存为" 对话框

图 1-38　PowerPoint 2003 的 "另存为" 对话框

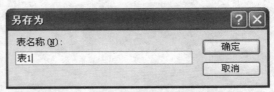

图 1-39　Access 2003 的 "另存为" 对话框

　　如果是对以前的文件进行修改，执行 "文件>保存" 命令后，不会弹出 "另存为" 对话框；执行 "文件>另存为" 命令后，会弹出 "另存为" 对话框。这里弹出的 Word 2003，Excel 2003 和 PowerPoint 2003 的 "另存为" 对话框分别如图 1-36、图 1-37 和图 1-38 所示。在 Access 2003 中弹出的 "另存为" 对话框如图 1-40 所示。

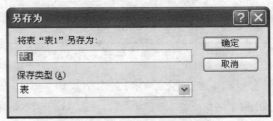

图 1-40　Access 2003 的 "另存为" 对话框 2

2. "另存为" 对话框中的按钮

　　在 Word 2003，Excel 2003 和 PowerPoint 2003 的 "另存为" 对话框中，"保存位置" 下拉列表框的右侧有几个按钮。下面以 Word 2003 的 "另存为" 对话框为例讲解。

　　单击◎·按钮，返回上一次操作，如果操作多次，可以单击◎·按钮右侧的下三角按钮，从弹出的列表中选择要返回的某次操作，如图 1-41 所示。

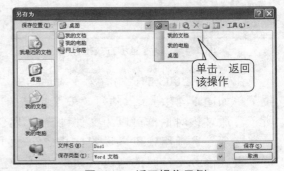

图 1-41　返回操作示例

单击 按钮，可以返回到上一级目录中。在目录列表中选中某个文档，并单击 按钮，如图 1-42 所示，可直接将选中文档删除。单击该按钮与按 Delete 键功能相同，被删除的文件存放在回收站中。如果按 Shift + Delete 键，文件被彻底删除，不能恢复。

图 1-42 删除选中文档操作

单击 按钮，弹出"新文件夹"对话框，如图 1-43 所示，在"名称"后面的文本框中输入相应的文件名（如"计划"），即可新建一个文件名为"计划"的文件夹，并将文档直接保存在该文件夹中，如图 1-44 所示。

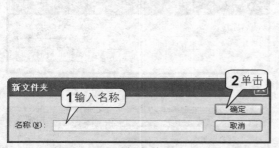

图 1-43 "新文件夹"对话框

图 1-44 创建"计划"文件夹

单击 按钮右侧的下三角按钮，即可在弹出的下拉菜单中选择列表中文件的显示方式，如图 1-45 所示；执行"平铺"命令，显示的视图如图 1-46 所示。

图 1-45 设置显示方式操作

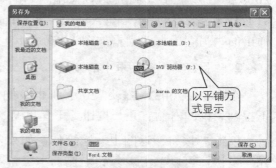

图 1-46 平铺显示

在 Word 2003 的"另存为"对话框中，单击 工具(L) 按钮右侧的下三角按钮，弹出的下拉菜单如图 1-47 所示。执行"安全措施选项"命令，弹出的"安全性"对话框如图 1-48 所示。通过该对话框可以为文件设置打开文件密码、修改文件密码等。在"此文档的文件加密选项"选项组中可以设置打开文件时的密码。在"此文档的文件共享选项"选项组中可以设置修改文件时的密码；如果选中"建议以只读方式打开文档"复选框，打开时，系统提示建议以只读方式打开文档；单击"保护文档"按钮，会弹出如图 1-49 所示的"保护文档"任务窗格。在"保护文档"任务窗格中可以进一步对文档的安全性进行设置。

　　　　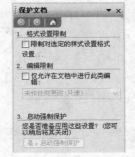

图 1-47　Word"工具"下拉菜单　图 1-48　"安全性"对话框　图 1-49　"保护文档"任务窗格

在 Excel 2003 的"另存为"对话框中，单击 工具(L)· 按钮右侧的下三角按钮，弹出的下拉菜单如图 1-50 所示。执行"常规选项"命令，弹出的"保存选项"对话框如图 1-51 所示。在该对话框的"文件共享"选项组中可以设置文件的打开权限密码和修改权限密码。

图 1-50　Excel"工具"下拉菜单　　　　　　图 1-51　"保存选项"对话框

在 PowerPoint 2003 的"另存为"对话框中，单击 工具(L)· 按钮右侧的下三角按钮，弹出的下拉菜单如图 1-52 所示。执行"安全选项"命令，弹出的"安全选项"对话框如图 1-53 所示。在该对话框中可以设置文件的打开权限密码和修改权限密码。

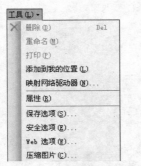　　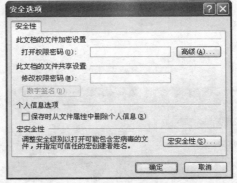

图 1-52　PowerPoint"工具"下拉菜单　　　　图 1-53　"安全选项"对话框

3. 关闭文件

编辑完 Office 文件时，执行"文件>关闭"命令，可以直接关闭文档；也可以单击文件右上角的"关闭"按钮 ×，关闭文件；还可以单击程序窗口右上角的"关闭"按钮 ×，把文件和程序一起关闭。如果文档还没有保存，则弹出对话框，询问是否保存。单击 是(Y) 按钮，保存并关闭文档。如图 1-54 所示为 Excel 中的"Microsoft Excel"对话框。

图 1-54 "Microsoft Excel"对话框

1.2.3 页面设置

编辑完文档之后，可根据需要对文档的页面进行设置。在 Office 2003 各个组件中，除了 Outlook 2003 以外，其他 4 个组件都有各自的"页面设置"对话框。图 1-55～ 图 1-58 所示分别是 Word 2003，Excel 2003，PowerPoint 2003 和 Access 2003 的"页面设置"对话框。

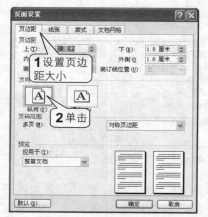

图 1-55 Word 2003 的"页面设置"对话框

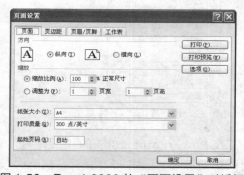

图 1-56 Excel 2003 的"页面设置"对话框

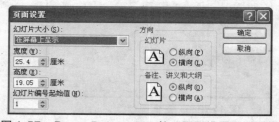

图 1-57 PowerPoint 2003 的"页面设置"对话框

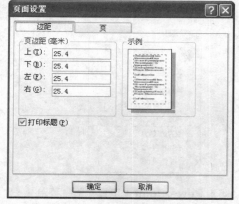

图 1-58 Access 2003 的"页面设置"对话框

在 Office 各组件中，页面设置大同小异，这里以 Word 2003 的页面设置为例介绍页面设置的操作。设置文档页面时的具体步骤如下：

步骤 01　执行"文件>页面设置"命令，如图1-59所示，弹出的"页面设置"对话框如图1-55所示。在"页边距"选项组的"上"、"下"、"左"、"右"四个微调框中设置文档距离纸的上、下、左、右四个边的距离；在"装订线"和"装订线位置"微调框中设置装订线的位置和距离。在"方向"选项组中设定纸张的方向，如图1-55所示。

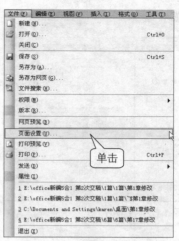

图1-59　页面设置操作

步骤 02　单击"纸张"标签，进入"纸张"选项卡，单击"纸张大小"下拉列表框右侧的下三角按钮，在弹出的下拉列表框中选择相应的纸型（如"大32开"），如图1-60所示。

步骤 03　单击"版式"标签，进入"版式"选项卡，如图1-61所示，在"页眉和页脚"选项组中进行相应的设置，单击 确定 按钮，即可完成页面设置。

图1-60　"纸张"选项卡

图1-61　"版式"选项卡

1.2.4　打印

对文件编辑完毕后，一般需要打印文件。为提高打印的质量，应在打印之前对文件进行预览。这里以Word 2003为例介绍，具体步骤如下：

步骤 01　执行"文件>打印预览"命令，进入预览界面，单击"显示比例"下拉列表框右侧的下三角按钮，选择预览的显示比例（如"25％"、"50％"、"100％"等），如图1-62所示。

步骤 02　单击 按钮，鼠标变成放大镜的形状，如图1-63所示，单击鼠标，将文档放大。

图 1-62 打印预览

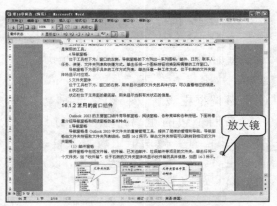

图 1-63 放大所预览的文档

步骤 03 如果预览不满意，关闭预览框后，对文档进行调整或修改，直到满意。执行"文件>打印"命令，弹出"打印"对话框，如图 1-64 所示。

步骤 04 在"页面范围"选项组中设置打印范围，在"副本"选项组中设定打印的份数，在"打印"下拉列表框中设定打印"奇数页"、"偶数页"或"所有页"。设置完毕后，单击 确定 按钮即可打印。

图 1-64 "打印"对话框

1.2.5 基本编辑操作

基本编辑操作主要包括剪切、复制、粘贴、查找和替换、操作的撤销与恢复等。这里以 Word 2003 为例介绍基本编辑操作，其他 Office 2003 组件的基本编辑操作可以此为参考，再结合各自的具体情况应用。

1. 剪切和粘贴

执行文本的剪切和粘贴的具体操作步骤如下：

步骤 01 选定要剪切的文本，单击鼠标右键，在弹出的快捷菜单中执行"剪切"命令，如图 1-65 所示。

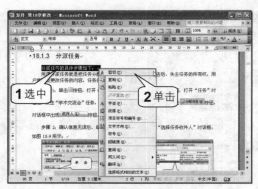

图 1-65 剪切操作

步骤 02 执行完毕后，所选文本在文
档中消失，如图 1-66 所示。

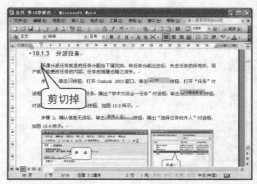

图 1-66　剪切文本示例

步骤 03 将光标移至要插入剪切文本的位置，单击鼠标右键，在弹出的快捷菜单中执行
"粘贴"命令，如图 1-67 所示，光标处添加了剪切下来的文本，如图 1-68 所示。

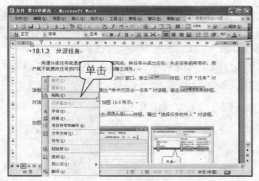

图 1-67　粘贴文本操作

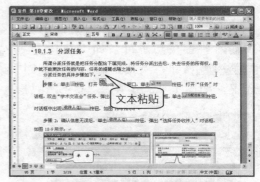

图 1-68　粘贴文本示例

2．复制与粘贴

文本的复制与粘贴在 Word 操作中尤为常用，文本的复制和粘贴的具体操作步骤如下：

步骤 01 选定要复制的文本，单击鼠标右键，在弹出的快捷菜单中执行"复制"命令，
如图 1-69 所示，被复制的文本不发生变化。

步骤 02 将光标移至要插入复制文本的位置，单击鼠标右键，在弹出的快捷菜单中执行
"粘贴"命令，光标处添加了被复制的文本，如图 1-70 所示。

图 1-69　复制文本操作

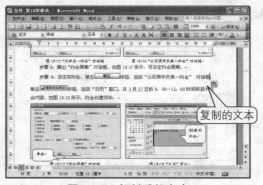

图 1-70　复制后的文本

3. 查找和替换

Office 中提供了查找和替换功能，其功能极为强大，能够通过系统快速地在文档中查找指定的内容，并可以对查找到的内容进行替换。

（1）文本的查找

用户可以在文档中查找汉字、标点、英文等内容，并找到所有与之相匹配的所有字符，具体操作步骤如下：

步骤 01 执行"编辑>查找"命令，弹出"查找和替换"对话框，如图 1-71 所示。

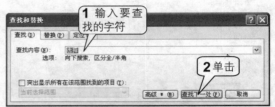

图 1-71 "查找和替换"对话框

步骤 02 在"查找内容"后面的文本框中输入要查找的字符（如"选择"）单击 查找下一处(F) 按钮，所找到的字符在文档中被选中，如图 1-72 所示。

步骤 03 反复单击 查找下一处(F) 按钮（或按 Enter 键），继续进行查找，当查找到文档的末尾时，弹出 Microsoft Office Word 对话框，提示已经到文档的末尾，询问是否从头开始查找，如图 1-73 所示。

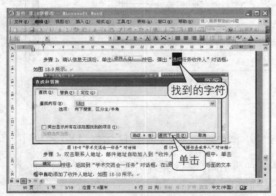

图 1-72 文档中自动标注找到的字符

图 1-73 Microsoft Office Word 对话框

步骤 04 单击 是(Y) 按钮，继续执行查找；如果查找完毕，单击 否(N) 按钮，关闭对话框即可。

（2）替换文本

Office 2003 提供了强大的替换功能，能将查找到的指定字符用新的字符替换（如将"；"替换为"。"），纠错能力很强，具体实现步骤如下：

步骤 01 执行"编辑>替换"命令，弹出"查找与替换"对话框，在"查找内容"后面的文本框中输入要查找的字符（如"；"），在"替换为"后面的文本框中输入要替换的字符（如"。"），如图 1-74 所示。

步骤 02 单击 查找下一处(F) 按钮，文档中将找到的"；"符号标注出来，如果需要替换为"。"，则单击 替换(R) 按钮，如图 1-75 所示，将标注的"；"替换为"。"。

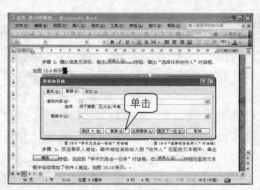

图1-74　"查找和替换"对话框

图1-75　替换文本

步骤03，继续单击 查找下一处(E) 按钮，继续查找并替换，直到完成，关闭对话框。如果要将所有的"；"均替换为"。"，只需单击 全部替换(A) 按钮，即可一次性完成。

4．操作的撤销与恢复

在编辑文档时，经常会出现一些误操作，用户想返回到原来的状态时就可以采用恢复或撤销操作。

例如，将"步骤7"的字体改成"黑体"，如图1-76所示；设置完毕后觉得不够合适，可以单击 ↺ 按钮，撤销原来的操作，将字体还原为"宋体"，如图1-77所示；如果将字体、字号均恢复到原来状态，只需单击两次 ↺ 按钮。

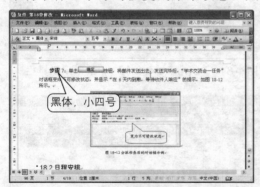

图1-76　两步操作改变字体、字号

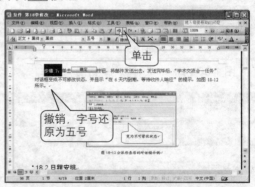

图1-77　撤销操作

如果出现误撤销，可以单击 ↻ 按钮，恢复原来的状态。将"步骤7"的字号由"五号"还原到撤销之前的状态，只需单击 ↻ 按钮，如图1-78所示。

图1-78　恢复撤销前的状态

1.2.6 各组件中常用的工具栏

Office 2003 的功能强大，所有能够利用菜单执行的命令，都能利用工具栏中的按钮操作完成。但是由于 Office 2003 中的工具栏数目繁多，一般不显示全部工具栏，只显示部分工具栏。如果需要显示已经隐藏的工具栏，只须执行"视图>工具栏"命令，再选择相应的工具栏名称即可。如图 1-79 到图 1-83 所示分别为 Word 2003，Excel 2003，PowerPoint 2003，Access 2003 和 Outlook 2003 中常用的工具栏。

图 1-79　Word 2003 中的常用工具栏

图 1-80　Excel 2003 中的常用工具栏

图 1-81　PowerPoint 2003 中的常用工具栏

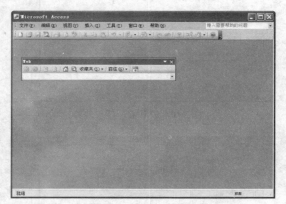

图 1-82　Access 2003 中的常用工具栏

图 1-83　Outlook 2003 中的常用工具栏

如果在工具栏中要删除或添加相应的按钮，单击工具栏右下方的三角按钮，在弹出的下拉菜单中执行"添加或删除按钮>格式"命令，弹出"格式"级联菜单，如图 1-84 所示。已经被执行的命令在"格式"工具栏中显示相应的按钮（如"样式"命令）；未执行的命令没有相应的按钮（如"增大字体"命令）显示在"格式"工具栏中，执行该命令，即可在"格式"工具栏中显示相应的按钮。

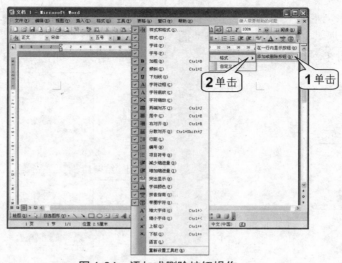

图 1-84　添加或删除按钮操作

1.3　Office 2003的帮助系统

　　在 Office 2003 帮助系统中提供 Office 助手、使用帮助和在线帮助等多种帮助方式。 在使用 Office 2003 时，遇到问题可随时向 Office 2003 助手请教，以寻找帮助信息。本节以 Word 2003 为例介绍帮助系统的使用。

1.3.1　Office助手的使用

　　一般情况下，当 Office 2003 启动时，Office 2003 助手——孙悟空或其他助手形象同时出现在界面中。如果没有出现，执行"帮助>显示 Office 助手"命令，可以看到 Office 助手静静地在界面上等待调遣，如图 1-85 所示。使用 Office 助手的具体操作步骤如下：

步骤 01 单击孙悟空，将弹出一个对话框，如图 1-86 所示。

图 1-85　显示 Office 助手

图 1-86　准备接受请教的 Office 助手

步骤02　在"请问您要做什么"下面的文本框中输入所要询问的信息（如"插入图片"），如图 1-87 所示。

步骤03　单击 搜索 按钮，在文档窗口右侧出现"搜索结果"任务窗格，显示问题的结果，如图 1-88 所示。

图 1-87　输入信息

图 1-88　"搜索结果"任务窗格

1.3.2　Office的使用帮助

Office 2003 中为用户提供了使用帮助，以解决用户的困难。执行"帮助>Microsoft Office Word 帮助"命令，在文档的窗口右侧出现"Word 帮助"任务窗格，如图 1-89 所示。

在"搜索"框中键入特定的词汇（如"样式与格式"超链接），系统可返回用户感兴趣的内容，如图 1-90 所示。

如果单击"Word 帮助"任务窗格中的"目录"超链接，将显示相关主题的目录列表，如图 1-91 所示，每一个主题展开后是更详细的次级主题内容，单击相应的标题即可查看相关的内容，如图 1-92 所示。

图 1-89　"Word 帮助"任务窗格

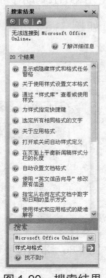

图 1-90　搜索结果

图 1-91　目录

图 1-92　查看次级目录

1.3.3　Office的在线帮助

如果电脑可以连接到Internet中，可以实现Office的在线帮助。执行"帮助>Microsoft Office Online"命令，弹出"Microsoft Office Online"网页，如图1-93所示。

利用在线方式获得的Office帮助包括协助、培训、模板、下载剪贴板等。单击"协助"超链接，可查看"协助"页面，用户可以浏览一些关于操作和技巧方面的文章、专栏等，如图1-94所示。

图1-93　Microsoft Office Online网页

图1-94　"协助"页面

单击"培训"超链接，可以查看"培训"页面，涵盖了Office操作的内容，能够深入了解其功能，如图1-95所示。用户可以根据自身掌握的熟练程度有选择地进行学习。

单击"模板"超链接，可查看"模板"页面，如图1-96所示。可以在"模板"页面下载相应的设计模板（如计划、财务、金融、订单、教育、法律、市场营销等各种类型的模板），使文挡的创作方便、快捷、高效。

图1-95　"培训"页面

图1-96　"模板"页面

1.4　边学边练：练习用多种方法启动帮助平台

用户，尤其是初学者，在应用Office 2003系统时，有时会遇到许多困难，需要解决许多问题，希望能够尽快得到帮助，这时便需要启用帮助平台。

实例简析

启用帮助平台的方法有多种，现以"如何设置页眉和页脚"为例，运用多种方法启动帮助平台，查找相应的信息。在查找的过程中，注意应用 Office 帮助、Office 助手、Office Online 等多种方法启动帮助平台。下面以 Word 2003 中帮助平台的使用为例讲解。

制作步骤

1. 启动"Word帮助"任务窗格寻求帮助

步骤 01 按F1键或执行"帮助> Microsoft Office Word 帮助"命令，启动"Word帮助"任务窗格，在"搜索"文本框中输入"如何设置页眉和页脚"，如图1-97所示；

步骤 02 单击→按钮，搜索结果，搜索完毕后显示"搜索结果"任务窗格，如图1-98所示，列出所有的相关内容。

图 1-97 "Word 帮助"任务窗格

图 1-98 "搜索结果"任务窗格

步骤 03 单击感兴趣的问题标题，打开"帮助"所提供的文章（如"放置页眉和页脚"），如图1-99所示。

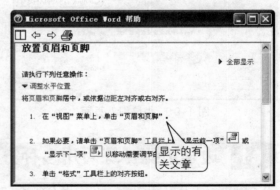

图 1-99 "放置页眉和页脚"帮助文章

2. 使用"Office助手"寻求帮助

步骤 01 执行"帮助>显示Office助手"命令，孙悟空出现在窗口中。单击孙悟空，弹出对话框，在"请问你要做什么？"下面的文本框中输入"如何设置页眉和页脚"，如图1-100所示。

步骤 02 单击 搜索(S) 按钮，在文档窗口右侧出现"搜索结果"任务窗格，显示问题的结果，如图1-101所示。

图 1-100 使用"Office 助手"操作

图 1-101 "搜索结果"任务窗格

步骤 03 单击相应的标题，既可打开"帮助"所提供的文章。

3. 使用Office Online寻求帮助

步骤 01 执行"帮助>Microsoft Office Online"命令，弹出Microsoft Office Online网页，如图1-102所示。

步骤 02 在"搜索"后面的下拉列表框中选择"整个Office Online"，再在后面的文本框中输入"如何设置页眉和页脚"，单击 搜索 按钮，链接到相应的"搜索结果"网页，如图1-103所示。

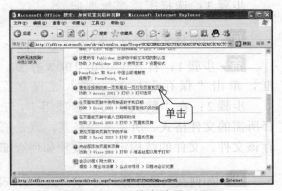

图 1-102 Microsoft Office Online 网页

图 1-103 "搜索结果"网页

步骤 **03** 单击相应的标题，链接到相应的文章网页，如图 1-104 所示。

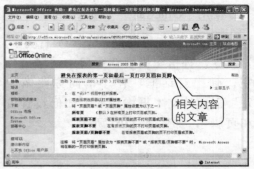

图 1-104　链接到相应的文章网页

本例小结

本例主要介绍了如何用多种方法启用 Office 帮助平台寻求帮助。本例介绍了三种不同的方法，望读者灵活掌握，触类旁通。

课堂问答

问 在 Word 2003 中，如何利用模板或向导创建文档？

答 步骤 1：打开 Word 2003 的界面，执行"文件>新建"命令，打开"新建文档"任务窗格。

步骤 2：在"新建文档"任务窗格中，选择"Office Online 模板"、"本机上的模板"、"网站上的模板"，或者在"在网上搜索"文本框内键入要查找的模板类型（如 brochure 或 calendar），然后单击➔按钮。在网上搜索和使用"Office Online 模板"链接均要求先连接 Internet。

步骤 3：选择所需模板或向导。

问 如何将文档保存为特定格式？

答 步骤 1：打开 Word 2003 界面，执行"工具>选项"命令，弹出"选项"对话框，单击"保存"标签，进入"保存"选项卡。

步骤 2：在"默认格式"选项组中，在"将 Word 文件保存为"下拉列表框中，选择所需的文件格式。所谓文件格式，就是信息在文件中的存储方法，以便程序可打开和保存该文件。文件的结构定义该文件如何存储和显示。

问 如何在启动计算机时同时启动 Office 2003？

答 步骤 1：右键单击"开始"菜单，在弹出的快捷菜单中执行"属性"命令。弹出"任务栏和「开始」菜单属性"对话框，单击"「开始」菜单"标签，进入"「开始」菜单"选项卡。

步骤 2：单击"自定义"按钮，弹出"自定义「开始」菜单"对话框。单击"高级"标签，进入"高级"选项卡，再选中"「开始」菜单项目"列表中的"启用拖放"复选框。确保 Windows"开始"菜单启用了拖放功能。

步骤3：执行"开始>所有程序>Microsoft Office"命令，在弹出的级联菜单中选择要自动启动的Office程序。

步骤4：按住鼠标左键，将该Office程序拖动到"开始"菜单的"启动"文件夹上。当"启动"文件夹显示程序列表时，指向要显示该Office程序的位置，再放开鼠标键。

问 如何在同一文档中使用纵向和横向页面格式？

答 步骤1：选择要更改为横向或纵向的页。

步骤2：执行"文件>页面设置"命令，弹出"页面设置"对话框，单击"页边距"标签，进入"页边距"选项卡。在"方向"选项组中，选择"纵向"或"横向"格式。

步骤3：在"预览"选项中的"应用于"下拉列表框中选择"所选文字"选项。

问 如何启用Office中的帮助？

答 当用户遇到问题时，可以采用三种方法启用Office中的帮助。

（1）使用Office助手（具体操作详见1.3.1）；

（2）使用Office帮助（具体操作详见1.3.2）；

（3）使用Office Online（具体操作详见1.3.3）。

举一反三

如果本章的基础知识已经掌握，为了在掌握基础知识的前提下，灵活应用本章知识及本章知识的拓展，下面列出了一个实例，将解决上述问题。这个实例不但是基础知识的实际应用，也是实际操作中很重要的一种知识拓展。掌握实例的方法，将有利于对所掌握的知识的理解。

例 快速保存多个打开的Office文档

在编辑Office文档时，常常需要同时对多个文档进行修改或编辑。当操作完毕时，一个一个保存显然很浪费时间。如果同时将多个打开的文档保存下来时，只需按住Shift键不放，执行"文件>全部保存"命令，如图1-105所示，既可保存。如果不按住Shift键，"文件"菜单中没有"全部保存"命令，无法执行该程序，如图1-106所示。

图1-105　将文档全部保存的操作

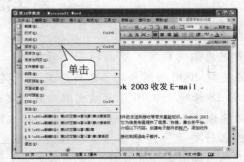

图1-106　不按住Shift键的操作

本章练习

1. 填空题

（1）Office 2003 中文版是 _____ 推出的办公自动化软件，包括 Word 2003 中文版、Excel 2003 中文版、_____ 中文版、Access 2003 中文版、_____ 中文版等 9 大软件。

（2）单击"开始"菜单，执行 _____ 命令可以打开 Office 文档。

（3）Office 2003 的通用操作包括 _____、_____、_____、_____ 等操作，是 Office 各组件的通用操作。

（4）文档中文本的操作主要包括文本的 _____、_____、_____、操作的撤销与恢复等等。

（5）如果出现误撤销，可以单击 _____ 按钮，恢复原来的状态。

（6）执行"_____"命令，在文档的显示窗口右侧出现"Word 帮助"任务窗格。

2. 选择题

（1）对所编辑文档进行全部选中的快捷键是 _____。

    A. Ctrl+A   B. Ctrl+V

    C. Alt+A   D. Ctrl+C

（2）在下列说法中，正确的是 _____。

    A. 在 Word 编辑中不能变更文档显示的比例

    B. 用户只能用鼠标对 Word 进行操作

    C. Word 没有英文拼写错误的检查功能

    D. Word 中的表格可以平均分布行和列

（3）对"文本框"描述正确的是 _____。

    A. 文本框的文字排列不分横竖

    B. 文本框的大小不能改变

    C. 文本框的边框可以根据需要进行设置

    D. 文本框内的文字大小不能改变

3. 上机题

阅读下面的文章，并操作后面的三个习题。

新年酒会通知

敬爱的王先生：

首先感谢您购买了宣武门芳馨的物业。

在迎接 2006 年到来的喜庆日子里，"芳馨房地产开发公司新年业主答谢酒会"将于 2006 年 12 月 28 号晚上 6:00 在黄埔大酒店 6 楼宴会厅举行。

为感谢广大业主的支持和厚爱，让业主体验芳馨苑名流生活的氛围，本公司特别举办酒会答谢各位业主。在酒会上，总经理、物业顾问美国地产国际、首席建筑设计师等贵宾均将发表热情洋溢的新年致辞。除了答谢业主外，更希望给大家提供一个交流沟通的平台，让大家在轻松的气氛中交流对芳馨苑的感受。在让业主嘉宾享用美酒佳肴的同时，我们还准备了许多精美的礼品和现场的抽奖活动。

我们热切地期待着您和您的家人莅临！

芳馨房地产开发公司

2005 年 12 月 20 日

（1）将通知中所有"芳馨"替换为"芳馨苑"。

（2）将"为感谢广大业主的支持和厚爱，让业主体验芳馨苑名流生活的氛围，本公司特别举办酒会答谢各位业主"一段文字删除掉。

（3）将页面方向设置为横向。

读书笔记

Part 2

Word 2003的基础与应用

利用Word可以制作漂亮的文档。编写文档后，可对文档进行编辑和排版，还可以在文档中插入表格、图形和图片。Word文档的应用范围相当广。

本篇包括

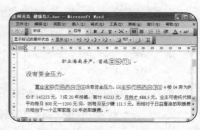

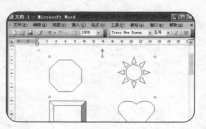

Word 2003中文编辑和排版

 课前预习

编写文档、撰写材料时，最常用的软件就是 Word。利用 Word 2003 编写文档最大的好处就是能够将已经编写好的文档按照自己的需要、喜好进行编辑和设置，同时还提供了特殊文档的模板和样式，给工作带来了极大的方便。在本章中将学习文本格式的设置，在文本中插入符号与公式，添加注释与批注，Word 2003 中模板的使用和使用样式设置文本格式等。

 正式课堂

2.1 Word 2003简介

Word 2003 是 Microsoft Office 软件中的文字处理程序，以强大的功能、友好的界面吸引广大用户，堪称字处理软件中的佼佼者。它可以完成文字的录入、文档的修改、文稿的打印等一系列文字处理操作。Word 2003 提供了许多新功能，使文档更加容易创建和共享，以满足用户跟踪更改和管理注释等诸多要求。

在第 1 章中，已经介绍了 Word 2003 的启动方式和窗口，这里只讲解 Word 2003 独有的视图。

Word 2003 中的视图就是显示文档的主要方式。Word 2003 为用户提供 5 种视图：普通视图、页面视图、大纲视图、Web 视图和阅读版式视图。在菜单栏单击"视图"菜单，即可在下拉菜单中选择相应的视图样式。

1. 普通视图

普通视图的页面布局比较简单，是一种只显示文本格式设置而不显示页脚、页眉和页边距的版式，适合文字最初录入时使用，如图 2-1 所示。

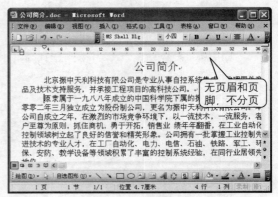

图 2-1 普通视图

2. 页面视图

页面视图对页眉、页脚和页边距显示得比较清楚，可以预览文档，如图2-2所示。

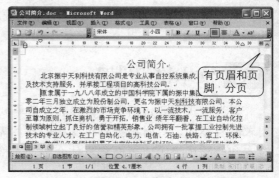

图2-2　页面视图

3. 大纲视图

大纲视图能够分级显示文档的各级标题，层次清晰，适合用于编写提纲，如图2-3所示。

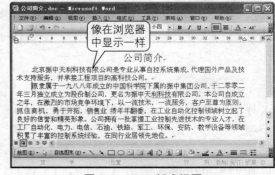

图2-3　大纲视图

4. Web版式视图

Web版式视图的显示效果像在Web浏览器中显示一样，有利于阅读，如图2-4所示。

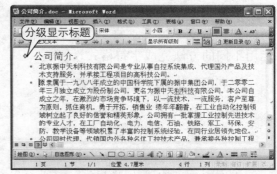

图2-4　Web版式视图

5. 阅读版式视图

阅读版式视图可以增大或减小文本显示区域的尺寸，不会影响文字的尺寸，主要是为了方便阅读而设计的，如图2-5所示。

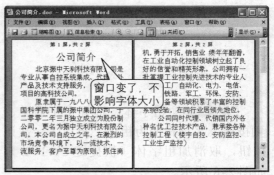

图2-5　阅读版式视图

以上对 Word 2003 的基本信息作了简要的介绍，Word 2003 的功能和具体操作将在下面的章节详细说明。

2.2 文本格式设置

文本格式主要包括文字格式和段落格式。在编辑文档时，标题、段落之间的字体格式要求略有不同，有时根据具体文档的具体需要，还要设置不同的字体、字号、字间距、段对齐和段缩进等等，下面将具体介绍文本格式的设置方法。

2.2.1 字符格式设置

字符格式分为字体、字号、字符颜色、字符的特殊形态（如下划线、斜体等）、字符间距、英文字母大小写等。设置字符格式的方法有三种。下面以编辑房地产广告为例，运用不同的方法完成字符格式设置。

1. 利用"格式"工具栏设置字体

通过"格式"工具栏可设置字体、字号等字符格式，如图 2-6 所示。

图 2-6 "格式"工具栏

要将广告设置成内容丰富、形式多样、重点突出的格式，具体设置步骤如下：

步骤 01 设置字体。例如，将"没有资金压力"改成其他字体（如华文行楷），只需选中要设置的文字，单击 宋体 右侧的下三角按钮，在弹出的下拉列表中选择"华文行楷"即可，也可根据需要在下拉列表框中选择诸如隶书、宋体、黑体等任意一种字体形式，如图 2-7 所示。

步骤 02 设置字号。所用方法与设置字体的方法相似，选中待更改的文字，单击 五号 右侧的下三角按钮，在弹出的下拉列表框中选择一种字号（如五号）；也可以在列表框中键入数字（如10，15等），然后按 Enter 键即可。

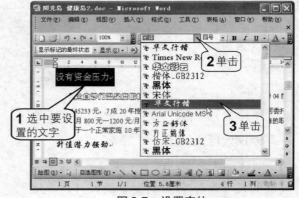

图 2-7 设置字体

步骤 03 加粗字体。选择文字后单击 B 按钮，字符将变为粗体；再单击一次该按钮，取消加粗字体（快捷键 Ctrl+B），如图 2-8 所示。

步骤 04 显示斜体。选择文字后单击 I 按钮，字符变为斜体；再单击一次该按钮，取消斜体（快捷键 Ctrl+I），如图 2-9 所示。

没有资金压力 ⟹ **没有资金压力**

图2-8　字体加粗前后效果比较

没有资金压力 ⟹ *没有资金压力*

图2-9　字体设为斜体前后效果比较

步骤 05 设定字符边框。选择文字后单击 Ａ 按钮，字符添加上字符边框；再单击该按钮一次，将添加的边框取消，如图2-10所示。

没有资金压力 ⟹ 没有资金压力

图2-10　设定字符边框前后效果比较

步骤 06 设定字符底纹。选择文字后单击 Ａ 按钮，字符添加字符底纹；再单击一次该按钮，将字符底纹取消，如图2-11所示。

没有资金压力 ⟹ 没有资金压力

图2-11　设定字符底纹前后效果比较

步骤 07 为文字加下划线。选择文字后单击 Ｕ 按钮，字符添加了下划线；再单击一次该按钮，取消下划线。字符的下划线有许多种，单击该按钮右侧的下三角按钮，弹出的下拉列表如图2-12所示，用户可以选择下划线类型。

步骤 08 字体颜色设置。选择文字后，单击 Ａ 右侧的下三角按钮，弹出的颜色列表如图2-13所示，用户可根据需要选择。

图2-12　为文字加下划线

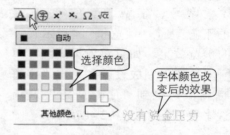

图2-13　为文字改变颜色

步骤 09 改变字符水平方向的缩放比例。选择文字后单击 按钮右侧的下三角按钮，弹出的缩放比例菜单如图2-14所示，用户可根据需要选择。

步骤 10 按照上述方法设置房地产广告后，文档中的字体、字号随着文章内容变化而变化，重点强调的地方改变字体，加大字号，字体字号交叉变换，充分体现了详略得当，如图2-15所示。

图2-14　改变缩放比例

图2-15　设置示例

2. 利用"字体"对话框设置字体

如果用户喜欢在编写文档前设定好格式，采用"字体"对话框完成字体设置较为方便，其设置步骤如下：

步骤 01，执行"格式>字体"命令，弹出"字体"对话框，如图 2-16 所示。

图 2-16　"字体"对话框

步骤 02，根据需要设置相应的字符格式（如字体、字号、字型、颜色等）。在对话框的下方配有"预览框"，显示设计字体后的预览效果。如果对效果满意，单击 确定 按钮，完成设置；单击"字符间距"标签，切换到"字符间距"选项卡，设置字符间距，如图 2-17 所示。

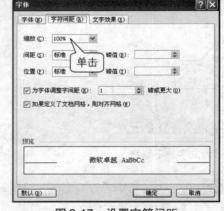

图 2-17　设置字符间距

步骤 03，打开"文字效果"选项卡，可以设置动态文字效果，如图 2-18 所示。设置完成之后，在预览窗口中预览设置的文字效果，满意后单击 确定 按钮。

图 2-18　"文字效果"选项卡

3. 利用"样式与格式"任务窗格设置字体

如果用户喜欢编辑好文本之后对文本进行格式设置，那么最简单的方法就是利用"样式与格式"任务窗格对其进行设置，具体步骤如下：

步骤 01 在工具栏中单击 ⚃ 按钮，弹出"样式和格式"任务窗格，如图2-19所示。

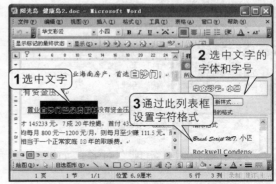

图2-19　利用任务窗格设置字体

步骤 02 选中文本后，"样式和格式"任务窗格中就显示所选中文字的字体和段落格式，在"请选择要应用的格式"列表框中单击要应用的格式即可，设置前后的对比效果如图2-20所示。

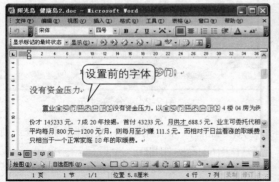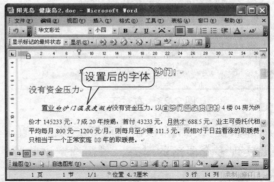

图2-20　应用"样式与格式"任务窗格设置文档的前后效果对比

提示

以上介绍的三种方法中，利用工具栏设置字体的方法快捷且常用，建议读者在编辑时使用这种方法。

2.2.2　段落的对齐与缩进

段落格式包括段落对齐和段落缩进，段落对齐的方式总共有四种：两端对齐、居中对齐、右对齐和分散对齐。

在"格式"工具栏中，单击 ▤ 按钮，实现两端对齐，如图2-21所示；单击 ▤ 按钮，实现居中对齐，如图2-22所示。

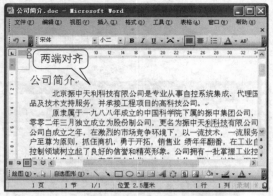

图 2-21　两端对齐

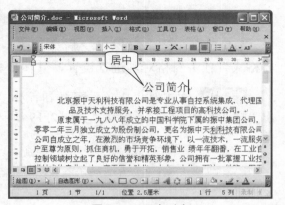

图 2-22　居中对齐

单击▤按钮，实现右对齐，如图 2-23 所示；单击▤按钮，实现分散对齐，如图 2-24 所示。

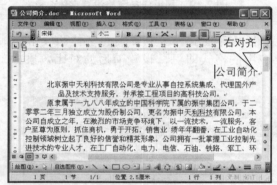

图 2-23　右对齐

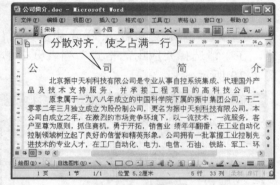

图 2-24　分散对齐

如果要实现单个段落的对齐，将鼠标置于段尾或段首后，单击相应的按钮即可完成；如果要实现多个段落的对齐，只需选定这些段落后单击相应的按钮即可完成。

提示

段落的对齐方式在英文文档中体现得较为明显，而在中文文档中就不那么明显。比如，中文文档中的"两端对齐"和"左对齐"就是等同的效果，请读者注意区分。

所谓段落缩进，就是改变段落两侧与页边之间的距离。实现段落缩进有 3 种方法，分别为利用标尺、"格式"工具栏以及"段落"对话框设置段落缩进。

1. 利用标尺设置段落缩进

步骤 01　认识水平标尺。标尺上有四个滑块：首行缩进滑块、悬挂缩进滑块、左缩进滑块和右缩进滑块，最左边是一个制表符按钮，如图 2-25 所示。

图2-25　水平标尺示意图

步骤 02　段落缩进操作。如果要实现单个段落的缩进，可将鼠标置于本段中，然后拖动首行缩进、悬挂缩进、左缩进或者右缩进滑块；如果要实现多个段落的对齐，则应先选定这些段落，再拖动首行缩进、悬挂缩进、左缩进或者右缩进滑块。

拖动首行缩进滑块可以调节段落第一行的左缩进，如图2-26所示；拖动悬挂缩进滑块可以调节除段落第一行以外的所有各行的左缩进，如图2-27所示；拖动左缩进滑块可以调整整个段落的左缩进，如图2-28所示；拖动右缩进滑块可以调整整个段落的右缩进，如图2-29所示。在缩进操作的同时按住 Alt 键，就可以看到缩进的准确距离。

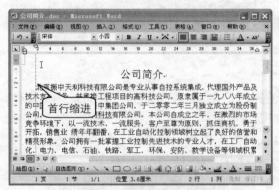

图2-26　设置首行缩进

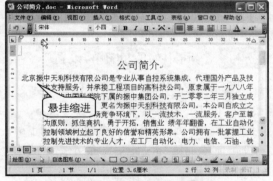

图2-27　设置悬挂缩进

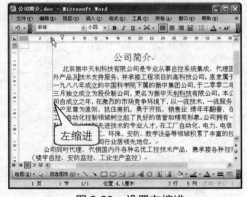

图2-28　设置左缩进

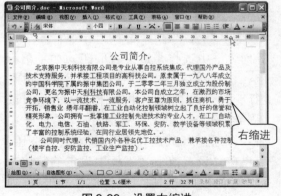

图2-29　设置右缩进

2.利用"格式"工具栏设置段落缩进

利用"格式"工具栏设置段落的缩进很简单。单击"增加缩进量"按钮，即可使当前段落右移一个默认制表位距离；单击"减少缩进量"按钮，即可使当前段落左移一个默认制表位距离。在改变缩进量时，只需先设置好光标位置，然后根据需要单击和按钮多次即可完成。

3. 利用"段落"对话框设置段落缩进

利用"段落"对话框设置段落的缩进量能够精确地设定缩进值。操作步骤如下：

步骤 01 执行"格式>段落"命令，弹出"段落"对话框，如图2-30所示。

步骤 02 可根据需要分别设置左、右缩进值。单击"特殊格式"下拉列表框右侧的下三角按钮，在下拉列表框中选择相应的缩进方式，再在"度量值"文本框中设定相应缩进方式的缩进值。完成设置后，在预览框中预览，满意后单击[确定]按钮。

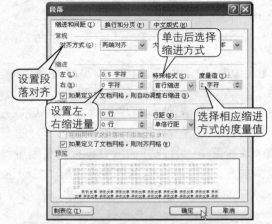

图2-30 利用"段落"对话框设置段落缩进

2.2.3 行间距与段间距的设置

行间距即从一行文字底部到另一行文字底部的距离。在系统默认情况下，行间距为单倍行距，用户可根据需要设定单倍、1.5倍、2倍等大小的行间距。所谓段间距则是各段落之间的距离。一般为0行，用户可以用Enter键直接设置，也可以通过"段落"对话框设置该段距前段的距离及距后段的距离。设置行间距和段间距的步骤如下：

步骤 01 打开"段落"对话框，在对话框中的"间距"选项组中设置段落前后的间距以及行距等，如图2-31所示。

步骤 02 设置行间距。在"行距"下拉列表框中选择合适的行间距（如单倍行距、1.5倍行距、2倍行距）；也可以在"行距"下拉列表框中选择"最小值"或"固定值"后，在"设置值"文本框中输入合适的行间距，单击[确定]按钮。用户在"设置值"文本框中设定的数值是"固定值"或"最小值"的数值时，如果该行的文字或图片高度超过该值，不会自动扩展其间距。

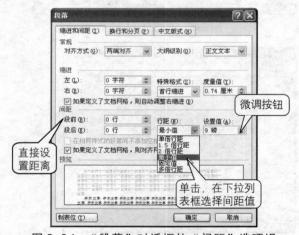

图2-31 "段落"对话框的"间距"选项组

步骤 03 设置段间距。先选定要设定的段落，在"段前"、"段后"微调框中直接设置其距前段的距离和距后段的距离，单击[确定]按钮即可。两端的间距为前一段的"段后值"与后一段的"段前值"之和。

2.3　在文本中插入符号与公式

在编辑文件过程中，有时需要在文档中插入一些非文字字符，如复杂的数学公式和物理公式。这节介绍如何在文本中插入符号和公式。

2.3.1　各种符号的插入

利用"符号"对话框可以插入键盘上没有的符号，具体操作如下：

步骤 01 执行"插入>符号"命令，或直接单击鼠标右键，在弹出的快捷菜单中执行"符号"命令，弹出"符号"对话框，如图 2-32 所示。

步骤 02 在"符号"对话框的"符号"选项卡中选择所要找的符号，找到需要的符号后，单击它，然后单击 插入(I) 按钮，即可完成。如果还需插入其他字符，继续即可，插入完毕关闭对话框。

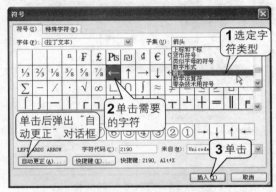

图 2-32　利用"符号"对话框插入字符

如果一个符号应用的频率比较高，为了提高工作效率，可以为其设置快捷键。可直接在"符号"对话框中设置快捷键，步骤如下：

步骤 01 在"符号"对话框中选中设定的符号，单击 快捷键(K) 按钮，弹出"自定义键盘"对话框，如图 2-33 所示。

步骤 02 在键盘上按下自定义的组合键（如 Ctrl+T），在"请按新快捷键"文本框中将出现 Ctrl+T。

步骤 03 单击 指定(A) 按钮，"当前快捷键"文本框中显示 Ctrl+T 时，单击 确定 按钮，即可完成。

图 2-33　"自定义键盘"对话框

2.3.2 公式的插入

在制作科技类文档时，一般会出现复杂的公式，Word 2003 提供了公式编辑器（Microsoft 公式 3.0），它是编辑数学公式的强大工具。下面举例介绍公式编辑器的使用方法。

例如，利用公式编辑器在文档中插入公式 $Y = \int \dfrac{\sqrt{2x}}{x} dx$，所需步骤如下：

步骤 01 执行"插入>对象"命令，弹出"对象"对话框，在"新建"选项卡中找到 Microsoft 公式 3.0，如图 2-34 所示。

步骤 02 单击 确定 按钮，在所编辑的文档中就出现了公式编辑框和"公式"工具栏，如图 2-35 所示。

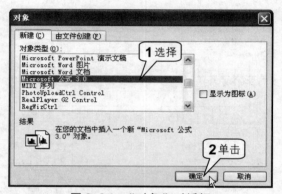

图 2-34 "对象"对话框

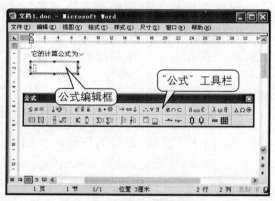

图 2-35 公式编辑

步骤 03 在公式编辑框中输入"Y="，再在"公式"工具栏中展开积分模板，在下拉列表中选择不定积分号并单击，就自动插入积分号，如图 2-36 所示。

步骤 04 以同样的方法选择分式模板，在上分式框中，选择开根号模板，在开根号框中输入字母 2X，下分式框中输入字母 X，如图 2-37 所示。

图 2-36 选择公式模板输入不定积分

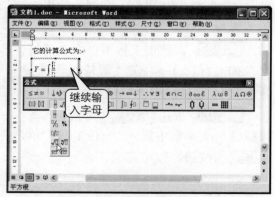

图 2-37 选择公式模板输入分式和根号

2.4　添加注释与批注

　　所谓注释，一般由尾注、脚注和批注组成。所谓脚注，就是位于页面底端的注释；尾注就是位于文档结尾处的注释。脚注和尾注用以解释文档某部分的内容，是文档的编者添加的。而批注位于文档的页边距处，一般由读者添加，就是给文档的作者提建议，当然也有其他的一些功能，读者可以发挥想象力来充分利用更多功能。这一节将介绍注释的插入方法。

2.4.1　插入尾注与脚注

　　插入尾注与脚注时，Word 2003 将对其进行自动编号；每次添加或删除时，系统将对它们进行重新编号。添加注释的步骤如下：

　　步骤01　将光标移至待注释的字符处，执行"插入>引用>脚注和尾注"命令，弹出"脚注和尾注"对话框，如图2-38所示。

　　步骤02　选择"脚注"或"尾注"后，选择编号格式，单击 插入(I) 按钮，此时待注释的字符旁会出现注释编号，光标移至页面底端或文档尾部的注释编号后面，在光标处输入要注释的内容，如图2-39所示，即可完成。

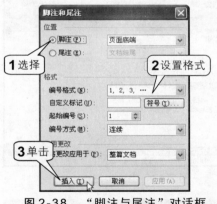

图2-38　"脚注与尾注"对话框

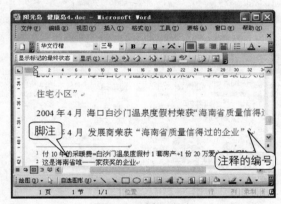

图2-39　插入脚注

2.4.2　删除尾注与脚注

　　如果要删除尾注和脚注，选择待删除的脚注或尾注，按 Delete 键即可。同时，其余的注释自动重新编号。如果要将所有的注释删除，这样做显然比较麻烦，这时删除的步骤如下：

　　步骤01　执行"编辑>替换"命令，弹出"查找和替换"对话框，如图2-40所示。

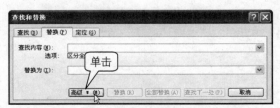

图2-40　"查找和替换"对话框

步骤 02 在"替换"选项卡中单击 高级 ▼(M) 按钮。在下方出现"替换"选项组，单击 特殊字符(E)▼ 按钮，在弹出的下拉菜单中选择"脚注标记"或"尾注标记"。如果选择"尾注标记"，"查找内容"后的文本框中显示"^f"，"替换为"后面的文本框中保证为空，如图 2-41 所示。单击 全部替换(A) 按钮，即可完成。

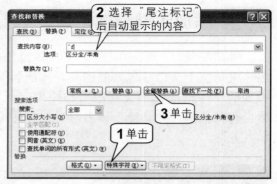

图 2-41　删除全部尾注标记操作

2.4.3　插入和删除批注

插入批注的方法与插入脚注和尾注的方法类似，其步骤如下：

步骤 01 在文档中选择待插入批注的位置，执行"插入>批注"命令，如图 2-42 所示。

步骤 02 在此处引出一条红线，线的末端连着批注框，如图 2-43 所示。

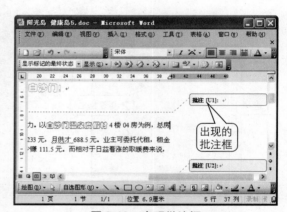

图 2-42　插入批注操作　　　　　　　图 2-43　出现批注框

步骤 03 在批注框中输入批注，如图 2-44 所示。

删除批注时，只需选中要删除的批注后右击，在弹出的快捷菜单中执行"删除批注"命令即可。

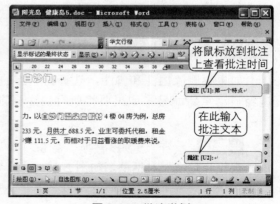

图 2-44　批注举例

2.5　Word 2003中模板的使用

模板就是用固定格式编排的特殊文档，能够为文档提供样板。在 Word 2003 中只有一个 normal 模板，用户可以对其进行修改以建立新模板，保存之后应用于其他文档的编排。

2.5.1　创建模板

模板的创建有两种方法，下面将逐一介绍。

1. 利用"模板"对话框创建模板

步骤 01 执行"文件>新建"命令，在页面右侧显示"新建文档"任务窗格，如图 2-45 所示。

图 2-45　"新建文档"任务窗格

步骤 02 单击"本机上的模板"超链接，弹出如图 2-46 所示的对话框，选中对话框中的模板类型。

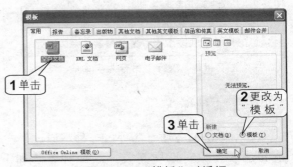

图 2-46　"模板"对话框

步骤 03 选中与要创建的模板格式相似的模板，在"新建"选项组中选择"模板"单选按钮，单击 确定 按钮，文档的标题栏由"文档 1"更名为"模板 1"，如图 2-47 所示。

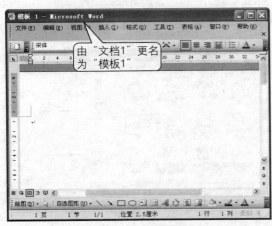

图 2-47　新建模板

步骤 04 完成文档编辑后，执行"文件>另存为"命令，将其保存至用来保存新建模板的文件夹中即可，如图 2-48 所示。

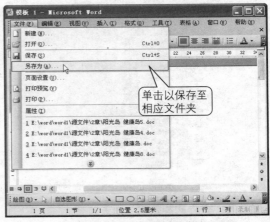

图 2-48　保存所创建的模板

如果下次编辑文档时要应用此模板，只需在该模板所存的文件夹中打开，即可应用。

2. 利用"另存为"对话框创建模板

如果有些编辑好的文档格式完美，欲将其设成模板，步骤如下：

步骤 01 打开要被设为模板的文档，执行"文件>另存为"命令，如图 2-49 所示。

步骤 02 弹出"另存为"对话框，如图 2-50 所示，在"保存类型"下拉列表框中选择"文档模板"选项，选择用来保存模板的文件夹，单击 保存(S) 按钮。

图 2-49 执行"另存为"命令

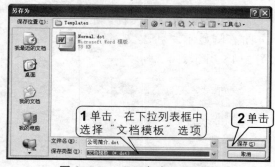

图 2-50 "另存为"对话框

2.5.2 应用模板

套用模板的方法有两种：一种是通过"样式和格式"任务窗格完成，另一种是使用"模板和加载项"对话框完成。这两种方法如下：

1. 通过"样式和格式"任务窗格应用模板

步骤 01 在"格式"工具栏中单击 按钮，页面的右侧出现"样式和格式"任务窗格，如图 2-51 所示，单击标题栏右侧的下三角按钮，在下拉菜单中执行"新建文档"命令，弹出"新建文档"任务窗格。

步骤 02 在"新建文档"任务窗格的列表中选择"本机上的模板"，弹出"模板"对话框，选择想套用的模板图标，双击或单击该模板图标后单击 确定 按钮即可，如图 2-52 所示。

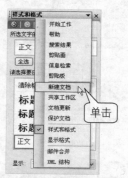

图 2-51 "样式和格式"任务窗格

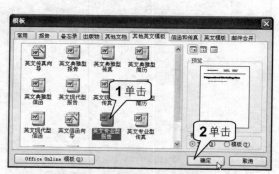

图 2-52 "模板"对话框

2. 通过"模板和加载项"对话框应用模板

步骤 01 执行"工具>模板和加载项"命令，弹出"模板和加载项"对话框，如图 2-53 所示。

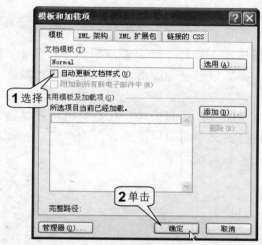

图 2-53　"模板和加载项"对话框

步骤 02 选中"自动更新文档样式"复选框，单击 选用(A)... 按钮，弹出"选用模板"对话框，如图 2-54 所示。选择要应用的模板，单击 打开(O) 按钮。返回"模板和加载项"对话框，单击 确定 按钮。

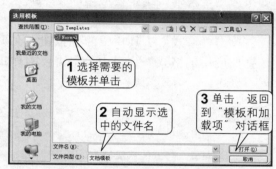

图 2-54　"选用模板"对话框

> **注意**
>
> 在"模板和加载项"对话框中一定要选中"自动更新为文档样式"复选框，如果没有选中，模板不起作用。

2.5.3 修改模板

如果已有的模板的文本、图形、格式和样式不能满足用户的需求，可以对它们进行修改。模板被修改以后，使用这个模板的新文档就都包含了所修改的内容。修改已有模板的步骤如下：

步骤 01 执行"文件>打开"命令，弹出"打开"对话框，如图 2-55 所示。

步骤 02 在"文件类型"下拉列表框中选择"文档模板"选项，在"查找范围"下拉列表框中找到存放模板的文件夹，双击需要的模板图标打开。对打开的模板进行修改，修改后保存即可。

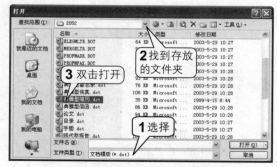

图 2-55　"打开"对话框

2.6 使用样式设置文本格式

所谓样式，就是一组已经命名的字符格式或段落格式，可以应用于单个段落的修改，也可以应用于大批量的字符和段落格式的编排。

2.6.1 样式的应用

应用样式时，先选择要应用样式的文本。如果应用于字符，选定要应用的字符文本；如果应用于段落，选定要应用的一个或几个段落；如果只是一个段落，把光标移动到段落的任意位置即可。

单击"格式"工具栏中的 按钮，在页面右侧弹出"样式和格式"任务窗格，在"请选择要应用的格式"列表中单击需要的样式，被选择的文本就应用了所选择的样式，在此就不赘述。

> **提示**
>
> 对选定文本应用"标题一"样式的快捷键为 Ctrl+Alt+1；应用"标题二"样式的快捷键为 Ctrl+Alt+2；应用"标题三"样式的快捷键为 Ctrl+Alt+3。

2.6.2 样式的新建和删除

新建样式的具体步骤如下：

步骤 01，执行"格式>样式和格式"命令，或单击 按钮，弹出如图 2-56 所示的"样式和格式"任务窗格。

步骤 02，单击任务窗格中的 新样式... 按钮，弹出"新建样式"对话框，如图 2-57 所示。在"名称"文本框中，把"样式 1"改成要更改的新样式名称（如"计划"、"广告"之类的名称），单击"样式类型"下拉列表框右侧的下拉按钮，在弹出的下拉列表框中选择"字符"或"段落"选项。

图 2-56 "样式和格式"任务窗格

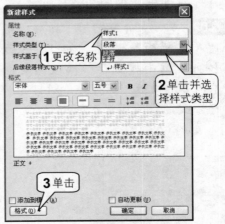

图 2-57 "新建样式"对话框

步骤03　单击 格式(O)▼ 按钮右侧的下三角按钮，弹出下拉菜单，如图2-58所示。如果"样式类型"选择的是"段落"，则在下拉菜单中出现"字体"、"边框"、"语言"等命令。执行任意命令来定义段落的格式。多次重复操作可以定义多种样式。

步骤04　"段落"对话框如图2-59所示。在该对话框中设置段落的样式。设置完毕后，单击 确定 按钮，返回到"新建样式"对话框。单击 确定 按钮，完成样式的新建。

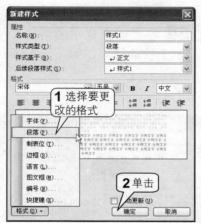

图2-58　在"新建样式"对话框中设置格式

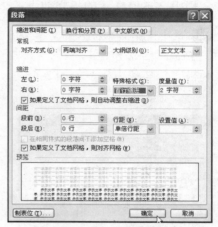

图2-59　段落设置

从文档样式列表中删除所创建的样式的步骤如下：

步骤01　执行"格式>样式和格式"命令，如图2-60所示。

步骤02　打开"样式和格式"任务窗格，如图2-61所示，在任务窗格中找到要删除的样式名，单击右边的下三角按钮，在下拉菜单中执行"删除"命令。

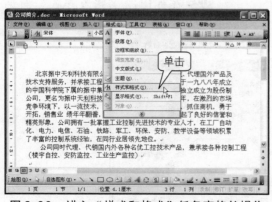

图2-60　进入"样式和格式"任务窗格的操作

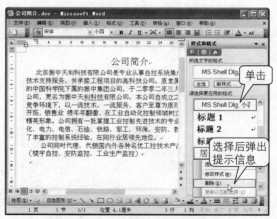

图2-61　执行"删除"命令

步骤 03 弹出提示信息，如图 2-62 所示，询问用户是否真的删除，以防止误操作，单击 是(Y) 按钮，即可完成。

图 2-62　提示信息

2.6.3　样式的查看和修改

查看文档中文本的样式的步骤如下：

步骤 01 选中应用某个样式的文字或段落，执行"格式>样式和格式"命令，打开"样式和格式"任务窗格，如图 2-63 所示。

步骤 02 在"所选文字的格式"文本框中会显示当前的样式，如图 2-64 所示。

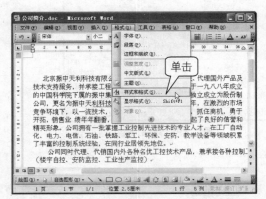

图 2-63　进入"样式和格式"任务窗格的操作

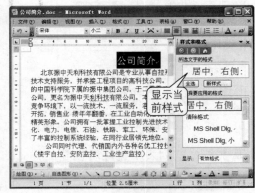

图 2-64　查看所选文字的样式

如果对当前的样式不满意，或当前的样式不能满足需要，可以对样式进行修改。修改的步骤如下：

步骤 01 单击蓝色框右侧的下三角按钮，在弹出的下拉菜单中执行"修改样式"命令，如图 2-65 所示。

步骤 02 在弹出的"修改样式"对话框中，按照"新建样式"对话框相似的方法修改，如图 2-66 所示。

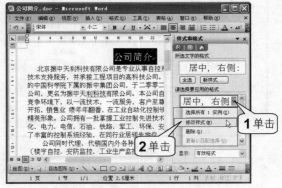

图 2-65　执行"修改样式"命令

图 2-66　"修改样式"对话框

如果选中"修改样式"对话框中"自动更新"复选框，可以直接在文本中修改，修改完毕后按 Enter 键，样式就被保存下来了。

2.7　边学边练：利用模板制作简历

假设公司职员要制作一份求职简历，简历中包括姓名、职业、经历等信息，要求形式新颖、重点突出。

实例简析

制作此类简历可以考虑利用 Word 2003 中的模板。在利用模板时，如果模板不能够完全满足用户的需求，可对模板进行适当的修改。利用修改过的模板进行文本编辑，在编辑的过程中要灵活应用本章所讲的知识（如字符格式设置、插入符号等）。完成编辑后，还可以添加一些注释。

制作步骤

1.修改简历模板

修改简历模板的具体步骤如下：

步骤 01 打开 Word 2003 文档，执行"文件>新建"命令，在页面右侧弹出的"新建文档"任务窗格中，选择"本机上的模板"超链接，弹出"模板"对话框，单击"其他文档"标签，切换到"其他文档"选项卡，如图 2-67 所示。

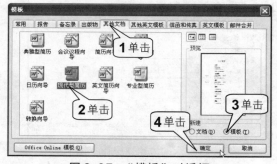

图 2-67　"模板"对话框

步骤 02 在"模板"对话框的"其他文档"选项卡的"新建"选项组中选择"模板"单选按钮，选择相应的模板类型，双击该模板打开，操作完毕后将弹出简历模板，如图 2-68 所示。

步骤 03 选中"工作经历"、"教育"、"推荐"、"志愿人员经理"等项目，单击 宋体 右侧的下三角按钮，在弹出的下拉列表框中选择"华文彩云"，将字体改为华文彩云；为突出"应聘的职务"，选中"应聘职位[在此处键入应聘职位]"，单击 五号 右侧的下三角按钮，在弹出的下拉列表框中选择"四号"，以突出重点，如图 2-69 所示。修改完毕后，执行"文件>保存"命令，理想的简历模板就做成了。

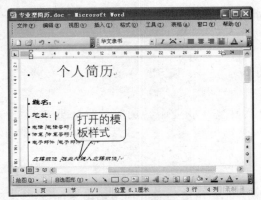

图 2-68　简历模板

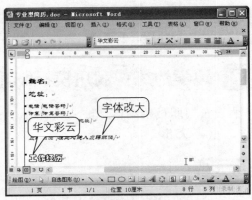

图 2-69　更改后的字体和字号

2. 应用简历模板

步骤 01 打开修改过的简历模板，将光标定位到相对应的标题上，覆盖原有的标题信息，输入用户信息，如图 2-70 所示。

步骤 02 输入完毕，按照个人的需要对文本进行修改，如图 2-71 所示。

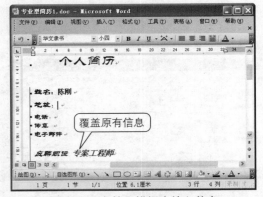

图 2-70　在简历模板中输入信息

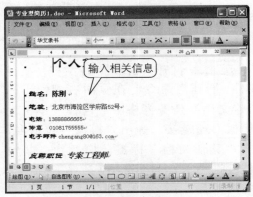

图 2-71　模板的最终样式

3. 为"简历"添加注释

要为"简历"中的"电子科技大赛"添加脚注，其步骤如下：

步骤 01 将光标移至"电子科技大赛"字符处，执行"插入>引用>脚注和尾注"命令，如图 2-72 所示。

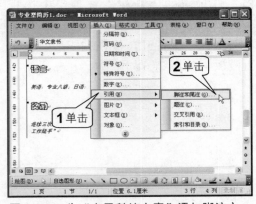

图 2-72　为"电子科技大赛"添加脚注之一

步骤02 弹出"脚注和尾注"对话框，如图2-73所示。选择"脚注"单选按钮后，设置编号格式为"1，2，3"，单击 插入(I) 按钮。

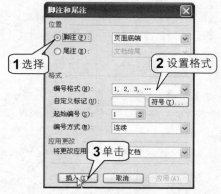

图2-73　"脚注与尾注"对话框

步骤03 此时待注释的字符旁会出现注释编号，光标移至页面底端的注释编号后面，如图2-74所示。

步骤04 在光标处输入要注释的内容，如图2-75所示，保存即可。

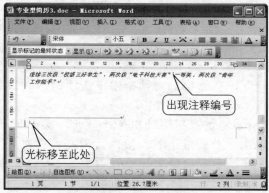

图2-74　为"电子科技大赛"添加脚注之二

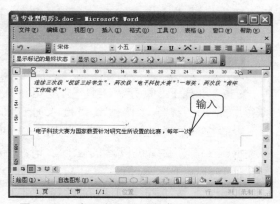

图2-75　为"电子科技大赛"添加脚注之三

本例小结

在本例中，主要应用了修改模板和应用模板的具体操作技巧，同时也应用了设置字符和段落格式的基本操作，更重要的是介绍了如何使用批注。如果牢牢掌握这些操作将大大提高工作效率，使文档编辑得更加美观。

课堂问答

这一章的主要知识点就介绍完了，回顾本章内容，想想本章都讲了什么。回顾完之后，看看下面的问题。

问 如何选择并打开多个文件？

答 打开文件时，在"打开"对话框中，在按住键盘上的 Ctrl 键或 Shift 键的同时，用鼠标选择多个文件名，然后单击"打开"按钮，即可打开多个文件。

问 如何将字体设置为大写字母？

答 步骤 1：选择需要设置格式的文字。

步骤 2：执行"格式>字体"命令，在弹出的对话框中单击"字体"标签，切换到"字体"选项卡。

步骤 3：在"效果"选项组中选中"小型大写字母"或"全部大写字母"复选框。设置完成后，单击"确定"按钮。

问 什么是行距，什么是段落间距？

答 行距决定段落中各行文本间的垂直距离。其默认值是单倍行距，意味着间距可容纳所在行的最大字体并附加少许额外间距。如果某行包含大字符、图形或公式，Microsoft Word 将增加该行的行距。若要均匀分隔各行，请使用额外间距，并应指定足够大的间距以适应所在行的大字符或图形。如果出现项目显示不完整的情况，请增加间距。

段落间距决定段落的前后空白距离的大小。

问 如何使用 Tab 键设置缩进？

答 步骤 1：执行"工具>自动更正选项"命令，在弹出的对话框中单击"键入时自动套用格式"标签，切换到"键入时自动套用格式"选项卡。

步骤 2：在列表框中，选中"用 Tab 和 Backspace 设置左缩进和首行缩进"复选框。

步骤 3：若要缩进段落的首行，请在首行前单击。若要缩进整个段落，请在首行以外的其他行前单击。

步骤 4：按 Tab 键，即可设置缩进。

问 如何创建分栏？

答 若整个文档分栏一致，可执行"文件>页面设置"命令，在弹出的"页面设置"对话框中单击"文档网格"标签，进入"文档网格"选项卡，在该选项卡的"文字排列"选项组中设定分栏数（1-4）。

若要在文档中设置不同的分栏：选定段落或节，然后执行"格式>分栏"命令，在弹出的"分栏"对话框中选定分栏数，设置栏宽、间距、分隔线等，继续对多个分栏节、段分别进行类似设置即可。

举一反三

如果本章的基础知识已经掌握，为了在掌握基础知识的前提下，灵活应用本章知识及本章知识的拓展，下面列出了三个实例，以解决上述问题。这些实例不但是基础知识的实际应用，也是实际操作中很重要的一种知识拓展。掌握实例的方法，将有利于对所掌握知识的理解。

例1　段落首行自动空两格

当输入完一整篇文档时，首行都没有空出两个字符，利用常规的方法修改，着实有些麻烦，试试下面的方法，真的能使操作快速实现。具体实现步骤如下：

步骤 01 选中文档正文的所有内容。

步骤 02 执行"格式>段落"命令，弹出"段落"对话框，单击"缩进和间距"标签，切换到"缩进和间距"选项卡。

步骤 03 在"特殊格式"下拉列表框中选择"首行缩进"选项，在其后的"度量值"微调框中设置度量值为"2 字符"；单击 确定 按钮，如图 2-76 所示。操作完毕后，所有段落的首行都缩进两个字符。

图 2-76　"缩进和间距"选项卡

例2　让文档自动断字

当输入完一篇文档时，总是发现文章整体不太美观，不是两端对齐引出了文本的大量空白，就是文本的行距太宽。遇到这种情况就只有启动"自动断字"功能了。具体实现步骤如下：

步骤 01 执行"工具>语言>断字"命令，弹出"断字"对话框，如图 2-77 所示。

步骤 02 选中"自动断字"复选框。

步骤 03 在"断字区"微调框中输入行最后一个单词词尾到右页边距的距离。

步骤 04 单击 确定 按钮，即可完成"自动断字"。

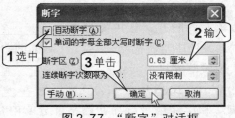

图 2-77　"断字"对话框

例3　快速复制特定格式的工具——格式刷

在修改文档时，需要更改已有的文字及段落格式，这时恰巧有满意的格式，按常用的更改方式更改着实有些浪费时间，这里就推荐一个好工具——格式刷，既可以复制文字格式又可以复制段落格式，是一个强大的格式复制工具。具体实现步骤如下：

步骤 01 选中要复制格式的文本。

步骤 02 单击 按钮，这时鼠标将变成小刷子形状，如图 2-78 所示，所选文字的格式就被复制了。

步骤 03 用这个小刷子刷将要改变为这种格式的文字，所刷文字的格式将改变为此格式，这样就完成了文字格式的设置。

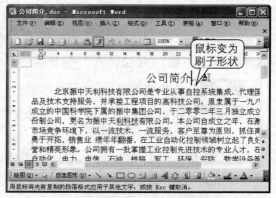

图 2-78 利用格式刷复制特定格式示例

如果选中段落符，再单击 按钮，取出所在段落文字的格式，刷其他文字时，实现段落格式的复制；如果选中内容既含有文字格式又有段落符，单击 按钮，既取出文字格式又取出段落格式，刷其他文字时，同时完成了字符格式和段落格式的复制。

本章练习

1. 填空题

（1）Word 2003 的视图有 5 种：_____ 视图、_____ 视图、_____ 视图、_____ 视图和 _____ 视图。

（2）字符格式包括 _____、_____、_____、_____、字符间距和英文字母大小写等。

（3）将字符变为粗体的快捷键为 _____；将字符变为斜体的快捷键为 _____。

（4）如果要为字符设定边框，单击 _____ 按钮，再单击该按钮一次，_____ 添加边框；如果要为字符设定底纹，单击 _____ 按钮，再单击该按钮一次，_____ 字符底纹。

（5）段落对齐的方式总共有 4 种：_____、_____、_____ 和 _____。所谓段落缩进就是改变段落两侧与 _____ 之间的距离。

（6）实现段落缩进可通过 _____、_____ 以及 _____ 完成。

（7）在 Word 2003 中插入公式需用到 _____ 编辑器。

（8）脚注和尾注用于解释文档某部分的内容，是 _____ 添加的。批注位于文档的 _____ 处，一般由 _____ 添加。

（9）单击工具栏中的 _____ 按钮，在页面右侧弹出"样式和格式"任务窗格。

（10）删除样式时要在 _____ 任务窗格中删除。

2. 选择题

（1）在 Word 主窗口的右上角，可以同时显示的按钮是 _____。

    A. 最小化、还原和最大化   B. 还原、最大化和关闭

    C. 最小化、还原和关闭   D. 还原和最大化

（2）给文档添加脚注和尾注，应打开"_____"菜单。

    A. 视图　　　　　B. 插入　　　　　C. 工具　　　　　D. 编辑

（3）关于工具栏，以下说法正确的是 _____。

    A. 工具按钮表示命令菜单中没有的命令

    B. 按钮就是命令菜单中的某些常用命令

    C. 使用工具按钮与使用菜单的效果不同

    D. 工具栏的位置不能移动

3. 上机题

以下是一篇文章，在 Word 中输入该文章，存盘，再上机操作后面的题目。

"竞合赢得市场 融合创造力量 诚信铸就品牌 服务编织未来"

——中国网络通信集团公司企业理念诠释

竞合赢得市场

"竞合赢得市场"是中国网通集团以崭新的姿态参与电信市场竞争与合作的战略定位。我们将与国内外各大电信运营商及社会有关方面在竞争中谋求合作，在合作中有序竞争，积极推进技术手段上的平等介入，做好互联互通工作，实现多方共赢。

融合创造力量

"融合创造力量"是中国网通集团改革与发展的前提和基础，也是现阶段中国网通集团企业文化建设的需要。中国网通集团的每一位员工都将秉承"融合创造力量"的信条，迅速形成中国网通的凝聚力，为中国网通集团的可持续健康发展奠定坚实基础。

诚信铸就品牌

"诚信"是社会主义市场经济的基石，是中国网通集团铸就知名品牌的立足之本，是中国网通集团对社会及广大用户最郑重、最庄严的承诺。中国网通集团将以此赢得客户和合作伙伴的真正信任和更长远的合作，发挥品牌效应，充分体现经济效益和社会效益的统一。

服务编织未来

"服务编织未来"是中国网通集团经济战略的具体体现和参与未来市场竞争的基本手段，提供优质的服务是中国网通集团经营战略的出发点和落脚点，用户的满意是对中国网通集团的最高评价。中国网通集团将向社会展现全新的服务形象，在市场竞争中赢得主动权。

"竞合赢得市场，融合创造力量，诚信铸就品牌，服务编织未来"相互作用，相辅相成，有着内在的必然联系，是一个较为系统的理念体系。它将在寻求业界同仁及社会各界广泛共鸣的同时，引领中国网通集团的全体员工，不辜负党和人民的重托，团结奋进，励精图治，完成历史赋予的使命。

（1）将每一节的节标题改为"华文新魏、小四号字"，并保存。

（2）将首行缩进两个字符，左缩进四个字符，并保存。

（3）将段与段之间的间距设置为1.5倍行间距。

3 Chapter

在Word 2003中使用表格

第 2 章指出，在编写文档、撰写材料时，最常用的软件就是 Word。利用 Word 2003 不仅可以编写普通的文档，而且可以在文本中插入表格，使文档的内容更为丰富，表现更为直观，给工作带来了极大的方便，使人不产生文字堆积的感觉。

在第 3 章将学习到以下内容：创建表格，在表格中插入和删除单元格，合并和拆分单元格，表格的格式化，为表格添加边框。

正式课堂

3.1 在Word 2003中创建表格

在编辑文档时，为了使某些文字看起来简明、直观，常常要使用表格。Word 2003 的表格功能强大，是工作的得力助手。下面就一步一步地讲述 Word 2003 的表格功能。

3.1.1 几种不同的表格创建方式

在 Word 2003 中使用表格之前，必须先创建表格。创建表格的方法有很多种，本节将介绍 3 种：第一种是利用工具栏的"插入表格"按钮创建表格，这种方法最为简单、快捷；第二种是利用"插入表格"对话框创建表格，这种方法可以指定表格的行列数和列宽；第三种是利用"表格和边框"工具栏创建表格，这种方法可以任意创建不规则的表格。三种方法各有千秋，下面就一一看一下这三种方法的具体操作。

1. 利用工具栏的"插入表格"按钮创建表格

这种方法是最快捷、最简单的方法。不足之处在于它不能设置自动套用格式、不能设置列宽，需要创建后根据自己的需要进行调整。具体操作步骤如下：

步骤 01 把光标移动到文档中要插入表格的点，如图 3-1 所示。

图 3-1 确定插入点

步骤 02 单击"插入表格"按钮 ，屏幕上出现一个网格，如图3-2所示。

图3-2　屏幕出现网格

步骤 03 按住鼠标左键，从左上角向右下角拖动指定表格的行数和列数（如3行4列），如图3-3所示。

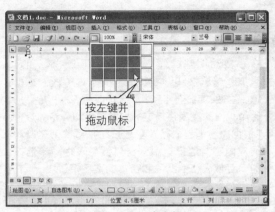

图3-3　创建表格

步骤 04 松开后就会看见文档上显示出一个3行4列的表格，如图3-4所示。

提示

如图3-4所示，按住鼠标左键向下拖动表格右下方的小方框，可以改变所有表格的列宽，拖动表格的每一条行线和列线，可以改变表格的单行宽和单列宽。

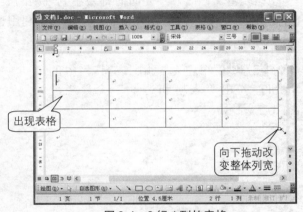

图3-4　3行4列的表格

2. 利用"插入表格"对话框创建表格

如果创建表格时需要指定表格的行列数和列宽，就利用此种方法，具体操作步骤如下：

步骤 01 把光标移动到文档中要插入表格的点，执行"表格>插入>表格"命令，弹出"插入表格"对话框，如图3-5所示。

步骤 02 在"列数"和"行数"文本框中输入表格的行数和列数，在"'自动调整'操作"选项组中继续设置，选择"固定列宽"、"根据内容调整表格"或"根据窗口调整表格"单选按钮。

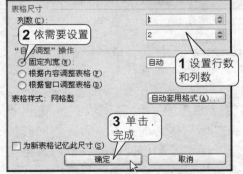

图3-5　"插入表格"对话框

步骤03 单击 自动套用格式(A)... 按钮，弹出"表格自动套用格式"对话框，如图3-6所示，可以按定义好的格式创建表格，单击 确定 按钮即可完成。

提示

在"自动调整操作"选项组中，选择"固定列宽"单选按钮，在其后的文本框中输入宽度值，如果选择"自动"选项，那么系统会把整个页面的宽度在指定的列数中平均分布；选择"根据内容调整表格"单选按钮，可使列宽自动适应内容；选择"根据窗口调整表格"单选按钮，可使表格的宽度和窗口的宽度相适应。

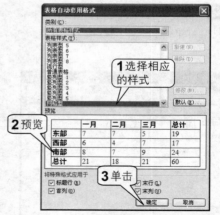

图3-6 "表格自动套用格式"对话框

3. 利用"表格和边框"工具栏创建表格

在编辑文档时，不是时时都要用到规则的表格。当遇到不规则的表格时，可以利用"表格与边框"工具栏绘制，依照用户要求，利用鼠标自动绘制不同规则的表格。具体操作步骤如下：

步骤01 单击"常用"工具栏中的 按钮，弹出"表格和边框"工具栏，如图3-7所示。

步骤02 单击"表格和边框"工具栏中的 按钮，再把鼠标移动到文本窗口，此时的鼠标已经变成"笔"形，如图3-8所示。

图3-7 "表格和边框"工具栏

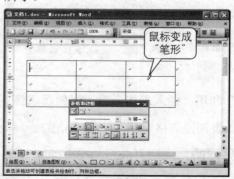

图3-8 绘制表格操作

步骤03 单击"表格和边框"工具栏中的其他按钮，设置线形、线的粗细、线的颜色；然后移动鼠标，在文本编辑区，根据自己的需要，绘制横线、竖线和斜线。在"笔"移动到文本编辑区的同时按住左键，即可绘制出表格的外框，表格绘制完后，也可以在表格的单元格中任意绘制横线、竖线和斜线，如图3-9所示。

图3-9 创建不规则表格

步骤04，如果对绘制的线条不满意，可以单击"表格和边框"工具栏中的■按钮，进行擦除，如图3-10所示，将所有的线条全擦除。绘制完表格后，直接关闭"表格和边框"工具栏即可继续编辑。

图 3-10　擦除表格中的线条

3.1.2　在表格中添加内容

创建完表格之后，在表格中输入文本内容时，只要把插入点移至单元格中，就可以输入相应的内容了。当输入到单元格的右边线时，文本自动换行；如果在输入文本过程中按Enter 键，就可以实现在单元格中分段。

输入完一个文本时，可以通过按←、↑、→、↓键，将插入点移动到另一个单元格，继续编辑，编辑的方法与编辑普通文本的方法是一样的。

在输入过程中，可以利用以下快捷方式进行操作：

移至行首单元格的快捷键是 Alt+Home；移至行尾单元格的快捷键是 Alt+End；移至列首单元格的快捷键是 Alt+Page Up；移至列尾单元格的快捷键是 Alt+ Page Down。

3.1.3　表格的嵌套

在文本编辑时，有时需要用到嵌套表格。所谓嵌套表格，通俗地讲就是表格里面套表格。下面介绍一下创建嵌套表格的方法。

步骤01，把光标移到要插入表格的单元格中，按照前面所介绍的方法，执行"表格>插入>表格"命令，弹出如图3-11所示的对话框。

步骤02，在对话框中设置要插入表格的行数和列数，单击　确定　按钮即可完成表格的嵌套，效果如图 3-12所示。

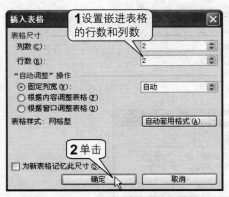

图 3-11　"插入表格"对话框

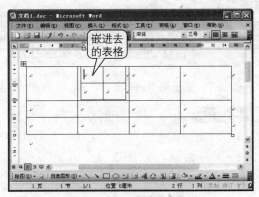

图 3-12　创建嵌套表格

3.2 表格的编辑

创建表格后，为使表格能满足用户的需要，还需对表格进行进一步的编辑，表格的编辑包括单元格的拆分、单元格的合并、表格的缩放、边框的添加与删除等等。

3.2.1 插入及删除单元格

在表格的指定位置插入一个或几个单元格的操作步骤如下：

步骤 01 在表格中选定要插入单元格的位置后，执行"表格>插入>单元格"命令，弹出"插入单元格"对话框，如图 3-13 所示。

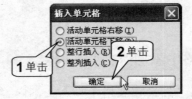

图 3-13 "插入单元格"对话框

步骤 02 在对话框中选择相应的单选按钮，如"活动单元格右移"、"活动单元格下移"等，单击 确定 按钮，即可完成相应的操作。如果选择"活动单元格下移"单选按钮，前后对照图如图 3-14 所示。

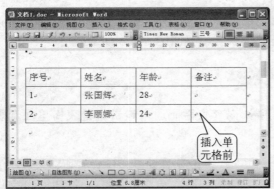

图 3-14 插入单元格前后对照

> **提示**
>
> 若要在选定单元格左边插入新单元格，则选择"活动单元格右移"单选按钮；若要在选定单元格上方插入新单元格，则选择"活动单元格下移"单选按钮；若要在选定单元格上方插入新的行，则选择"整行插入"单选按钮；若要在选定单元格左侧插入新的列，则选择"整列插入"单选按钮。

如果要在表格中删除一个或多个单元格，其操作步骤如下：

步骤 01 选中要删除的单元格，执行"表格>删除>单元格"命令，弹出"删除单元格"对话框，如图 3-15 所示。

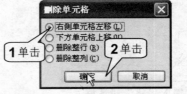

图 3-15 "删除单元格"对话框

步骤 02 在对话框中选择相应的单选按钮，如"右侧单元格左移"、"下方单元格上移"等，单击 **确定** 按钮，即可完成相应的操作。如果选择"右侧单元格左移"单选按钮，则前后的效果如图3-16所示。

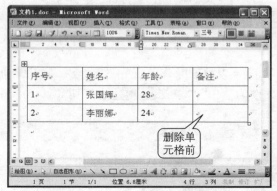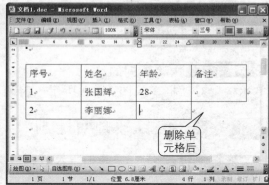

图 3-16　删除单元格前后对比

> **提示**
>
> 选择"右侧单元格左移"单选按钮，则删除选定的单元格后，其右侧的单元格左移填补空位；选择"下方单元格上移"单选按钮，则删除选定单元格后，其下侧单元格上移填补空位；选择"删除整行（列）"单选按钮，则删除选定单元格所在的行（列）。

3.2.2　合并与拆分单元格

在编辑表格的同时需要把几个单元格合并成一个单元格，或者将一个单元格拆成几个单元格，叫做合并与拆分单元格。

所谓合并单元格，就是将多个单元格合成一个单元格。例如，制作企业的产品列表时，有些产品属于同种类别的，那就需要合并这几类产品的单元格以形成一个大单元格，在此单元格中输入类别，再分述产品的报价，如图3-17所示。合并单元格的具体操作如下：

选中要合并的几个单元格，执行"表格>合并单元格"命令或直接右击该处，在弹出的快捷菜单中执行"合并单元格"命令，即可合并，如图3-18所示。

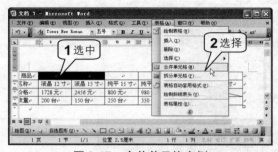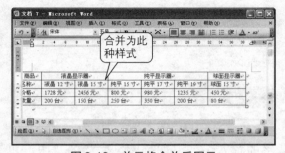

图 3-17　合并单元格实例　　　　　　图 3-18　单元格合并后图示

图3-18所示的图表可以通过拆分单元格的方法制成，制作步骤如下：

步骤 01，绘制4行4列表格。选中第2列的第2、3、4行，执行"表格>拆分单元格"命令，弹出"拆分单元格"对话框，如图3-19所示，将列数设为"3"，单击 确定 按钮。

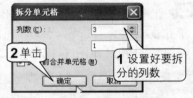

图 3-19　"拆分单元格"对话框

步骤 02，选中第3列的第2、3、4行，执行"表格>拆分单元格"命令，弹出"拆分单元格"对话框，如图3-19所示，将列数设为"3"，单击 确定 按钮。

3.2.3　在表格中插入或删除行和列

如果在编辑表格时，需要插入一行（列）或者多行（列），其步骤如下：

步骤 01，在要插入新行（列）处选择一行（列）或者多行（列），使要选择的行数（列数）与插入的行数（列数）保持一致，执行"表格>插入>列（行）"命令，如图3-20所示。

步骤 02，执行"表格 > 插入 > 列（行）"命令完毕后，即可完成列的插入，如图3-21所示。

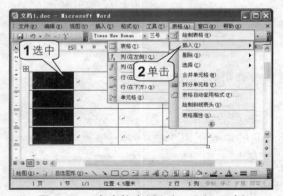

图 3-20　在表格中插入行（列）示例

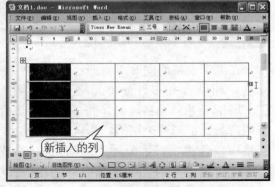

图 3-21　插入新的列

删除表格中有多余的行或列的步骤如下：

选择要删除的一行（列）或者多行（列），执行"表格>删除>行（列）"命令，即可完成。

3.2.4　表格的格式化

在编辑表格时，有时需设置表格的格式，又称表格的格式化。表格的格式包括改变表格的行宽、表格的列宽、表格的排版、单元格中的文本对齐等等。

为表格设置行高、列宽，表格的排版、单元格中的文本对齐等操作采用的步骤如下：

步骤 01，选定要修改的部分。如果修改的是表格，就选定所要修改的行与列，或把鼠标指针置于要改变行高或列宽的单元格中；如果要设置单元格中的文本，就选中要设定的文本，执行"表格>表格属性"命令，弹出"表格属性"对话框。

在Word 2003中使用表格

步骤 02 设置表格的排版。单击"表格属性"对话框的"表格"标签，进入"表格"选项卡，分别单击对齐方式中的"左对齐"、"居中"、"右对齐"所对应的图标，实现表格在文本中靠左侧、居中和靠右侧对齐，如图 3-22 所示。

步骤 03 设置表格中单元格的行高。单击"表格属性"对话框中的"行"标签，进入"行"选项卡，选中"指定高度"复选框，然后在其后面的微调框中设置高度，在"行高值是"后面的下拉列表框中选择"固定值"，单击 确定 按钮，即可完成，如图 3-23 所示。

图 3-22　"表格属性"对话框

图 3-23　"行"选项卡

提示

如果一次更改多个行高，那么设定完"指定高度"和"行高值"后，单击 ▲ 上一行(P) 按钮或 下一行 ▼ (N) 按钮，此时原选定的单元格行高已经修改，鼠标同时移到下一单元格，进行下一个修改。

步骤 04 设置列宽。选择"列"选项卡，如图 3-24 所示，设置的方法与设置行高的方法类似，在此就不再赘述。

步骤 05 设置单元格中的文本。选定文本后，单击"单元格"标签，进入"单元格"选项卡，单击"顶端对齐"、"居中"、"底端对齐"图标，单击 确定 按钮，完成单元格中文本的对齐设置，如图 3-25 所示。

图 3-24　"列"选项卡

图 3-25　"单元格"选项卡

3.2.5 表格的缩放

在编辑表格时对表格进行放大和缩小，称为表格的缩放。缩放表格可以直接通过鼠标操作。在表格中单击鼠标左键，表格的右下角就可出现一个小方框，这个小方框叫做调整句柄。

当鼠标指针移向该句柄时，变成倾斜的箭头。按住鼠标左键拖动，会出现虚线框，如图 3-26 所示。按要求大小调整虚线框，松开鼠标后虚线变成实线，原来的实线消失，表格就是这样缩放的。

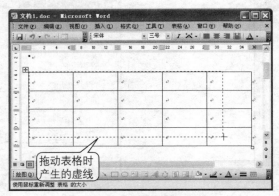

图 3-26　缩放表格示例

3.2.6 添加和删除边框

在创建表格时，为使表格美观或重点突出，需要为表格添加边框。为表格添加边框的步骤如下：

步骤01，将鼠标移到要添加边框的表格中，执行"格式>边框和底纹"命令，弹出"边框和底纹"对话框；单击"边框"标签，进入"边框"选项卡；在"应用于"下拉列表框中选择"表格"选项，在"设置"选项组中任意选择"方框"、"全部"或"网格"选项后，在对话框右侧的"预览"框中预览，直至满意，如图 3-27 所示。

图 3-27　"边框和底纹"对话框

步骤02，在"线型"列表框中选择边框的线型，单击"颜色"下拉列表框右侧的下三角按钮，选择相应的颜色，在"宽度"下拉列表框中设置宽度值，直至预览满意，如

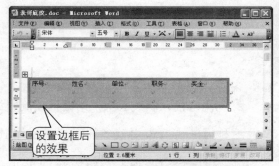

图 3-28 所示。

步骤 03 单击预览框周围的 、 、 和 按钮，可以增减上边框、下边框、左边框和右边框，直到预览框中预览到满意的效果为止，完成设置后，单击 确定 按钮即可，如图 3-29 所示。

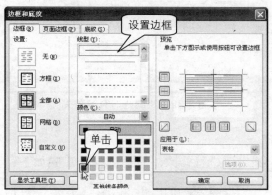

图 3-28　设置颜色操作

图 3-29　设置边框后的效果

3.2.7　绘制斜线表头

编制企业产品列表时，有时需要把表头分成几类，分别对行、列及表中内容命名，此时需要绘制斜线表头。绘制斜线表头的方法有两种。

1. 利用"绘图"工具栏绘制斜线表头

利用"绘图"工具栏绘制斜线表头的具体步骤如下：

步骤 01 先绘制 5 行 5 列的表格，执行"表格>绘制表格"命令，如图 3-30 所示。

步骤 02 弹出"表格和边框"工具栏，单击 按钮，鼠标变成"笔形"，将"笔"移动至表格的左上端，如图 3-31 所示。

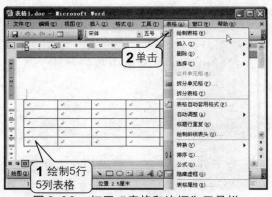

图 3-30　打开"表格和边框"工具栏

图 3-31　绘制斜线

步骤 03 绘制斜线，斜线表头即可创建完成，如图 3-32 所示。

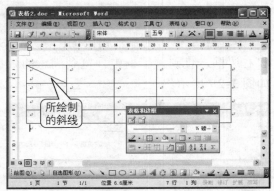

图 3-32　绘制好的斜线表头

2. 利用"插入斜线表头"对话框绘制斜线表头

这种方法需要占用较多的行列，应用时可根据需要进行修改，具体的操作步骤如下：

步骤 01 选中要插入斜线表格的单元格，执行"表格>绘制斜线表头"命令，如图 3-33 所示。

步骤 02 弹出"插入斜线表头"对话框，在"表头样式"下拉列表框中选择一种表格样式，在预览框中预览该样式的具体形式，设置字体大小，输入相应的标题，如图 3-34 所示。

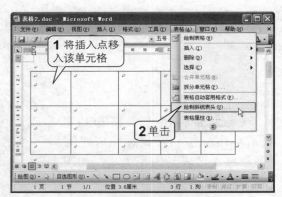

图 3-33　绘制斜线表头操作

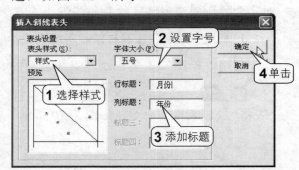

图 3-34　"插入斜线表头"对话框

步骤 03 单击 确定 按钮，插入斜线表头。按照绘制表头的方法对斜线条和文本框进行调整，完成后将线条与文本选中，单击鼠标右键，在弹出的快捷菜单中执行"组合"命令即可。

3.3　边学边练：制作公司职工通讯录

不管在哪个公司、单位，员工之间都需要联系。为了方便公司职工之间的交流和联络，制作一份员工通讯录是必要的。现在，就要制作一份"职工通讯录"。在通讯录中，要区分部门、职务，还要包括电话、网络联系方式。

实例简析

制作这份通讯录，首先要绘制初始表格：考虑绘制的行列数等。然后需要合并或拆分单元格：考虑什么位置需要，如何合并或拆分才是理想的。接着对表格进行格式化：改变行高、列宽，对单元格中的文本进行排版，设置对齐方式，最后为使表格美观，可添加漂亮的边框。

总之，如果能够顺利地把表格制作得美观、大方、实用，必须牢牢掌握本章的内容，并能灵活应用于实际。

制作步骤

1. 新建文档并绘制表格

先编辑好表头：红太阳电脑有限公司员工通讯录。在其下绘制表格，按照要求，预估计出表格的行、列数。由于要有部门、姓名、性别、职务、电话和网络联系方式，又知公司共有18人，所以大概需要20行6列的表格。

执行"表格>插入>表格"命令，弹出"插入表格"对话框，在"表格尺寸"选项组中设置列数为6，行数为20，单击 ▢确定▢ 按钮，文档中便插入了初始表格，如图3-35所示。

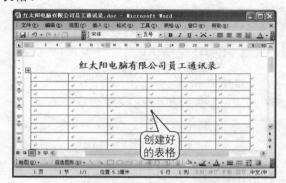

图3-35 创建初始表格

2. 根据需要合并或拆分单元格

该公司共有4个部门：行政部（3人）、项目部（5人）、研发部（6人）和销售部（5人）。如果第1列为部门，就应从第2行第1列开始，对单元格合并，把第1列的第2、3、4行，第1列的5、6、7、8、9行，第1列的10、11、12、13、14、15行，第1列的16、17、18、19、20行分别进行合并；由于电话又包括办公室电话和手机，网络通讯方式包括QQ号和E-mail，所以需将第1行第5、6列拆分成两行，如图3-36所示，再把第5、6列中除第1行以外的所有行都拆分成两列。

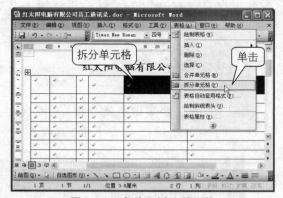

图3-36 合并和拆分单元格

合并和拆分单元格都要选中要合并或拆分的一个或多个单元格，合并时执行"表格>合并单元格"命令，即可完成；拆分时执行"表格>拆分单元格"命令，在弹出的对话框中设置要拆分的行数和列数即可，然后将内容输入表格即可。

3. 对表格进行格式化

输入内容时，可以将表格设置为"根据内容调整表格"，输入完成后，拖动鼠标调整行高和列宽，使之美观。

然后设置单元格中的文本，使其居中对齐。只需先选中文本，执行"表格>表格属性"命令，弹出"表格属性"对话框，在对话框中选择"单元格"选项卡，在"垂直对齐方式"选项组中单击"居中"图标即可，效果如图 3-37 所示。

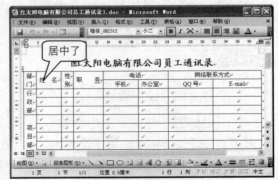

图 3-37　格式化表格后

4. 为表格添加边框

为使表格美观，给表格添加一个边框。方法是：单击表格（即把插入点移至表格），执行"格式>边框与底纹"命令，在弹出的"边框和底纹"对话框中单击"边框"标签，进入"边框"选项卡。在"边框"选项卡的"设置"选项组中选择"网格"选项，在"线型"列表框中选择自己喜欢的线型后，单击　确定　按钮完成。

本例小结

本例应用了绘制初始表格的方法之一，其余几种方法还需牢牢掌握，以求今后的灵活应用；同时运用了合并和拆分单元格、格式化表格等知识点。同时，本章的其他知识点虽在本例中没有涉及，但需掌握，可应用于其他表格。

课堂问答

这一章的主要知识点就介绍完了，合上书，闭上眼，回顾本章内容，想想本章都讲了什么。回顾完之后，看看下面的问题。

问　什么是表格？处理表格的方法有几种？

答　表格是由行和列的单元格组成的，可以在单元格中填写文字和插入图片。表格通常用来组织和显示信息。

处理表格的方法有以下几种：

- 使用"表格自动套用格式"命令来快速地美化表格的设计。
- 将表格移动或复制到页面上的其他位置，或调整表格的大小。
- 可以使列具有固定的宽度，或根据键入的文字量调节列的宽度。
- 将文字的方向从水平改为垂直，或将垂直改为水平。

- 可以通过更改单元格的间距，在表格单元格之间添加空格或"填充距离"。
- 插入嵌套表格以创建页面版式。
- 在表格内对列表进行排序。

问 如何调整表格的尺寸？

答 步骤1：在页面视图中，将指针置于表格上，直到表格尺寸控点"□"出现在表格的右下角。

步骤2：将指针停留在表格尺寸控点上，直到出现一个双向箭头"⇖"。

步骤3：将表格的边框拖动到所需尺寸。

问 如何实现单元格的合并和拆分？

答 拆分单元格就是要将一个单元格分成两个或者多个单元格。选择要拆分的单元格，然后执行"表格>拆分单元格"命令，在弹出的"拆分单元格"对话框中设置行数和列数，单击"确定"按钮即可。

要将多个单元格合并成一个单元格，请选中要合并的所有单元格，执行"表格>合并单元格"命令，即可合并所选的单元格。

问 如何删除表格的单元格、行、列或表格？

答 步骤1：选择要删除的单元格、行或列。

步骤2：执行"表格>删除"命令，然后执行"单元格"、"行"或"列"命令。

步骤3：如果是删除表格，请执行"表格>删除>表格"命令。

问 如何更改表格中的文字方向？

答 步骤1：单击包含要更改的文字的表格的单元格。

步骤2：执行"格式 > 文字方向"命令，弹出"文字方向 - 表格单元格"对话框。

步骤3：在"文字方向 - 表格单元格"对话框的"方向"选项组中单击选择要变换的文字方向，在"预览"选项组中的预览框中可以看到效果。

举一反三

如果本章的基础知识已经掌握，在掌握基础知识的前提下，为了帮助读者灵活应用本章知识及本章知识的拓展，下面列出了两个实例，以解决上述问题。这两个实例不但是基础知识的实际应用，也是实际操作中很重要的一种知识拓展。掌握实例的方法，将有利于对所掌握的知识的理解。

例1 为表格添加特殊样式

当创建完表格时，已经对表格的线条、边框设置完毕，还觉得不是太满意，不妨套用一下 Word 2003 中的表格样式，具体实现步骤如下：

步骤01，选中整张表格，单击 按钮，打开"表格自动套用格式"对话框。从"表格样式"列表框中选择表格的样式，所选择的样式可在下面的预览框中预览，如图 3-38 所示。

步骤02，预览满意后，单击 应用(A) 按钮，即可将选定样式应用于表格，如图 3-39 所示。

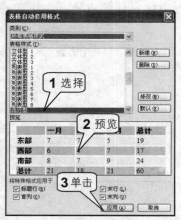

图 3-38 "表格自动套用格式"对话框

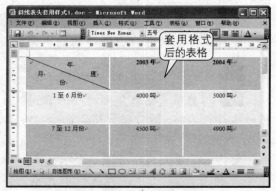

图 3-39 套用格式后的表格

例2 去掉表格中的多余边框

当制作联合公文头时，常常是几个企业共同发布联合公文，这时就可以利用表格制作，制作好后，去除边框即可。

在文档中创建一个 3 行 3 列的表格，通过合并单元格，合并第 1 列和第 3 列的所有单元格。在单元格中输入所有文本，如图 3-40 所示。

北京市	海淀区电子有限公司	新闻发布会
	祥和自动化器件公司	
	创维电子资讯公司	

图 3-40 有边框的表格

然后选中整张表格，在"边框与底纹"对话框中切换到"边框"选项卡，在"设置"选项组中选择"无边框"，单击 确定 按钮，即可制成联合公文头。

本章练习

1. 填空题

（1）创建表格的方法有很多种，本节介绍三种：第一种是利用工具栏中的 _____ 按钮创建表格，这种最为简单、快捷；第二种是利用"插入表格"对话框创建表格，这种可以指定表格的 _____ 和列宽；第三种是利用"_____"工具栏创建表格，这种可以任意创建不规则的表格。

（2）利用工具栏创建表格，_____（能、不能）设置自动套用格式、不能设置列宽，需要创建后根据自己的需要进行调整。

（3）当遇到不规则的表格时，可以利用"＿＿＿＿＿＿"工具栏绘制，依照用户要求，利用鼠标自动绘制不同规则的表格。

（4）移至行首单元格的快捷键是＿＿＿＿＿＿；移至行尾单元格的快捷键是＿＿＿＿＿＿；移至列首单元格的快捷键是＿＿＿＿＿＿；移至列尾单元格的快捷键是 Alt+Page Down。

（5）表格的编辑包括＿＿＿＿＿＿、＿＿＿＿＿＿、＿＿＿＿＿＿、边框的添加与删除等。

（6）表格的格式包括改变＿＿＿＿＿＿、＿＿＿＿＿＿、表格的排版、单元格中的文本对齐等。

（7）对表格进行＿＿＿＿＿＿称为表格的缩放，缩放表格可以直接通过鼠标。在表格中单击鼠标左键，表格的右下角就可出现一个小方框，这个小方框叫做＿＿＿＿＿＿。

（8）绘制斜线表头的方法有＿＿＿＿＿＿、＿＿＿＿＿＿两种。

2. 选择题

（1）关于表格处理，下列说法不正确的是＿＿＿＿＿＿。
    A. 能够平均分配行高和列宽
    B. 只能对表格中的数据进行升序排列
    C. 能够拆分表格，也能合并表格
    D. 能够利用公式对表格中的数据进行计算

（2）在 Word 表格中能够完成的操作有＿＿＿＿＿＿。
    A. 设置表线宽度　　　　　　　　　B. 插入行
    C. 插入列　　　　　　　　　　　　D. 合并单元格

（3）在 Word 中建立表格的方法有＿＿＿＿＿＿。
    A. 执行"表格>插入>表格"命令以插入表格
    B. 利用工具栏内的"进行手动绘制表格"工具
    C. 利用工具栏内的"插入表格"工具
    D. 将文字转换成表格

3. 上机题

（1）创建一个5行6列的表格。
（2）将5行6列的表格中的前两列合并成1行1列。
（3）在5行5列的表格中绘制斜线表头。

课前预习

第 2 章指出，在编写文档、撰写材料时，最常用的软件就是 Word 2003。为使文档的内容更为丰富，表现更为生动，使人不产生文字堆积的感觉，可以在文本中插入图形、图片、艺术字等。本章将讲到以下内容：在文档中绘制图形，编辑图形，插入剪贴画和图片，设置图片格式，插入艺术字。

正式课堂

4.1 在文档中添加图形

在编辑文档时，常常希望根据用户需要添加一些图形（如直线、曲线、连接符、多边形和流程图之类的图形），这些图形有的需要自己绘制，有的在系统中直接选取即可。添加图形时，主要应用"绘图"工具按钮进行操作，如图 4-1 所示。

图 4-1　"绘图"工具按钮

4.1.1　插入图形

在编辑文档的过程中，可能需要插入很多种不同类型的图形（如矩形、椭圆形、多边形等）；有时为了使文档中的内容直观、形式美观，还需要添加如标注、箭头之类的图形，这些图形统称为"自选图形"。插入图形的具体步骤如下：

步骤 01 单击 自选图形(U) 右侧的下三角按钮，弹出"自选图形"菜单，单击所要添加的图形类型（如"箭头总汇"），并在右侧弹出的图形列表中选择一种自己满意的图形，如图 4-2 所示。如果要插入矩形，单击 □ 按钮即可；如果插入椭圆形，单击 ○ 按钮即可。

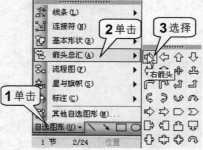

图 4-2　"自选图形"菜单

Word

在Word 2003中使用图形和图片

步骤 02 将插入点移至需要插入图形的位置，拖动图形使之达到所需要的大小，如图 4-3 所示。

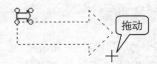

图 4-3　拖动调整图形尺寸

步骤 03 松开鼠标，图形变为如图 4-3 中虚线所示的大小。如果在图形内部添加颜色，需先选中该图形，再单击 按钮右侧的下三角按钮，在弹出的列表中选择颜色，即可将所插入的图形染成相应的颜色，如图 4-4 所示。

步骤 04 如果要为图形的轮廓添加颜色，只需单击 按钮右侧的下三角按钮，在弹出的颜色列表中选择相应的颜色，即可把插入的图形轮廓染成此种颜色，如图 4-5 所示。

图 4-4　图形添加颜色前后对比图　　　图 4-5　添加轮廓颜色前后对比图

步骤 05 如果要为图形添加阴影，只需单击 按钮，在弹出的阴影示例列表中选择一种阴影格式，如图 4-6 所示，即可为插入的图形添加阴影，如图 4-7 所示。

图 4-6　阴影列表

图 4-7　添加阴影的图形

步骤 06 如果要为图形添加三维效果，只需单击 按钮，在弹出的三维效果示例列表中选择一种三维效果格式，如图 4-8 所示，即可为插入的图形添加三维效果，如图 4-9 所示。

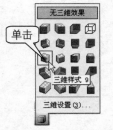

图 4-8　三维效果列表

图 4-9　添加三维效果的图形

4.1.2 添加直线或曲线

在绘制直线时，只需单击◥按钮，单击直线开始的地方并拖动鼠标，直至满意大小，即可画出需要的直线，如图 4-10 所示。

图 4-10 绘制直线

绘制曲线的具体操作步骤如下：

步骤 01 单击 自选图形(U)▼ 右侧的下三角按钮，弹出"自选图形"菜单。在"自选图形"菜单中执行"线条"命令，在弹出的列表中选择"曲线"，如图 4-11 所示。

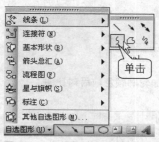

图 4-11 "自选图形"菜单

步骤 02 单击图形开始的地方并移动鼠标，在移动的过程中单击要为曲线添加点的地方，完成后，双击结束点即可，如图 4-12 所示。

图 4-12 绘制曲线

4.1.3 绘制多边形

绘制多边形的具体操作步骤如下：

步骤 01 单击 自选图形(U)▼ 右侧的下三角按钮，在弹出的"自选图形"菜单中执行"线条"命令，在弹出的列表中选择"任意多边形"，如图 4-13 所示。

图 4-13 "自选图形"菜单

步骤 02 拖动鼠标在固定点处单击，不停拖动和单击即可绘出相应的多边形，如果双击图形即可停止绘图，如图 4-14 所示。

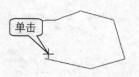

图 4-14 绘制多边形

4.1.4 绘制流程图

企业在制定计划时往往需要绘制工作流程图。在一些科技资料中，尤其是自动化企业常常要编制的程序软件中，那就更离不开绘制程序流程图了。

在Word 2003中使用图形和图片

绘制流程图的具体操作步骤如下：

步骤 01 在"自选图形"菜单中执行"流程图"命令，在弹出的列表框中均是绘制流程图所用的图文框，单击所用到的图文框，如图4-15所示。

步骤 02 将所选择的图文框插入到相应的插入点，然后运用箭头和直线将各图文框之间的关系描述出来，如图4-16所示。

图4-15　选择绘制流程图的图形

图4-16　流程图示例

4.2　图形的编辑

绘制完图形后，要使所绘制的图形足够整齐、美观，应该对其进行编辑。图形的编辑包括图形的选定、调整、排列、组合和美化。

4.2.1　选定图形

如果要对所绘制的图形进行加工、移动或者修改，必须先选定图形。选定图形的具体操作如下：

步骤 01 将鼠标移至图形上，单击鼠标左键，使其四周出现粗框或句柄，这时图形就被选中，如图4-17所示。

步骤 02 如果选择多个图形，那么需要按住Shift键，依次单击图形，这样被单击的图形就都被选中，如图4-18所示。

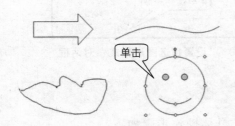

图4-17　选中单个图形

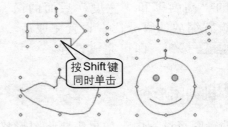

图4-18　选中多个图形

提示

如果选定的图形集中在一起，单击◨按钮，拖动鼠标，当要选中的图形全被框住时就选中。

4.2.2 调整图形

所谓图形的调整，就是对图形的大小进行调整，调整的方法有两种：一种是不精确调整，一种是精确调整。

所谓不精确调整，就是用鼠标拖动尺寸句柄来调整图形的大小，具体步骤是：

选定要调整大小的图形，把鼠标指针移动到选定图形的某个句柄上，按住鼠标左键，拖动句柄，如图4-19所示；直到拖动到自己满意的大小，放开鼠标左键，即可完成。

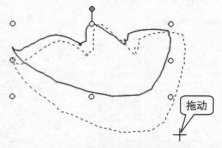

图4-19　拖动句柄调整图形

提示

如果要按长宽比例不精确调整图形的大小，可以在拖动鼠标的同时按住Shift键；如果以图形的中心为基点进行调整，可以在拖动鼠标的同时按住Ctrl键。

所谓精确调整图形尺寸，就是通过对话框为图形设置具体的宽度和高度。具体操作步骤如下：

步骤01 选定要调整的图形后，执行"格式>自选图形"命令，弹出"设置自选图形格式"对话框，单击"大小"标签，进入"大小"选项卡，如图4-20所示。

步骤02 分别在"尺寸和旋转"选项组的"高度"和"宽度"后面的微调框中设置缩放后的数值，也可以在"缩放"选项组的"高度"和"宽度"后面的微调框中设置缩放的百分比。设置完成后，单击 确定 按钮，即可完成设置。

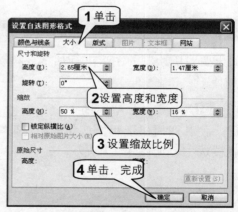

图4-20　"设置自选图形格式"对话框

4.2.3 排列图形

在编辑图形过程中，如果需要将图形整齐地排列，具体操作步骤如下：

步骤01 选定要对齐的几个图形，单击 绘图(D) 按钮右侧的下三角按钮，在其下拉菜单中执行"对齐或分布"命令。

步骤 02 在弹出的菜单中选择"左对齐"、"水平居中"、"右对齐"等对齐方式，即可完成，如图4-21所示。

需要指出的是，要使图形的左（右）边界对齐，选择"左（右）对齐"；要使图形横向居中对齐，选择"水平居中"；要使图形纵向居中对齐，选择"垂直居中"；要使图形顶（底）端边界对齐，选择"顶（底）端对齐"；要等距离的排列图形，可以选择"横向分布"或"纵向分布"。

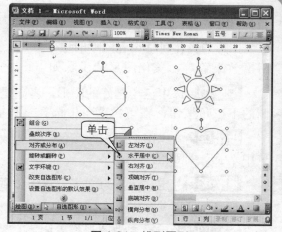

图 4-21　排列图形

4.2.4　组合图形

所谓组合图形，就是把多个图形组合到一起作为一个整体，可以同时对所有图形进行调整，具体操作步骤如下：

步骤 01 选定待组合的全部图形，单击"绘图"工具栏中的 绘图(D)▾ 按钮右侧的下三角按钮，在弹出的菜单中执行"组合"命令，如图4-22所示。

步骤 02 操作完毕后，每个图形原有的句柄消失，组合图形出现选定图形的共用句柄，如图4-23所示。

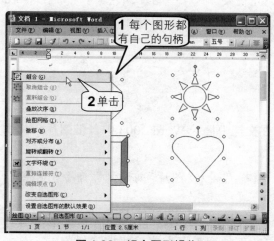

图 4-22　组合图形操作

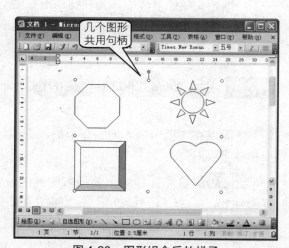

图 4-23　图形组合后的样子

如果想对组合图形中的个别图形进行修改，必须先取消对图形的组合，待修改完后再把图形组合起来。取消图形组合的操作也很简单，只需选中组合图形后，单击"绘图"工具栏中的 绘图(D)▾ 按钮右侧的下三角按钮，在弹出的菜单中执行"取消组合"命令即可。

4.2.5　美化图形

图形的美化包括设置图形的边框颜色、图形的填充颜色、图形内的文字颜色以及图形的阴影效果等等，美化图形的步骤如下：

步骤 01　选中已绘制好的图形，考虑是否要为图形填充颜色。若需要，单击 ⬛ 按钮右侧的下三角按钮，在下拉菜单中选择一种填充色。

步骤 02　考虑图形边框的颜色。如要改变，单击 ✏ 按钮右侧的下三角按钮，在下拉菜单中选择一种颜色。

步骤 03　选定文字，为文字设置字体后，单击 🅰 按钮右侧的下三角按钮，在下拉菜单中选择一种字体的颜色。

步骤 04　考虑是否为图形设置阴影。若需要，单击 ⬛ 按钮，在下拉列表中选择一种阴影样式。

> **提示**
>
> 若要进一步对阴影进行设置，单击 ⬛ 按钮后，在下拉菜单中执行"阴影设置"命令。弹出"阴影设置"对话框，分别单击 ⬛、⬛、⬛、⬛ 按钮，可使图形的阴影略向上移、略向下移、略向左移、略向右移 1 磅；若单击 ⬛ 按钮，可以改变阴影的颜色。

4.3　在文档中使用图片

在编辑文档的过程中，为使文档形象生动，常常需要编排一些图片、艺术字等。在 Word 文档中，既可以插入利用外部图像软件制作的图片，也可以插入 Word 自身所带的图片库中的图片。

4.3.1　插入 Word 2003 中自带的图片

下面以在文档中插入剪贴画为例，介绍如何在文档中插入 Word 2003 中自带图片，具体操作步骤如下：

步骤 01　将光标移动至要插入图片的位置，执行"插入>图片>剪贴画"命令，在窗口右侧弹出"剪贴画"任务窗格，如图 4-24 所示。

步骤 02　在"搜索文字"文本框中输入要搜索图片的类型（如"植物"）。单击"搜索范围"下拉列表框右侧的下三角按钮，在弹出的下拉列表框中选定要搜索的范围。单击"结果类型"下拉列表框右侧的下三角按钮，在弹出的下拉列表框中选择要搜索的文件类型。单击 搜索 按钮，任务窗格下方将显示所找到的图片，如图 4-25 所示。

步骤 03　将鼠标指针移到剪贴画上，单击剪贴画右侧的下三角按钮，在弹出的下拉菜单中执行"插入"命令，如图 4-25 所示，即可将选择的剪贴画插入到文档中的指定位置。

在Word 2003中使用图形和图片

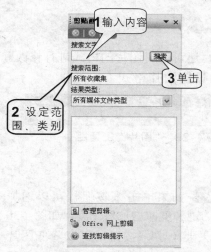

图 4-24　"剪贴画"任务窗格

图 4-25　插入剪贴画

4.3.2　插入外部图片

所谓外部图片，就是不是本软件系统中自带的图片，而是利用其他图像软件制作的图片，如照片、扫描图以及下载图片等。在文档中插入这些类型的图片的步骤如下：

步骤 01　将光标置于要插入图片的位置，执行"插入>图片>来自文件"命令，如图 4-26 所示。

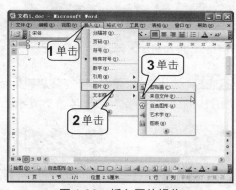

图 4-26　插入图片操作

步骤 02　弹出"插入图片"对话框，如图 4-27 所示。

步骤 03　选择要插入的图片后，单击 插入(S) 按钮，即可完成。插入图片后的文档如图 4-28 所示。

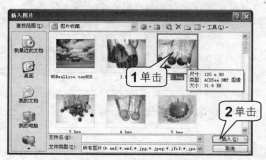

图 4-27　"插入图片"对话框

图 4-28　插入图片后的文档

4.3.3 设置图片的格式

在文档中插入图片后，如果对所插入的图片不够满意，还可以对图片的格式进行修改。对图片进行修改主要使用"图片"工具栏，也可使用"设置图片格式"对话框。

单击所要设置的图片，弹出"图片"工具栏，如图4-29所示。

图4-29 "图片"工具栏

设置图片格式的具体操作步骤如下：

步骤 01 如果在文档中插入图片，单击 按钮，在弹出的"插入图片"对话框中选择要插入的图片后，单击 插入(S) 按钮，即可插入新的图片。

步骤 02 如果单击 按钮，可以增加图片颜色的饱和度即增加对比度，如图4-30所示；如果要单击 按钮，可以降低图片颜色的饱和度即降低对比度，如图4-31所示。

图4-30 增加图片饱和度前后对比

图4-31 降低图片饱和度前后对比

步骤 03 如果单击 按钮，可以使图片的颜色变亮，如图4-32所示；如果单击 按钮，可以使图片的颜色变暗，如图4-33所示。

图4-32 增加图片亮度前后对比

图4-33 降低图片亮度前后对比

步骤 04 如果单击 按钮，可以使图片从当前位置逆时针旋转90°，如图4-34所示；如果对一系列的设置不满意，可以单击 按钮，返回到原图形。

图4-34 旋转图片前后对比

步骤 05 如果要设置图片的颜色，只需单击 按钮，即可弹出下拉菜单。在下拉菜单中执行"自动"命令，实现系统认为最合适的格式；执行"灰度"命令，可将彩色图片中的每一种颜色改为等效的灰度阴影，如图4-35所示；执行"黑白"命令，可将图形转换为黑白图形，如图4-36所示；执行"冲蚀"命令，可将图片转化为明亮且对比度低的图形，如图4-37所示。

图4-35　设置为灰度的图片　　图4-36　设置为黑白的图片　　图4-37　设置为冲蚀的图片

步骤 06　如果单击　按钮，弹出"设置图片格式"对话框。单击"图片"标签，进入"图片"选项卡，如图4-38所示。在"裁剪"选项组的"上"、"下"、"左"、"右"微调框中，设置需要的图片的尺寸。在"图像控制"选项组中，在"颜色"下拉列表框中设置图片的颜色，通过拖动亮度和对比度滑块或者直接在其后面的微调框中输入百分比值设置图片的亮度和对比度。

步骤 07　单击"版式"标签，进入"版式"选项卡，如图4-39所示。在"环绕方式"选项组中可以设置将图片嵌入到文字中、图片衬于文字下方、图片浮于文字上方和文字环绕图片四周，这样使文字与图片结合得生动活泼、惟妙惟肖。

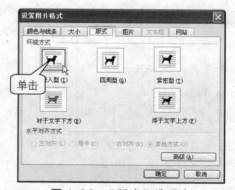

图4-38　"图片"选项卡　　　　　　图4-39　"版式"选项卡

步骤 08　单击　高级(A)...　按钮，弹出"高级版式"对话框，如图4-40所示。单击"文字环绕"标签，进入"文字环绕"选项卡。在"环绕方式"选项组中设置文字环绕选中图片的方式。在"环绕文字"选项组中设置图片的环绕位置。在"距正文"选项组中设置图片与正文之间的距离。单击"图片位置"标签，进入"图片位置"选项卡。在"水平对齐"选项组中，可以设置所选图片的水平位置。在"垂直对齐"选项组中，可以设置所选图片的垂直位置，如图4-41所示。设置完成后，单击　确定　按钮，即可完成。

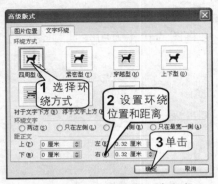

图 4-40　"文字环绕"选项卡

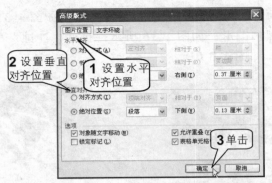

图 4-41　"图片位置"选项卡

在文档中插入艺术字

在编辑文档时，常常需要插入特殊的文字，这些文字就是艺术字。艺术字属于图形类，因此插入艺术字后，可以像编辑图形一样对其进行编辑，如添加颜色、阴影和三维效果等。

插入艺术字的具体步骤如下：

步骤01 将光标移至要插入艺术字的位置后，执行"插入>图片>艺术字"命令，弹出"艺术字库"对话框，如图4-42所示。

步骤02 单击自己满意的一种艺术字形式后，单击 确定 按钮，弹出"编辑'艺术字'文字"对话框，如图4-43所示。

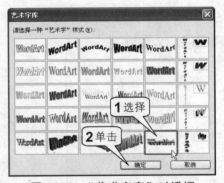

图 4-42　"艺术字库"对话框

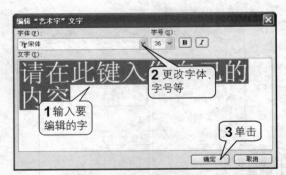

图 4-43　"编辑'艺术字'文字"对话框

步骤03 在"请在此键入你自己的内容"处键入要设为艺术字的文字（如"红太阳电脑有限公司"），并为键入的文字设置字体、字号和字符格式，单击 确定 按钮，"红太阳电脑有限公司"就按选定的艺术字效果插入文档中，如图4-44所示。

图 4-44　插入艺术字示例

插入艺术字之后，如果所插入的文字形式不能满足自己的需要，可以单击艺术字，弹出"艺术字"工具栏，如图4-45所示。通过此工具栏就可以对插入的艺术字进行进一步的编辑。

图4-45　"艺术字"工具栏

对艺术字进行编辑的具体步骤如下：

步骤 01 单击按钮，出现"艺术字库"对话框，可以重新设置艺术字样式。如果输入的艺术字是字母，单击按钮，可使所有的字母高度相同，如图4-46所示。

步骤 02 如果要使艺术字的文字变成竖排的，单击按钮，效果如图4-47所示。

Let)s make world safer

图4-46　所有字母高度相同

safer safer
前
后

图4-47　将文字设成竖排

步骤 03 如果要改变文字字符间的间隔，单击按钮，在弹出的下拉菜单中选择相应的间隔状态，如"紧密"、"稀疏"等，如图4-48所示。选择"紧密"的效果如图4-49所示。

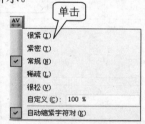

图4-48　改变文字字符间距菜单

紧密排列

Let's make world safer

图4-49　将文字字符间的间隔设为紧密

步骤 04 如果要改变艺术字的造型，单击按钮后，在下拉菜单中选择一种合适造型，如图4-50所示。选择后，艺术字将变为如图4-51所示的形式。

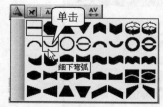

图4-50　改变艺术字形状菜单

细下弯弧形式的艺术字

图4-51　修改后的艺术字的效果示例

4.4 边学边练：制作请柬

公司或企业经常会举行开业庆典、周年庆典等一系列活动，需要邀请各行各业的公司老板、企业同仁及相关人士参加，因此学会制作请柬是非常必要的。现在，就要制作一份"红太阳电脑有限公司的开业庆典"请柬。

实例简析

制作"请柬"需要绘制基本图形（如矩形、椭圆形等），并填充颜色；需要插入图片、剪贴画，并摆放在合适的位置；需要插入艺术字，并按自己的需要编辑；还需要在绘制的图形中输入文字。为了使制作的请柬美观、实用，这就需要掌握本章知识，并结合前面的知识灵活应用于实践。

制作步骤

1. 绘制矩形

在"绘图"工具栏中单击□按钮，拖动鼠标在文档中绘制矩形。双击矩形，在弹出的"设置自选图形格式"对话框的"大小"选项卡中，将图形设置成15cm宽，12cm高的矩形。再按同样的方法绘制两个15cm宽，0.55cm高的小矩形，如图4-52所示。

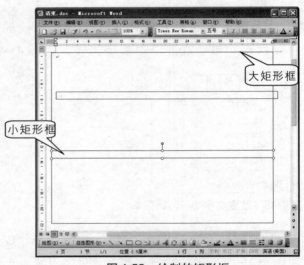

图 4-52　绘制的矩形框

2. 为绘制的矩形填充颜色

步骤 01 选中要填充颜色的矩形，双击矩形，弹出"设置自选图形格式"对话框。在该对话框中，单击"颜色与线条"标签，在"颜色与线条"选项卡的"颜色"下拉列表框中选择"填充效果"选项，如图4-53所示，弹出"填充效果"对话框。

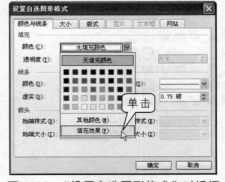

图 4-53　"设置自选图形格式"对话框

步骤 02 单击"渐变"标签，进入"渐变"选项卡，在"颜色"选项组中选择"双色"单选按钮，并在后面的"颜色1"、"颜色2"下拉列表框中选择要过渡的两种颜色，在"底纹样式"选项组中选中任何一种样式的单选按钮（如"水平"单选按钮），在"变形"选项组中可以预览到4种样式，如图4-54所示。

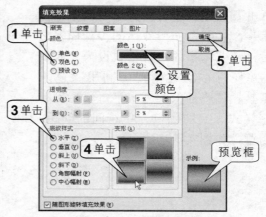

图 4-54　"填充效果"对话框

步骤 03 选择一种填充效果后，单击 确定 按钮，返回"设置自选图形格式"对话框，单击 确定 按钮即可为所选的图形填充颜色。按照以上步骤，将两个小矩形也填充为此种颜色样式，放置在大矩形的上方和下方，如图4-55所示。

图 4-55　填充颜色之后

3. 插入剪贴画

在"设置图片格式"对话框中将矩形的图片格式设置为"衬于文字下方"。将光标移至图形上，执行"插入>图片>剪贴画"命令，或单击 按钮，在右侧的"剪贴画"任务窗格中搜索图片，单击选中的图片并插入。在"设置图片格式"对话框中将插入图片的图片格式设置为"四周型"，并任意拖动图片移至相应的位置，如图4-56所示。

图 4-56　插入剪贴画

4. 插入艺术字

因为这个请柬是"红太阳电脑有限公司"发出的，为了突出显示该公司，可以把公司名置于请柬上，一般要用艺术字的形式，以和整个图片融为一体。具体操作如下：

单击■按钮，就可在光标所在位置插入艺术字。按照前面所叙述的步骤插入艺术字后，将艺术字的图片格式设为"四周型"，并任意移动其位置。利用"艺术字"工具栏编辑插入的艺术字，包括设置艺术字样式、字的颜色、字符间的间距，直至满意，如图4-57所示。

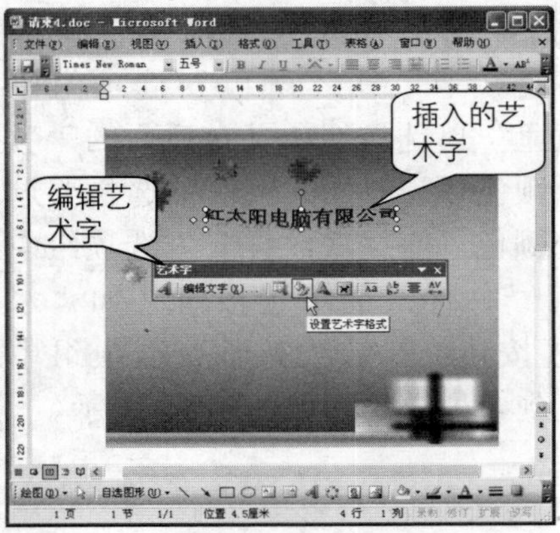

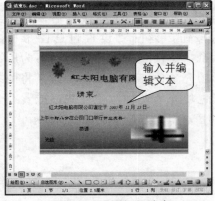

图 4-57　插入艺术字

5. 输入请柬内容

选定合适的位置并输入请柬的全部内容后，为了重点突出，可以把表强调的字眼（如日期、时间、地点等）设置成不同的字体。

然后选中输入的文字，单击▲·右侧的下三角按钮，在弹出的下拉列表中，根据整个图片的颜色设置相应的字体颜色，使文字与图片完美结合，看起来美观大方，如图4-58所示。

图 4-58　设置好的请柬

本例小结

在本例中用到如何在文本中绘制图形并为图形填充颜色，如何插入剪贴画、艺术字，如何将图形、图片、艺术字和文字编排到一起。有些步骤是本章中详细讲述的，有些是没有讲述的。总之，应牢牢记住如何将学过的知识融会贯通，应用到实践中去。

课堂问答

问　如何排列、对齐、分布图形？

答　可以根据图形对象的边框、水平中心水平或垂直中心垂直排列两个或更多图形对象，也可以根据整个页面、绘图画布或其他锁定标记的位置对齐一个或多个图形对象。

绘图画布可以将图形中的各部分整合在一起。当图形对象包括几个图形时，这个功能会很有帮助。绘图画布还在图形和文档的其他部分之间提供一条类似图文框的边界。在默认情况下，绘图画布没有背景或边框，但是如同处理图形对象一样，可以对绘图画布应用格式。

可以缩小绘图画布，以便它紧紧地围在图形对象的周围。也可同时增大图形对象和绘图画布，或者只增大图形，而绘图画布保持原来的大小。如果要将图片添加到图形中，可将图片的环绕方式设为浮动，然后将图片拖到绘图画布上。如果不想使用绘图画布，可以将图形对象从绘图画布上拖下来，再选择绘图画布，然后将之删除。

问 如何旋转图形、图片或艺术字？

答 步骤1：选取要旋转的图形、图片或艺术字。

步骤2：如果要旋转任一角度，则向所需的方向拖动对象上的旋转控点，然后单击对象以外的地方以将旋转确定下来。

步骤3：如果向左旋转90°或向右旋转90°，则在"绘图"工具栏中单击"绘图"工具，在弹出的下拉菜单中执行"旋转或翻转"命令，再在弹出的菜单中执行"向左旋转90°"或"向右旋转90°"命令。

问 如何更改图片或图形对象的环绕方式？

答 步骤1：如果图片或对象在绘图画布上，选择该画布。如果不在绘图画布上，选择图片或对象。

步骤2：在"格式"菜单中，执行与所选对象类型相对应的命令（如"自选图形"、"绘图画布"或"图片"命令），在弹出的"设置图片格式"或"设置自选图形格式"对话框中，单击"版式"标签，进入"版式"选项卡。

步骤3：在"环绕方式"选项组中单击所需的文字环绕方式。如果需要其他文字环绕选项，请单击"高级"按钮，然后在弹出的"高级版式"对话框的"文字环绕"选项卡中设置。

问 如何裁剪图片？

答 步骤1：选取需要裁剪的图片。

步骤2：在"图片"工具栏上，单击 按钮，选择裁剪工具。

步骤3：将裁剪工具置于裁剪控点上，若要裁剪一边，请向内拖动该边上的中心控点；若要同时相等地裁剪两边，请在向内拖动任意一边上中心控点的同时，按住 Ctrl 键；若要同时相等地裁剪四边，请在向内拖动角控点的同时，按住 Ctrl 键。

步骤4：在"图片"工具栏上，单击 按钮可以停用裁剪工具。

问 如何添加图形对象的三维效果？

答 步骤1：选择相应的图形对象。

步骤2：在"绘图"工具栏上单击 按钮，弹出三维效果示例列表。

步骤3：选择所需的三维效果样式应用即可。

举一反三

如果本章的基础知识已经掌握，为了在掌握基础知识的前提下，灵活应用本章知识及本章知识的拓展，下面列出了三个实例，以解决上述问题。这些实例不但是基础知识的实际应用，也是实际操作中很重要的一种知识拓展。掌握实例的方法，将有利于对所掌握的知识的理解。

例1 利用矩形设置竖排文字

在文档中，有时需要横竖混排，利用普通的方法不能实现文字的竖排，这时就要借用一下"矩形"了，具体操作步骤如下：

步骤 01 在"绘图"工具栏中单击□按钮，在文档中绘制规定高度的矩形，如图 4-59 所示。

步骤 02 选中矩形后，单击鼠标右键，在弹出的快捷菜单中执行"添加文字"命令，如图 4-60 所示。

图 4-59 插入矩形

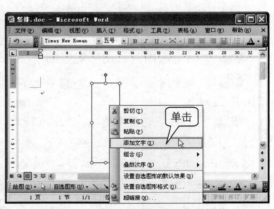

图 4-60 在矩形框中添加文字操作

步骤 03 在矩形框中输入需要竖排的文字，如图 4-61 所示。

步骤 04 选中矩形框，单击鼠标右键，在弹出的快捷菜单中执行"文字方向"命令，弹出"文字方向 - 文本框"对话框，如图 4-62 所示，选择竖排文字方向。

图 4-61 输入文字操作

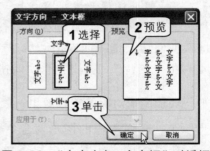

图 4-62 "文字方向 - 文本框"对话框

步骤 05 将矩形图片的版式设成"四周型"，并将矩形框移至合适的位置，设置后的效果如图 4-63 所示。

步骤 06 双击矩形框，弹出"设置自选图形格式"对话框，在"颜色与线条"选项卡中，单击"线条"选项组的"颜色"下拉列表框的下三角按钮，在下拉列表框中选择"无线条颜色"选项，将边框去掉，如图 4-64 所示。

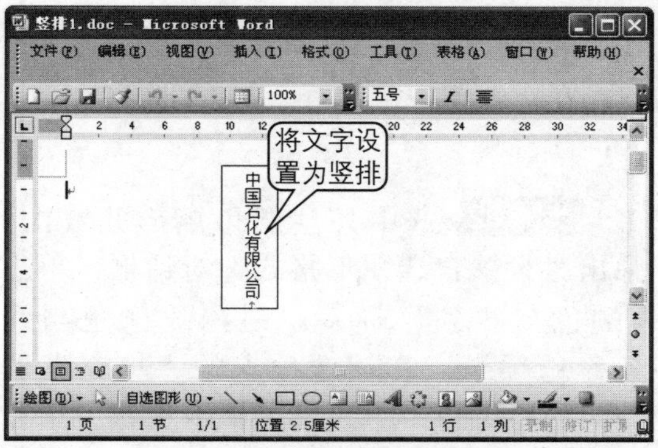

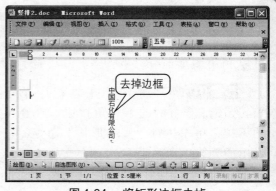

图 4-63　设为竖排显示的文字　　　　　图 4-64　将矩形边框去掉

例2 把一个表格拆分为两个表格

当创建完一个表格时，总觉得由一个表格表现不如分成两个表格表现好，于是想把一个表格拆成两个表格，具体操作步骤如下：

步骤 01 把鼠标插入点移到要从中间分开的列的左侧，执行"表格>插入>列（在右侧）"命令，这样就插入一个空白列作为"拆分列"，如图4-65所示。

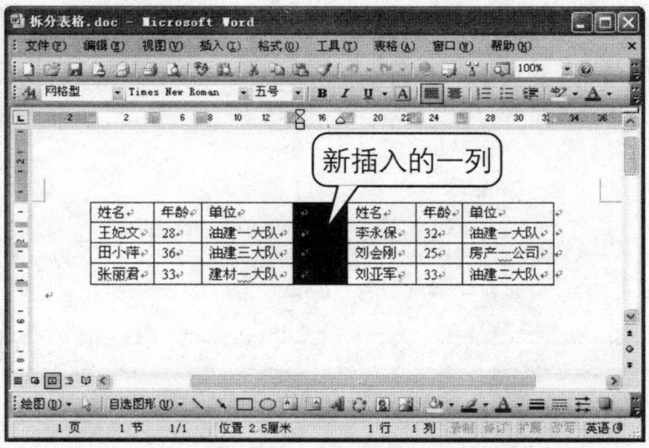

图 4-65　插入拆分列

步骤 02 选中"拆分列"后，单击鼠标右键，在弹出的快捷菜单中执行"边框和底纹"命令，弹出"边框和底纹"对话框，单击"边框"标签，进入"边框"选项卡，单击预览区的 、 和 按钮，去掉上边框、中间线条和下边框只留左右边框，如图4-66所示。

步骤 03 然后单击 确定 按钮，即可将一个表格拆分为两个表格，如图4-67所示。

图 4-66　"边框和底纹"对话框

图 4-67　拆分好的表格

在Word 2003中使用图形和图片

例3 利用图形制作"按钮"

当编辑科技材料时，有时需要绘制产品实物图，在实物图中常常有一些按钮需要绘制，可以利用图形制作"按钮"，具体操作步骤如下：

步骤01 在"绘图"工具栏中单击"自选图形"右侧的下三角按钮，在弹出的下拉菜单中执行"基本形状"命令，在弹出的列表中单击▢按钮，在文档中，绘制一大一小两个圆角矩形，并将两个圆角矩形叠放在一起，如图4-68所示。

步骤02 选中外层圆角矩形并双击，弹出"设置自选图形格式"对话框，单击"颜色与线条"标签，进入"颜色与线条"选项卡。在该选项卡的"填充"选项组的"颜色"下拉列表框中选择"填充效果"选项，弹出"填充效果"对话框，如图4-69所示。

图4-68 叠放在一起的两个圆角矩形

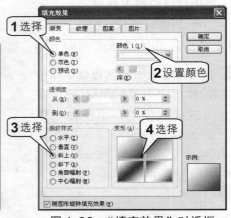

图4-69 "填充效果"对话框

步骤03 单击"渐变"标签，进入"渐变"选项卡。选择"颜色"选项组的"单色"单选按钮，在"颜色1"和"颜色2"下拉列表框中设置颜色；在"底纹样式"选项组中选择"斜上"单选按钮；在"变形"选项组中选择第一种类型，单击两次 确定 按钮，如图4-70所示。

步骤04 按照相同的步骤将内层圆角矩形的渐变模式设置成与内置图形相反的渐变。如图4-71所示，按钮就绘制成了。

图4-70 绘制按钮

图4-71 按钮

本章练习

1. 填空题

（1）在编辑文档的过程中，可能需要插入很多种不同类型的图形，如矩形、椭圆形、_____ 等，有时为了使文档中的内容直观、形式美观，还需要添加如标注、箭头之类的图形，这些图形统称为"_____"。

（2）若单击 右侧的下三角按钮，并在弹出的列表中选择相应的颜色，即可为所插入的图形 _____；若单击 右侧的下三角按钮，在弹出的列表中选择相应的颜色，即可为插入的 _____ 添加颜色；若要单击 按钮，即可为插入的图形 _____；若要单击 按钮，即可为插入的图形 _____。

（3）绘制完图形后，要使图形足够整齐、美观，不对其编辑是不行的。图形的编辑包括图形的 _____、_____、_____、组合和美化。

（4）所谓外部图片就是不是本软件中所带的，而是利用其他 _____ 所制作的图片，如照片、扫描图以及下载图片等。

2. 选择题

（1）对 Word 文档中插入的图片可进行的操作有 _____。

    A. 移动图片   B. 改变图片尺寸

    C. 设置图片为水印效果   D. 设置图片的环绕方式

（2）关于插入艺术字，以下说法正确的是 _____？

    A. 插入艺术字后，既可以改变艺术字的大小，也可以移动其位置。

    B. 插入艺术字后，可以改变艺术字的大小，但不可以移动其位置。

    C. 插入艺术字后，可以移动艺术字的位置，但不可以改变其大小。

    D. 插入艺术字后，既不能移动艺术字的位置，也不能改变其大小。

（3）如果要使图片的颜色变亮，应单击 _____ 按钮。

    A.   B.   C.   D.

3. 上机题

（1）绘制如下所示的图案：

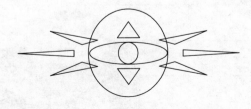

（2）将图片插入指定文本中，并设置环绕方式为"浮于文字上方"。

（3）插入如下所示的艺术字：

读书笔记

Part 3

Excel 2003的基础与应用

利用Excel可以制作漂亮的表格。创建表格，再设置表格的单元格格式，然后编辑表格中的文档，还可以在表格中应用公式、函数和图表。Excel表格主要应用于财务管理、营销分析等方面。

本篇包括

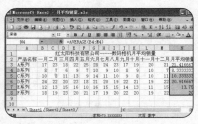

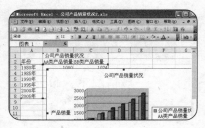

5 Chapter

Excel 2003中单元格的格式化设置

 课前预习

本章主要讲述 Excel 2003 单元格设置的基础知识。Excel 2003 是强大的表格制作系统，设置单元格时，可以为单元格命名，改变单元格的大小，设置单元格的边框、底纹和颜色，设置单元格的页脚页眉。在本章将介绍以下内容：单元格的命名；单元格的格式设置；单元格的对齐设置；单元格的列宽和行高设置；单元格的页眉／页脚设置。

正式课堂

5.1 Excel 2003简介

Excel 2003 是一种报表系统，具有强大的数据分析、预测和制作图表功能，在数据统计及财务管理中应用尤为广泛。作为软件，Excel 2003 应用灵活、容易掌握。

关于 Excel 2003 主界面窗口的介绍，请参照第 1 章，这里只讲解工作簿与工作表的内容。

1. 工作簿

工作簿就是在 Excel 中用来存储并处理有关数据的文件，一个工作簿可由一个或多个工作表组成，如 Sheet1、Sheet2、Sheet3。用户可以根据需要添加或删除工作表。

2. 工作表

工作表是 Excel 的基本单位，是 65536 行 256 列的表格，行号由数字进行编号，列号由字母进行编号。若单击某一单元格，该单元格边框将加粗，表示已被选中，如图 5-1 所示。

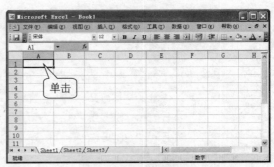

图 5-1　工作表示意图

5.2 单元格命名

一般情况下，单元格以地址（如 D2、C3）命名，用户可以根据需要对单元格重新命名。

5.2.1 单元格命名规则

单元格的命名规则如下：

（1）首字符一定为字母或文字，如为字母，可以不必区分大小写；

（2）名字一定不能为地址形式，如D2、C3；

（3）分隔符要用点或下划线代替，一定不能出现空格；

（4）命名不能超过255个字符，否则无效。

5.2.2 单元格命名步骤

为单元格命名的步骤如下：

步骤01 选中要重新命名的单元格，执行"插入>名称>定义"命令，如图5-2所示。

步骤02 弹出"定义名称"对话框，在"在当前工作簿中的名称"下面的文本框输入单元格的新名称（如"序号"），如图5-3所示。

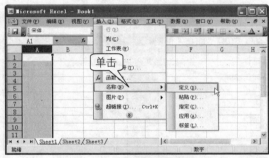

图5-2 重新命名操作

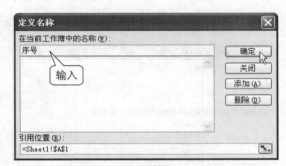

图5-3 "定义名称"对话框

步骤03 单击 确定 按钮，即可完成单元格的命名。如图5-4所示，将A的单元格命名为"序号"。

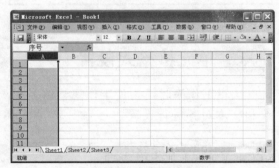

图5-4 命名后的单元格

5.2.3 使用和删除名称

1. 使用名称

灵活地使用名称可以有效地提高工作效率，可以快速查找单元格区域。当一个单元格区域被命名后，名称会自动出现在名称框的下拉列表中，如图5-5所示。在名称框的下拉列表中选择要查找的名称，相应的单元格就被找到了，如图5-6所示。

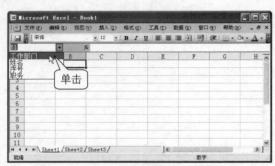

图 5-5 名称自动出现在名称框的下拉列表中

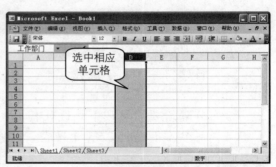

图 5-6 查找单元格

2. 删除名称

删除单元格名称的步骤如下：

步骤01 选中要删除名称的单元格，执行"插入>名称>定义"命令，弹出"定义名称"对话框，如图 5-7 所示。

步骤02 在"在当前工作簿中的名称"下面的文本框中选中要删除的名称（如"职务"），单击 删除(D) 按钮，将"职务"删除，如图 5-8 所示。

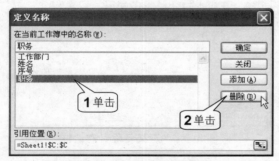

图 5-7 "定义名称"对话框

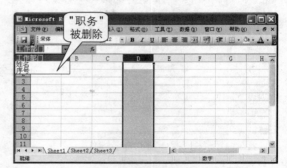

图 5-8 删除名称

5.3 单元格格式设置

编辑工作簿时，为使工作簿整体美观，可对单元格的字体、单元格的边框、单元格底纹和文本对齐进行设置。

5.3.1 设置单元格字体

制作工作表和制作 Word 文档一样，需要美观的字体，使内容更为突出，设置单元格字体的步骤如下：

步骤01 选中要设置的文本，执行"格式>单元格"命令，如图 5-9 所示。

步骤02 弹出"单元格格式"对话框，单击"字体"标签，进入"字体"选项卡，如图 5-10 所示。

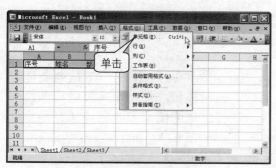

图 5-9　设置字体操作

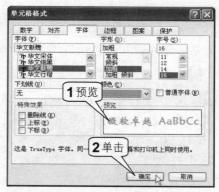

图 5-10　"字体"选项卡

步骤 03 设置相应的字体、字形、字号和字体颜色，并在预览框中预览，直至满意，单击 确定 按钮。单元格的字体设置完毕，如图 5-11 所示，将字体设置为蓝色的 12 磅的华文新魏。

图 5-11　设置后的字体

5.3.2　设置单元格边框

为了使工作表看起来美观，且可区分工作表的范围，可以为单元格添加边框，具体操作步骤如下：

步骤 01 选择欲添加边框的工作区域，执行"格式>单元格"命令，弹出"单元格格式"对话框，单击"边框"标签，进入"边框"选项卡，如图 5-12 所示。

步骤 02 选择合适的外边框线，效果如图 5-13 所示。

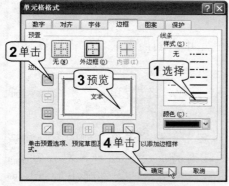

图 5-12　"单元格格式"对话框

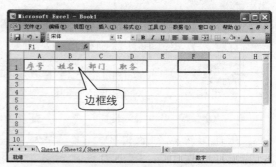

图 5-13　添加边框后的单元格

5.3.3 设置单元格底纹和颜色

给单元格添加底纹和颜色可以增强单元格的视觉效果，突出单元格中的重点内容，具体设置步骤如下：

步骤 01 选中要设置的单元格区域，执行"格式>单元格"命令，弹出"单元格格式"对话框，单击"图案"标签，进入"图案"选项卡，在"单元格底纹"选项组中选择合适的颜色（如黄色），如图 5-14 所示。

步骤 02 单击"图案"下拉列表框右侧的下三角按钮，弹出图案类型和颜色列表，选择合适的图案和颜色，并在预览框中预览，如图 5-15 所示。

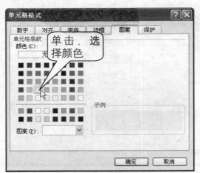

图 5-14 "图案"选项卡

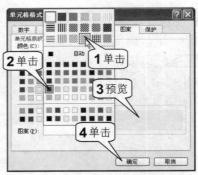

图 5-15 选择图案

步骤 03 满意后，单击 确定 按钮，完成设置。设置好的单元格底纹为黄色的带粉色斜条的底纹样式，使单元格看起来生动、活泼、美观、大方且重点突出，适合多种表格，如图 5-16 所示。

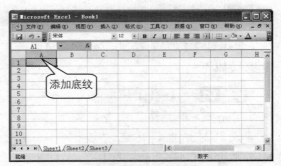

图 5-16 设置颜色和底纹后的单元格

5.3.4 文本对齐设置

有时为了文本的整体看起来美观、大方，同时更能满足用户的需求，常常需要设置单元格的对齐方式，其具体操作步骤如下：

步骤 01 选中要设置的单元格区域，如图 5-17 所示，执行"格式>单元格"命令，弹出"单元格格式"对话框，再单击"对齐"标签，进入"对齐"选项卡。

步骤 02 在"文本对齐方式"选项组中单击"水平对齐"下拉列表框右侧的下三角按钮，在弹出下拉列表框中选择"常规"、"居中"、"两端对齐"等任意一种对齐方式。这里选择"居中"。单击"垂直对齐"下拉列表框右侧的下三角按钮，在弹出的下拉列表框中选择"居中"，在"文本控制"选项组中选中"自动换行"复选框，在"方向"

选项组的微调框中设置文字的方向与水平方向所成的角度，如图 5-18 所示。

图 5-17　选择单元格区域

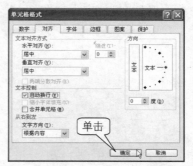

图 5-18　"对齐"选项卡

步骤 03 单击 确定 按钮，完成设置，使单元格中的字体上、下、左、右均居中，视觉效果更好，设置后的格式如图 5-19 所示。

图 5-19　设置文本对齐后的单元格

5.4　单元格列宽和行高设置

为了满足不同文本需要有时要求设置单元格的列宽和行高。

5.4.1　设置单元格列宽

设置单元格列宽的具体步骤如下：

步骤 01 选中要设置列宽的列，并执行"格式>列>列宽"命令，如图 5-20 所示。

步骤 02 弹出"列宽"对话框，在"列宽"文本框中输入相应的列宽值（如 4.5），如图 5-21 所示。

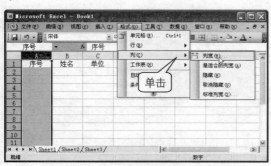

图 5-20　设置列宽操作

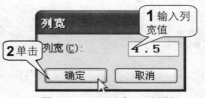

图 5-21　"列宽"对话框

步骤 03，单击 **确定** 按钮，完成设置，设置后的单元格列宽为 4.5，如图 5-24 所示。

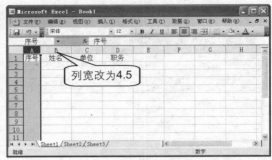

图 5-22　设置后的列宽

5.4.2　设置单元格行高

设置单元格行高的具体步骤如下：

步骤 01，选中要设置行高的行，并执行"格式>行>行高"命令，如图 5-23 所示。

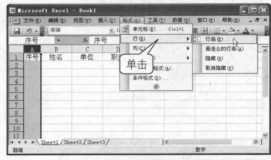

图 5-23　设置行高的操作

步骤 02，弹出"行高"对话框，在"行高"文本框中输入相应的行高值（如 22），如图 5-24 所示。

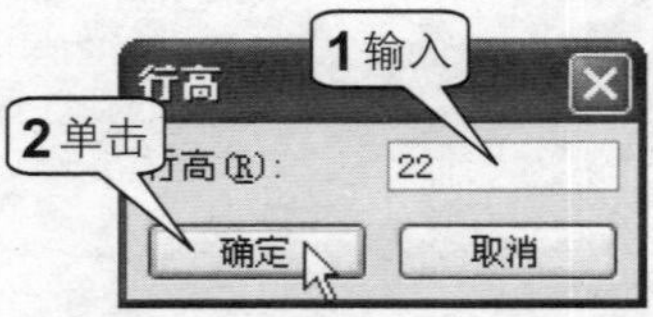

步骤 03，单击 **确定** 按钮，完成设置，设置后的单元格行高为 22，如图 5-25 所示。

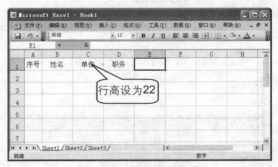

图 5-25　设置后的行高

图 5-24　"行高"对话框

5.5　表格设置

为了使表格的外观更加美观，可对表格的页边距、页眉 / 页脚进行设置。

5.5.1 表格页边距设置

为表格设置页边距的具体步骤如下：

步骤 01 打开Excel表格，执行"文件>页面设置"命令，如图5-26所示，弹出"页面设置"对话框。

步骤 02 单击"页边距"标签，进入"页边距"选项卡。在"上"、"下"、"左"、"右"下面的微调框中分别输入距页边的距离，如2.5、2.5、2.0、2；在"居中方式"选项组中选中"水平"和"垂直"复选框，并在中间的预览框中预览，如图5-27所示。

图 5-26 页面设置操作步骤

图 5-27 "页边距"选项卡

步骤 03 预览满意后，单击 确定 按钮，完成设置。

5.5.2 表格页眉/页脚设置

设置表格的页眉/页脚的具体步骤如下：

步骤 01 打开Excel表格，执行"文件>页面设置"命令，弹出"页面设置"对话框，单击"页眉/页脚"标签，进入"页眉/页脚"选项卡，如图5-28所示。

步骤 02 单击"页眉"下拉列表框右侧的下三角按钮，在弹出的下拉列表框中选择一种页眉样式，如图5-28所示；单击"页脚"下拉列表框右侧的下三角按钮，在弹出的下拉列表框中选择一种页脚样式，如图5-29所示。单击 自定义页眉(C)... 按钮，弹出"页眉"对话框。

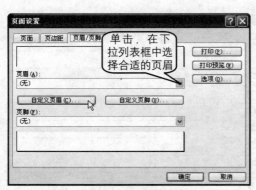

图 5-28 "页眉/页脚"选项卡

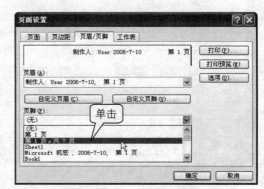

图 5-29 设置页眉/页脚

步骤03 在"页眉"对话框中，可以设置和编辑左、中、右页眉。把光标移动到左、中、右任意一个文本框中，单击文本框上面的一排按钮，可以在文本框中自动显示"&[页码]"、"&[总页数]"、"&[时间]等文字，如图 5-30 所示。

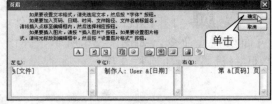

图 5-30 "页眉"对话框

步骤04 设置完成后，单击 确定 按钮，返回到"页面设置"对话框。单击 自定义页脚(U)... 按钮，按照相同的方法定义页脚。设置完毕后，返回到"页面设置"对话框，单击 确定 按钮，完成设置。

5.6 边学边练：制作员工工资表

在企业或公司，如果为员工发工资，需制作详细的员工工资表，工资表的内容包括月份、员工的姓名、部门以及所发工资与补贴的具体项目。

实例简析

制作这份员工工资表，需要用到单元格的格式设置、单元格的字体设置、单元格的边框与底纹设置、单元格的行高与列宽的设置、页边距设置以及页脚页眉的设置等等一些基本操作，需要消化并掌握本章所学的内容，还要灵活应用。

制作步骤

1. 表格的具体项目设置

员工工资表的具体数据结构如表 5-1 所示。

表 5-1 工资表的数据结构

字段名	字段类型
编号	文本
月份	日期／时间
姓名	文本
部门	文本
基本工资	数字
浮动工资	数字
奖金	数字
应发工资	数字
个人所得税	数字
医疗保险	数字
养老保险	数字
实发工资	数字

2. 输入文本内容和设置单元格大小

步骤01 打开 Excel 文档，单击每个单元格，将字段名输入至单元格中，如图 5-31 所示。

图 5-31　在单元格中输入字段名

步骤02 选中设置列宽的列（如 A 列），并执行"格式>列>列宽"命令，如图 5-32 所示。

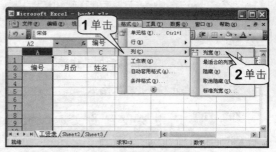

图 5-32　设置列宽操作

步骤03 弹出"列宽"对话框，在"列宽"后面的文本框中输入 5，如图 5-33 所示。

图 5-33　"列宽"对话框

步骤04 将"编号"列的列宽值设置为 5，将"月份"列的列宽值设置为 9.5，将"姓名"列的列宽值设置为 7.5，将"部门"列的列宽值设置为 10，将"基本工资"、"浮动工资"、"奖金"、"应发工资"、"个人所得税"、"医疗保险"、"养老保险"、"实发工资"列的列宽值设置为 9，如图 5-34 所示。

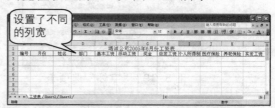

图 5-34　设置列宽后的工作表

步骤05 选中设置行高的行，并执行"格式>行>行高"命令，如图 5-35 所示。

图 5-35　设置行高操作

步骤06 弹出"行高"对话框，在"行高"后面的文本框中输入相应的行高值（如 25），如图 5-36 所示。

图 5-36　"行高"对话框

步骤 07 将字段名所在行的行高设置为20，如图5-37所示。

图 5-37 设置行高后的工作表

3. 设置单元格内文本格式

步骤 01 选中要设置的文本，执行"格式>单元格"命令，弹出"单元格格式"对话框，单击"字体"标签，进入"字体"选项卡，如图5-39所示。设置相应的字体、字形、字号后，在"预览"框中预览，满意后单击 确定 按钮。

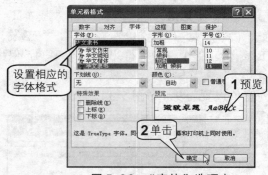

图 5-39 "字体"选项卡

步骤 03 选中要设置的单元格区域，执行"格式>单元格"命令，弹出"单元格格式"对话框，单击"对齐"标签，进入"对齐"选项卡，如图5-41所示。

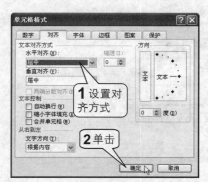

图 5-41 "对齐"选项卡

步骤 08 输入相关人员的工资情况，如图5-38所示。

图 5-38 输入相关人员信息

步骤 02 按照相同的方法，将标题字体设置为"华文隶书"，字号设置为14；将其余字体设置为"隶书"，字号设置为12，如图5-40所示。

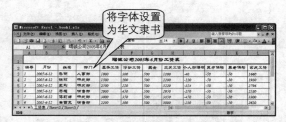

图 5-40 文本的字体设置

步骤 04 在"文本对齐方式"选项组中，在"水平对齐"和"垂直对齐"下面的下拉列表框中分别选择"居中"选项，单击 确定 按钮，效果如图5-42所示。

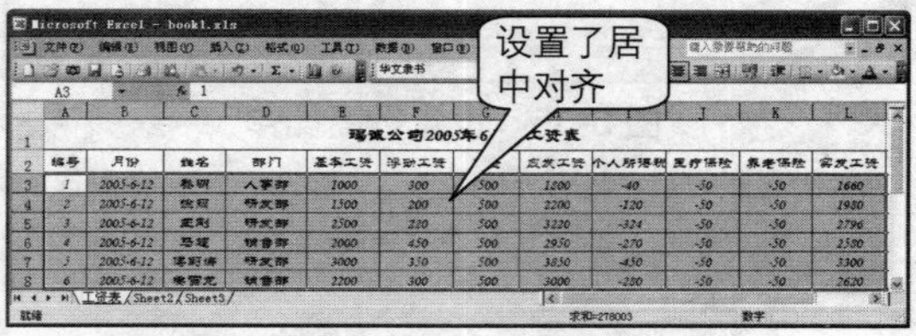

图 5-42 设置对齐后的文本框

4. 设置单元格底纹和颜色

步骤 01 选中要设置的单元格区域，执行"格式>单元格"命令，弹出"单元格格式"对话框；单击"图案"标签，进入"图案"选项卡；在"单元格底纹"选项组中选择蓝色，单击"图案"后面的文本框右侧的下三角按钮，弹出图案类型和颜色列表，选择合适的图案和颜色，如图5-43所示。

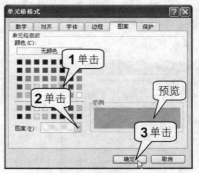

图 5-43　"图案"选项卡

步骤 02 单击 确定 按钮，按照同样的方法，将"字段名"行设置为黄色，将主要信息部分设置成为蓝白相间的条纹，以方便查找，如图5-44所示。

图 5-44　设置底纹和颜色后的文本框

5. 设置单元格的页眉/页脚

步骤 01 执行"视图>页眉和页脚"命令，如图5-45所示。

步骤 02 弹出"页面设置"对话框，如图5-46所示。

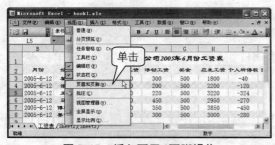

图 5-45　插入页眉/页脚操作

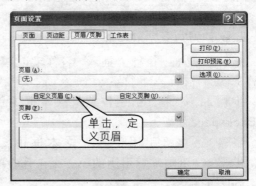

图 5-46　"页面设置"对话框

步骤 03 单击"页脚"下拉列表框右侧的下三角按钮，在弹出的下拉列表框中选择一种页脚样式（如"第1页"）；单击 自定义页眉(C)... 按钮，弹出"页眉"对话框，如图5-47所示。在"左"下面的文本框中输入"竭诚公司"，在"中"下面的文本框中输入"第1页"，在"右"下面的文本框中输入"2005/6/12"。

图 5-47　"页眉"对话框

步骤 04 单击 [确定] 按钮，返回至 "页面设置"对话框，"页眉"和"页脚"下面的文本框中分别显示相应的格式，如图 5-48 所示。

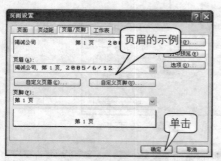

图 5-48 "页面设置"对话框

步骤 05 单击 [确定] 按钮，完成设置。执行"文件>打印预览"命令，显示的视图如图 5-49 所示。满意后，保存文件即可。

图 5-49 设置页眉/页脚后的工资表

本例小结

　　本例将本节中所讲的所有知识点融合起来，制作了一份美观的公司员工工资表。本例用到的方法简单易学，使用灵活，在创建表格中尤为常用，读者要牢牢掌握这些方法，以适应不同需求。

课堂问答

问 如何为多个单元格命名？

答 步骤 1：执行"插入>名称>定义"命令，在弹出对话框的"在当前工作簿中的名称"文本框键入名称。

　　步骤 2：如果"引用位置"文本框中包含引用，请选择等号（＝）和该引用，然后按 Backspace 键。

　　步骤 3：在"引用位置"文本框中，键入"＝（等号）"。

　　步骤 4：单击需要引用的第一个工作表的标签，按住 Shift 键，单击需要引用的最后一个工作表的标签。

　　步骤 5：选定需要引用的单元格或单元格区域。

　　步骤 6：设置完成后，单击"确定"按钮。

问 简述重新设置对齐方式的方法。

答 步骤 1：选中要设置的单元格区域，执行"格式>单元格"命令，弹出"单元格格式"对话框，再单击"对齐"标签，进入"对齐"选项卡。

　　步骤 2：单击"水平对齐"下拉列表框右侧的下三角按钮，在弹出的下拉列表框中选择"常规"、"居中"、"两端对齐"等任意一种对齐方式。单击"垂直对齐"下拉列表框右侧的下三角按钮，在弹出的下拉列表框中选择"常规"、"居中"、"两端对齐"等任意一种对齐方式。在"方向"选项组的微调框中设置文字的方向与水平方向所成的角度。

步骤3：设置完成后，单击"确定"按钮。

问 如何应用单元格的底纹和颜色？

答 步骤1：选中要设置的单元格区域，执行"格式>单元格"命令，弹出"单元格格式"对话框。

步骤2：单击"图案"标签，进入"图案"选项卡。

步骤3：在"单元格底纹"选项组中选择颜色，单击"图案"后面的文本框右侧的下三角按钮，弹出图案类型和颜色列表，选择合适的图案和颜色。

步骤4：设置完成后，单击"确定"按钮。

问 如何设置单元格的页眉和页脚？

答 步骤1：执行"文件>页面设置"命令，弹出"页面设置"对话框。

步骤2：单击"页眉/页脚"标签，进入"页眉/页脚"选项卡。

步骤3：单击"页眉"下面文本框右侧的下三角按钮，选择一种页眉样式，单击"页脚"下面文本框右侧的下三角按钮，选择一种页脚样式。

步骤4：设置完成后，单击"确定"按钮。

问 如何设置单元格的列宽和行高？

答 设置单元格列宽时，只需选中要设置列宽的列，并执行"格式>列>列宽"命令，弹出"列宽"对话框，在"列宽"后面的文本框中输入相应的列宽值，如4.5。

设置单元格行高时，只需选中设置行高的行，并执行"格式>行>行高"命令，弹出"行高"对话框，在"行高"后面的文本框中输入相应的行高值即可。

举一反三

如果本章的基础知识已经掌握，为了在掌握基础知识的前提下，灵活应用本章知识及本章知识的拓展，下面列出了一个实例，以解决上述问题。这个实例不但是基础知识的实际应用，也是实际操作中很重要的一种知识拓展。掌握实例的方法，将会进一步理解所掌握的知识。

例 利用"定位"功能快速添加颜色

如果制作表格时，用户欲快速为单元格添加颜色，具体步骤如下：

步骤01 打开欲添加颜色的Excel表格，执行"编辑>定位"命令，如图5-50所示。

步骤02 弹出"定位"对话框，如图5-51所示。

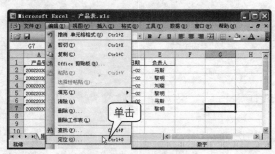

图 5-50　定位操作

图 5-51　"定位"对话框

步骤 03　单击 定位条件(S)... 按钮，弹出"定位条件"对话框，如图 5-52 所示。

步骤 04　选择"当前区域"单选按钮后，单击 确定 按钮，返回至原表格中，单击 按钮，在弹出的列表中为选中区域填充颜色，如图 5-53 所示。

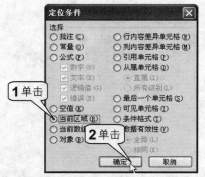

图 5-52　"定位条件"对话框

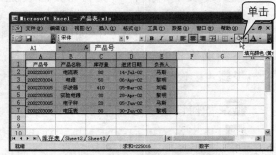

图 5-53　为选中区域填充颜色

本章练习

1. 填空题

（1）Excel 2003 是一种 _____ 系统，具有强大的数据 _____、_____ 和 _____ 功能，在数据统计及财务管理中应用尤为广泛。

（2）Excel 2003 的主界面窗口由 _____、_____、_____、_____、_____ 和水平滚动栏组成。

（3）工作簿就是在 Excel 中用来 _____ 有关数据的文件，一个工作簿可由 _____ 个工作表组成，如 Sheet1、Sheet2 和 Sheet3。

2. 选择题

（1）在单元格中输入 _____，使该单元格显示 0.3。

　　A. 6/20　　　　　　　B. = "6/20"　　　　　　C. "6/20"　　　　　　D. = 6/20

（2）在单元格中输入"(123)"则显示值为 _____。

　　A. -123　　　　　　　B. 123　　　　　　　　C. "123"　　　　　　D. (123)

（3）在 Excel 表格中，"D3"表示该单元格位于 _____。

　　A. 第 4 行第 3 列　　　　　　　　B. 第 3 行第 4 列
　　C. 第 3 行第 3 列　　　　　　　　D. 第 4 行第 4 列

3. 上机题

（1）创建精诚电子公司的会议安排表。

（2）设置题（1）中表格的格式与单元格的行高和列宽。

（3）为（1）中表格添加边框和底纹。

6 Chapter

Excel 2003的文档编辑

课前预习

本章主要讲述 Excel 2003 的文档编辑的基础知识。Excel 2003 是强大的表格制作系统，可以对工作表、单元格、工作簿窗口等进行有关的操作。本章将学习以下内容：管理工作簿，工作簿的窗口操作，选定单元格，在单元格中输入数据，编辑单元格中的数据，插入、删除、移动和复制工作表。

正式课堂

6.1 管理工作簿

Excel 的文件就是工作簿，对工作簿的管理包括工作簿的窗口操作、工作簿的新建、打开和关闭等。工作簿的新建、打开和关闭详见第 1 章，这里不再讲解。

在 Excel 2003 中，可以同时打开多个工作簿或在同一个工作簿中打开多个工作表。

用户可根据需要对这些工作簿进行排列，具体操作如下：

步骤01，窗口中有多个工作簿时，执行"窗口>重排窗口"命令，如图 6-1 所示。

步骤02，弹出"重排窗口"对话框，如图 6-2 所示。

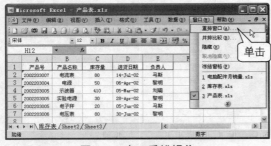

图 6-1　窗口重排操作

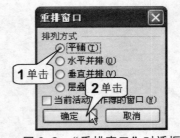

图 6-2　"重排窗口"对话框

步骤03，在图 6-2 所示的"重排窗口"对话框中，若选择"平铺"单选按钮，再单击 确定 按钮，转成平铺窗口，如图 6-3 所示；若选择"水平并排"单选按钮，单击 确定 按钮，转成水平并排窗口，如图 6-4 所示；若选择"垂直并排"单选按钮，单击 确定 按钮，转成垂直并排窗口，如图 6-5 所示；若选择"层叠"单选按钮，单击 确定 按钮，转成层叠窗口，如图 6-6 所示。

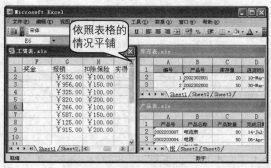

图6-3　平铺窗口

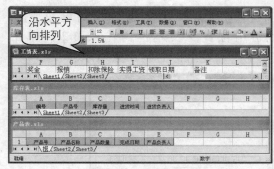

图6-4　水平并排窗口

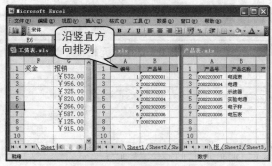

图6-5　垂直并排窗口

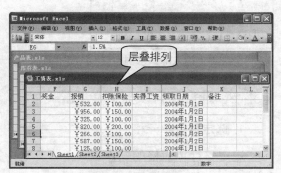

图6-6　层叠窗口

6.2　编辑工作表

单元格是Excel工作表中的最小单位，编辑工作表可以在单元格内输入文字、数字和字符等信息，每一个单元格都对应一个标识，如A2、B6等。输入数据之前应先选定单元格，以及对单元格作相应的操作。

6.2.1　选定单元格

选定单元格的方法很简单，如选中B2（代表第2列第2行），只需单击代表第2列第2行单元格，该单元格边框将加粗，即可选中。

如果利用"定位"的方法选中单个单元格，具体操作步骤如下：

步骤 01 双击桌面快捷方式图标，打开Excel 2003工作簿，执行"编辑>定位"命令，如图6-7所示。

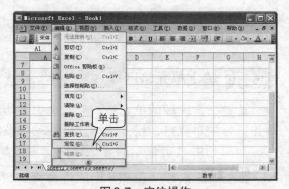

图6-7　定位操作

步骤 02 弹出"定位"对话框，在"引用位置"文本框内输入 B2，单击 确定 按钮，如图 6-8 所示。

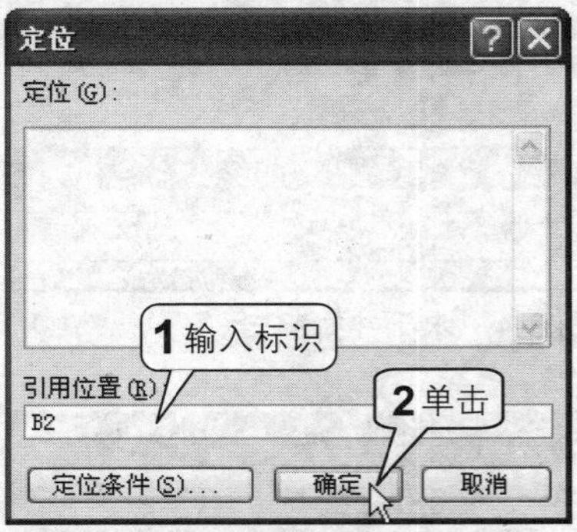

步骤 03 选中 B2 单元格，如图 6-9 所示。

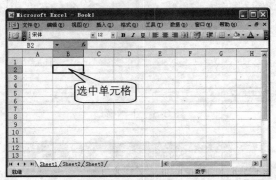

图 6-8 输入标识示例

图 6-9 选中单元格

6.2.2 选定整行或整列单元格

1. 选定整行单元格

选定整行单元格的操作很简单，如选中第 3 行的全部单元格，只需单击行号 3，如图 6-10 所示，该行被选中。

2. 选定整列单元格

选定整列单元格的操作与选中整行的操作类似，如选中第 4 列的全部单元格，只需单击列标 D，如图 6-11 所示，该列被选中。

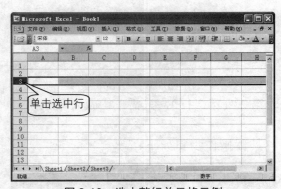

图 6-10 选中整行单元格示例

图 6-11 选中整列单元格示例

6.2.3 选定单元格区域

选定一定区域的单元格，只需选中起始区域的单元格，按住鼠标左键拖动，直至达到终止区域的单元格，松开鼠标。所拖动区域的单元格即被选中，如图 6-12 所示。

如果利用"定位"的方法选中一定区域的单元格，具体操作步骤如下：

步骤 01 执行"编辑>定位"命令，弹出"定位"对话框，如图 6-13 所示。

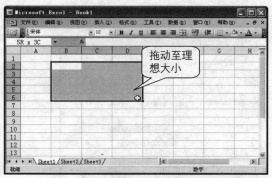

图 6-12　拖动鼠标选中单元格区域

图 6-13　"定位"对话框

步骤 02 在"引用位置"文本框内输入"B2:D6",如图 6-14 所示。

步骤 03 单击 [确定] 按钮,选中由 B2 至 D6 区域的单元格,如图 6-15 所示。

图 6-14　输入标识

图 6-15　选定单元格区域

6.2.4　在单元格中输入数据

Excel 2003 允许用户在单元格中输入文字、数字、日期、公式、图像等数据。

1. 输入文本或数字型数据

激活单元格,直接键入文本或数据,可直接键入文字、数字、"+"、"-"、"%"、"/"、货币符号等,如图 6-16 所示。

图 6-16　输入文本数据

2. 输入日期或时间

双击桌面快捷方式图标图，打开 Excel 2003 工作簿，选取相应的单元格。执行"格式>单元格"命令，弹出"单元格格式"对话框，在"分类"列表框中选择"日期"，在"类型"列表框中选择合适的日期格式，如图 6-17 所示。单击 [确定] 按钮，即可将单元格格式设置为日期。

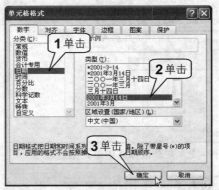

图 6-17 "单元格格式"对话框

6.2.5 编辑单元格中的数据

在单元格中输入数据后，可对单元格中的数据进行编辑，如移动、复制数据，插入和删除行或者列等。

1. 移动数据

步骤 01 双击桌面快捷方式图标图，打开 Excel 2003 工作簿，选中要移动的单元格，将鼠标指针移动到单元格的边缘，按住鼠标右键拖动至要移动的区域，如图 6-18 所示。

步骤 02 松开鼠标，该单元格的内容移动至另一个单元格中，如图 6-19 所示。

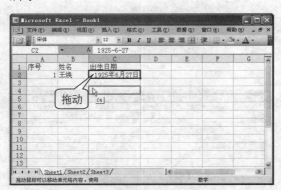

图 6-18 移动单元格操作

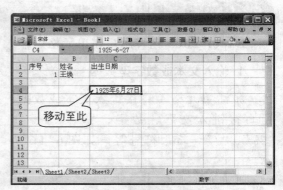

图 6-19 移动单元格后

2. 复制数据

步骤 01 双击桌面快捷方式图标图，打开 Excel 2003 工作簿，选中要复制的单元格，单击右键，在弹出的快捷菜单中执行"复制"命令，单元格的边框变为花线条，代表被选中，如图 6-20 所示。

步骤 02 选中要粘贴复制内容的单元格，单击鼠标右键，在弹出的快捷菜单中执行"粘贴"命令，将原单元格中的内容粘贴到该单元格中，如图 6-21 所示。

图 6-20　复制单元格

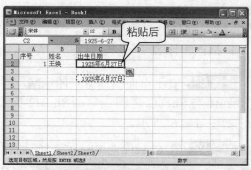

图 6-21　粘贴单元格

3. 删除行或列

步骤 01 双击桌面快捷方式图标，打开 Excel 2003 工作簿，选中要删除的行或列，执行"编辑>删除"命令，如图 6-22 所示。

步骤 02 选中的整行单元格被删除，下面的单元格自动上移，如图 6-23 所示。

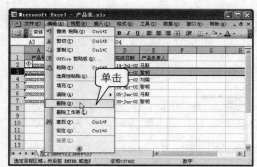

图 6-22　删除行操作

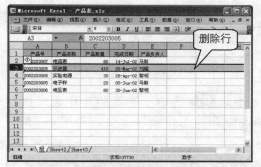

图 6-23　删除行示例

4. 插入行或列

步骤 01 双击桌面快捷方式图标，打开 Excel 2003 工作簿，选中要在上方插入的行或列，执行"插入>行"命令，如图 6-24 所示。

步骤 02 选中的整行单元格上方插入新的单元格，下面的单元格自动下移，如图 6-25 所示。

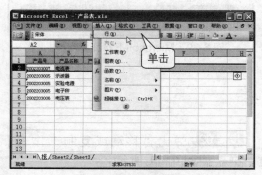

图 6-24　插入行操作

图 6-25　插入行示例

6.2.6 插入、删除、移动和复制工作表

1. 插入工作表

步骤 01 双击桌面快捷方式图标圆，打开 Excel 2003 工作簿，确定要插入工作表的位置，如 Sheet1 与 Sheet2 之间。单击 Sheet2 标签，进入 Sheet2 工作表，执行"插入>工作表"命令，如图 6-26 所示。

步骤 02 在 Sheet1 与 Sheet2 之间插入新的工作表 Sheet4，如图 6-27 所示。

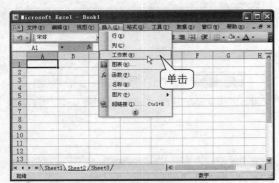

图 6-26　插入工作表操作

图 6-27　插入新的工作表后

2. 删除工作表

步骤 01 选中要删除的工作表，执行"编辑>删除工作表"命令，如图 6-28 所示。

步骤 02 如果工作表中有数据，则弹出 Microsoft Excel 警告框，询问是否真的删除，如图 6-29 所示。

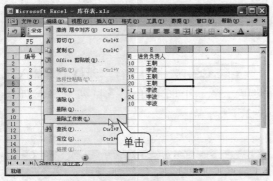

图 6-28　删除工作表操作

图 6-29　Microsoft Excel 警告框

步骤 03 单击 删除 按钮，将工作表删除。

3. 移动或复制工作表

步骤 01 选中要移动或复制的工作表，执行"编辑>移动或复制工作表"命令，如图 6-30 所示。

步骤 02 弹出"移动或复制工作表"对话框，如图 6-31 所示。

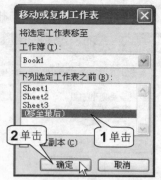

图 6-30　移动或复制工作表操作

图 6-31　"移动或复制工作表"对话框

步骤03 在"下列选定工作表之前"列表框中选择一个合适的位置，单击 [确定] 按钮，既可移动。

6.3　边学边练：制作嵌套表格

公司欲将产品表和库存表嵌套，以方便比较或对照。

实例简析

制作这份嵌套表格，运用了一些方法和技巧，运用这些方法，可以快速地将多张表格嵌套到一起。本例用到在表格中输入数据、工作表的切换等知识点，使嵌套表格的操作方便、快捷且有效。

制作步骤

步骤01 双击桌面快捷方式图标，打开 Excel 2003 工作簿，执行"工具>自定义"命令，弹出"自定义"对话框，单击"命令"标签，进入"命令"选项卡，如图6-32所示。

步骤02 在"类别"列表框中选择"工具"选项，在右侧的"命令"列表框中选择"照相机"，按住鼠标左键不放，将其拖入工具栏中，如图6-33所示。

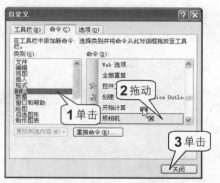

图6-32　"自定义"对话框的"命令"选项卡

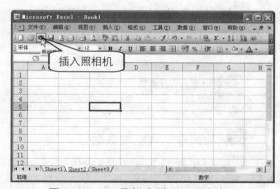

图6-33　工具栏中插入"照相机"

步骤 03 分别编辑好"产品表"和"库存表",如图 6-34 和图 6-35 所示。

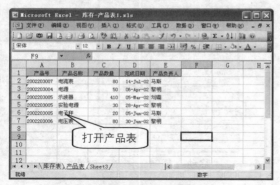

图 6-34 编辑好的产品表

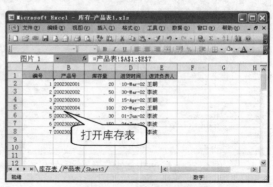

图 6-35 编辑好的库存表

步骤 04 单击"产品表"标签,进入"产品表"工作表,选中要嵌套的工作表区域,单击 📷 按钮,所选区域周围边框变为花线条,如图 6-36 所示。

步骤 05 单击"库存表"标签,进入"库存表"工作表,将光标定位于需要嵌套的位置单击一次,即可嵌套至"库存表"中,并以浮于文字之上的版式出现,如图 6-37 所示。

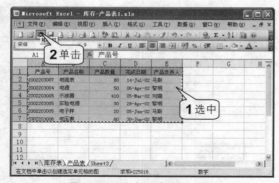

图 6-36 选中要嵌套的表格

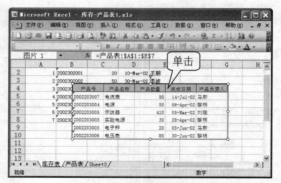

图 6-37 嵌套后的表格

本例小结

本例利用工作表之间的切换并结合以前的知识,在同一工作簿中输入不同的工作表。再利用一些小技巧,将两个或多个工作表嵌套在一起,以适应不同需求。

 课堂问答

问 如何移动或复制数据?

答 如果通过拖动鼠标或依次单击工具栏中的"剪切"和"复制"按钮,然后单击"粘贴"按钮来复制单元格,Microsoft Excel 将复制整个单元格,包括公式及其结果、批注和单元格格式。如果在选定的复制区域中包含隐藏单元格,Excel 将同时复制其中的隐藏单元格。如果在粘贴区域中包含隐藏的行或列,则需要显示其中的隐藏内容,才可以见到全部的复制单元格。

问　关闭工作簿有几种方法？

答　若要关闭活动工作簿窗口，单击工作簿窗口右上角的"关闭"按钮，如果此窗口是工作簿唯一打开的窗口，则工作簿将同时被关闭。

若要关闭某个工作簿的所有打开的窗口，执行"文件>关闭"命令即可。

若要关闭所有打开的工作簿，只需按住 Shift 键，然后执行"文件>全部关闭"命令即可。

问　如何对工作簿的窗口进行并排比较？

答　步骤 1：打开要并排比较的工作簿，并执行"窗口>并排比较"命令。

步骤 2：在"并排比较"工具栏中，单击"同步滚动"按钮，可以实现同时滚动工作簿；如果要将工作簿窗口重置为最初开始比较工作簿时所在的位置，则单击"重置窗口位置"按钮。

步骤 3：执行"窗口>关闭并排比较"命令，停止比较工作簿。

问　如何快速输入 1990~1995 序列，并简述操作过程。

答　打开 Excel 2003 工作表，在第一个单元格中输入 1990，按住 Ctrl 键，将光标放在单元格的右下角，此时光标变为"＋"形状，按住鼠标左键并沿水平或垂直方向拖动至第六个单元格，松开鼠标，前面的单元格中即会依次显示 1991、1992、1993、1994 和 1995。这就是单元格数据递增复制。

问　如何在工作簿中同时显示多张工作表？

答　步骤 1：打开需要同时显示的工作表。

步骤 2：若要在活动的工作簿中同时显示多张工作表，执行"窗口>新建窗口"命令，切换至新的窗口，然后单击需要显示的工作表。对每张需要显示的工作表重复以上操作。

步骤 3：执行"窗口>重排窗口"命令，在"排列方式"选项组中选择"水平"、"水平并排"、"垂直并排"或"层叠"单选按钮，可以不同方式排列窗口。

如果只是要同时显示活动工作簿中的工作表，请选中"当前活动工作簿的窗口"复选框。

问　如何为工作表的标签添加颜色？

答　步骤 1：选定需要添加颜色的工作表。

步骤 2：执行"格式>工作表 >工作表标签颜色"命令。也可以在工作表标签上单击右键，在弹出的快捷菜单中执行"工作表标签颜色"命令。

步骤 3：在弹出的"工作表标签颜色"对话框中单击所需颜色，再单击"确定"按钮即可为选定的工作表添加颜色。

举一反三

如果本章的基础知识已经掌握，为了在掌握基础知识的前提下，灵活应用本章知识及本章知识的拓展，下面列出了一个实例，以解决上述问题。这个实例不但是基础知识的实际应用，也是实际操作中很重要的一种知识拓展。掌握实例的方法，将会进一步理解所掌握的知识。

例 快速输入数据编号

编辑工作表时，如果信息的序号连续且数量众多，可以采用以下方法快速输入编号。具体操作步骤如下：

步骤 01 双击桌面快捷方式图标，打开 Excel 2003 工作簿，并输入相关的文字，在"序号"栏下面的第一个单元格输入第一个序号，第二个单元格输入第二个序号，如图 6-38 所示。

步骤 02 选中这两个单元格，并将鼠标的光标移至选中单元格的右下角，使指针变为十字，如图 6-39 所示。

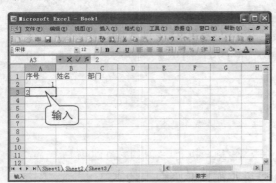

图 6-38　输入前两个单元格的序号

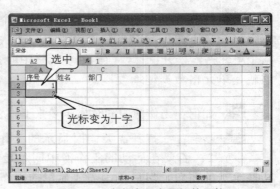

图 6-39　选中输入序号的单元格

步骤 03 按住鼠标左键，向下拖动，直至到达需要编号的最后一行，如图 6-40 所示。

步骤 04 松开鼠标，鼠标拖动经过的区域自动输入数据序号，如图 6-41 所示。

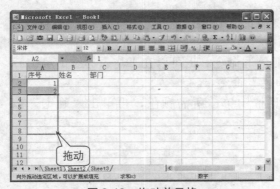

图 6-40　拖动单元格

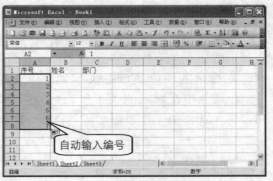

图 6-41　自动输入序号示例

本章练习

1. 填空题

（1）Excel 的文件就是工作簿，对工作簿的管理包括 _____ 、 _____ 、 _____ 等。

（2）在 Excel 2003 中，用户可以同时打开多个工作簿或在 _____ 打开多个工作表。用户可根据需要对这些工作簿进行排列。

（3）单元格是 Excel 工作表中的 _____ ，每一个单元格都对应一个标识，如 A2、B6 等。

（4）Excel 2003 允许用户在单元格中输入 _____ 、 _____ 、 _____ 、 _____ 和图像等数据。

（5）在单元格中输入数据后，可对单元格中的数据进行编辑，如 _____ 、 _____ 数据，插入和删除行或者列等。

2. 选择题

（1）若要选定区域 A1：C5 和 D3：E5，应 _____ 。

　　A. 按鼠标左键从 A1 拖动到 C5，然后按鼠标左键从 D3 拖动到 E5。

　　B. 按鼠标左键从 A1 拖动到 C5，然后按住 Ctrl 键，并按鼠标左键从 D3 拖动到 E5。

　　C. 按鼠标左键从 A1 拖动到 C5，然后按住 Shift 键，并按鼠标左键从 D3 拖动到 E5。

　　D. 按鼠标左键从 A1 拖动到 C5，然后按住 Tab 键，并按鼠标左键从 D3 拖动到 E5。

（2）在 Excel 中要选取多个相邻的工作表，需要按住 _____ 键。

　　A. Ctrl　　　　　　　　B. Tab　　　　　　　　C. Alt　　　　　　　　D. Shift

（3）在单元格中输入数值时，当输入的长度超过单元格宽度时自动转换成 _____ 方法表示。

　　A. 四舍五入　　　　B. 科学计数　　　　C. 自动舍去　　　　D. 以上都对

3. 上机题

（1）同时打开"工资表"、"2005 年产品销量表"、"月平均销量表"，再将三个窗口平铺。

（2）在"仓库库存表"工作簿中，插入新的工作表并命名为"二季度仓库出入库表"。

（3）将"仓库库存表"中的"二季度仓库出入库表"中的数据复制到新工作簿中。

7 Chapter
在Excel 2003中应用公式和函数

课前预习

本章主要讲述 Excel 2003 中公式和函数应用的基础知识。Excel 2003 是强大的表格制作系统，可以对数据进行分析、计算。用户可以通过公式和函数来实现对数据的计算与分析，在本章将介绍以下内容：公式运算符，公式的运算规则，公式的复制，公式的校对，函数的类型，函数的插入。

正式课堂

7.1 Excel 2003的公式

Excel 的公式是由运算符加上计算元素构成的，可以是常量、单元格地址或者本身的公式，这一节将详细介绍公式的用法。

7.1.1 公式运算符

Excel 的公式运算符包括算术运算符、比较运算符、引用运算符以及文本运算符。

1. 算术运算符

所谓算术运算符，就是"＋"、"－"、"＊"、"／"、"＾"、"％"等完成基本数学运算的符号。

2. 比较运算符

所谓比较运算符，就是"＞"、"＜"、"＝"、"＜＞"、"＞＝"、"＜＝"等用于比较运算结果是否正确的符号。

3. 引用运算符

所谓引用运算符，就是可以生成引用的运算符号，主要包括"："、"，"和空格符。其中冒号是区域运算符，用来产生两个单元格之间的所有单元格的引用，如C3:C8，表示C3 到 C8 之间的所有的单元格；逗号是联合运算符，用于将多个引用合并为一个引用；空格是交叉运算符，用于对两个区域的共有部分进行引用。

4. 文本运算符

所谓文本运算符，即"＆"，用于连接两个或多个文本字符串，从而生成多个字符串。

7.1.2 公式的运算规则

在公式的运算中，运算规则如下。

（1）考虑运算的优先级

对于不同优先级的运算，一定按照优先级的高低从高级到低级的顺序进行运算。

运算符的优先状况，从高级到低级的顺序如下：

区域运算符→联合运算符→负数→百分比→乘方→乘和除→加和减→文本运算符→比较运算符

（2）考虑公式的组成部分

Excel 的公式组成部分为：运算符、单元格的引用位置、工作表函数、常数、名称、"＝"、指定单元格区域、括号。

（3）以等号开头并且等号后面为公式的表达式

7.1.3 公式的复制

在运算中，如果出现重复的数值运算，则应学会对公式进行复制，使计算操作方便、快捷。以"自动求工资表中的实发工资"为例，说明公式复制的具体操作，具体操作步骤如下：

步骤 01 启动 Excel 2003，打开一个工作表，选中"实发工资"下面的单元格，执行"插入＞函数"命令，如图 7-1 所示。弹出"插入函数"对话框，在"或选择类别"后面的下拉列表框中选择"常用函数"，再从"选择函数"列表框中选择 SUM 函数，如图 7-2 所示。

图 7-1　插入函数操作

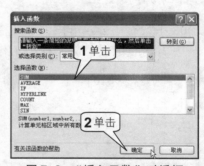

图 7-2　"插入函数"对话框

步骤 02 单击 确定 按钮，弹出"函数参数"对话框，如图 7-3 所示。

图 7-3　"函数参数"对话框

步骤 03 单击 确定 按钮，"实发工资"下方显示求和后的值，按 Ctrl+C 键，该单元格边框变成花线，如图 7-4 所示。

图 7-4　复制应用公式的单元格

步骤 04 选中应用同一个公式的区域，如图 7-5 所示。

图 7-5　选中应用同一个公式的区域

步骤 05 按 Enter 键，该区域的值显示求和后的值，如图 7-6 所示。

图 7-6　显示求和后的值

步骤 06 如果有多项同时应用一个公式，可以先选中应用该公式的单元格，按 Ctrl+C 键，该单元格边框变成花线，再选中所有区域，如图 7-7 所示。

图 7-7　选中应用同一公式的所有区域

步骤 07 按 Enter 键，该区域的值显示求和后的值，如图 7-8 所示。

图 7-8　显示所选区域的值

7.1.4　公式的校对与更正

　　Excel 2003 中设有"公式审核"工具栏，可以方便地查找输入的公式中的错误，以防止用户由于马虎引起的错误，从而提高工作效率，其具体操作如下：

步骤 01 打开输入数据的工作表，选中单元格后，输入相应的公式。

步骤 02 执行"工具>公式审核>显示'公式审核'工具栏"命令，如图 7-9 所示。

步骤 03 打开"公式审核"工具栏，如图 7-10 所示。

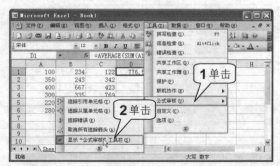

图 7-9　打开"公式审核"工具栏操作

图 7-10　"公式审核"工具栏

步骤 04 单击 按钮，跟踪公式中所引用的所有单元格，如图7-11所示。

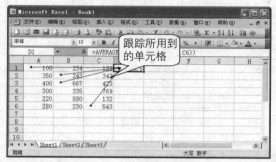

图7-11 跟踪公式中所引用的所有单元格

步骤 05 查看无误后，单击 按钮，取消所有跟踪箭头，并单击 按钮，弹出"公式求值"对话框，如图7-12所示。

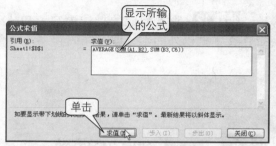

图7-12 "公式求值"对话框之一

步骤 06 在"求值"下面的文本框中显示已输入的公式，并在第一个运算优先级下面添加下划线。

步骤 07 单击 求值(E) 按钮，进入"公式求值"对话框之二，在"求值"下面的文本框中显示已输入的公式，并将第一个运算优先级的结果计算出来，在第二个优先级下面添加下划线，如图7-13所示。

步骤 08 单击 求值(E) 按钮，进入"公式求值"对话框之三，如图7-14所示。

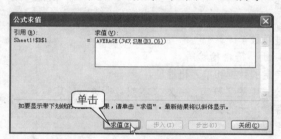

图7-13 "公式求值"对话框之二

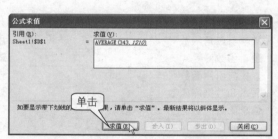

图7-14 "公式求值"对话框之三

步骤 09 单击 求值(E) 按钮，进入"公式求值"对话框之四，"求值"下面的文本框中显示已求出的最后值，如图7-15所示。

图7-15 "公式求值"对话框之四

步骤 10 如果想重新计算一次，则单击 重新启动(R) 按钮，返回至"公式求值"对话框之一；否则，单击 关闭 按钮，关闭对话框。

步骤11 在"公式审核"工具栏中，单击 ▣ 按钮，在所选中单元格旁出现批注文本框，如图 7-16 所示。

步骤12 输入相应的批注内容，单击批注文本框以外的部分即可完成。

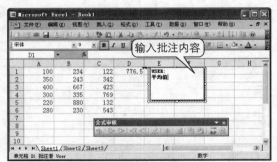

图 7-16 批注文本框

7.2 Excel 2003的函数

所谓函数，就是预先定义的特殊公式，使用参数计算并返回一个计算值。

7.2.1 Excel 2003的函数类型

Excel 2003 中提供了大量的内置函数供用户选择，如表 7-1 所示。还可以利用 Visual Basic 创建函数。

表 7-1 函数类型

分　类	功　能
日期与时间函数	分析、处理日期和时间值
数学与三角函数	用来进行数学计算
逻辑函数	逻辑判断、符合检验等
查找与引用函数	查找特定的数据和单元格地址
文本和数据库函数	处理公式中的字符串，并对文本或数据进行特定运算
信息函数	确定存储单元的类型
工程函数	进行工程分析
财务函数	多用于财务中的计算
统计函数	对一定区域的数据进行统计分析

常用的函数有很多种，为了方便用户查阅和了解，在表 7-2 中列出了几种常用到的函数。

表 7-2 常用函数

函数名称	函数语法	主要功能
求和函数	SUM(number1,number2,……)	将所有参数求和
均值函数	AVERAGE(number1,number2,……)	对所有函数求平均值
最大值函数	MAX(number1,number2,……)	返回参数列表的最大值
最小值函数	MIN(number1,number2,……)	返回参数列表的最小值
绝对值函数	ABS(number)	求参数的绝对值
平方根函数	SQRT(number)	求参数的正平方根
与函数	AND(logical1,logical2……)	如果所有参数均为 TRUE 返回 TRUE，否则返回 FALSE
或函数	OR(logical1,logical2……)	如果任一参数为 TRUE 返回 TRUE，否则返回 FALSE

（续表）

函数名称	函数语法	主要功能
取反函数	NOT(logical)	对参数的逻辑值取反
四舍五入函数	ROUND(number,num_digit)	一般前面一个参数取实数，后面一个参数是自然数，第一个参数按照第二个参数直接取小数位数，并采取四舍五入的方法

7.2.2　Excel 2003的函数结构

　　函数的基本结构一般由函数名和参数列表组成，其中参数与参数之间或参数列表与参数列表之间用逗号（,）隔开，即函数名（参数列表）。

　　函数列表中的参数可以是数字、文本、逻辑值、数组、单元格引用等，还可以和其他函数组合，组成嵌套函数，如函数 =ROUND(AVERAGE(A5,B3),SUM(C4,A2)) 就是一个嵌套函数，其中 ROUND 为函数名，"AVERAGE(A5,B3),SUM(C4,A2)" 就是参数列表，列表中的参数同时也是另一种函数。

7.2.3　Excel 2003函数的创建

　　用户一般可以直接使用 Excel 2003 中提供的函数，具体操作步骤如下：

　　步骤 01　单击要插入公式的单元格，执行"插入>函数"命令，如图 7-17 所示。

　　步骤 02　弹出"插入函数"对话框，如图 7-18 所示。

　　步骤 03　在"或选择类别"下拉列表框中选择函数类别（如"数学与三角函数"），然后在"选择函数"下面的列表框中选择相应的函数（如 SUM），如图 7-18 所示。

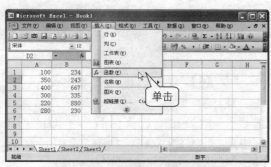

图 7-17　插入函数操作

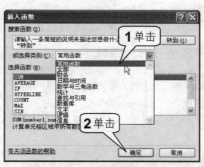

图 7-18　"插入函数"对话框

　　步骤 04　单击 确定 按钮，在所选择的单元格中出现函数的运算公式，如图 7-19 所示。

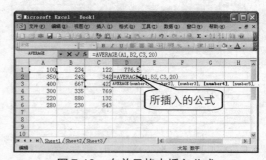

图 7-19　在单元格中插入公式

步骤 05 单击该单元格以外的部分，显示最终值，如图 7-20 所示。

若用户对所选函数的功能不是太熟悉，可以在"插入函数"对话框中单击蓝色的"有关函数的帮助"超链接，弹出"Microsoft Excel 帮助"对话框，如图 7-21 所示。

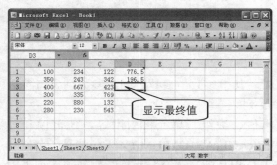

图 7-20 显示最终函数值

图 7-21 "Microsoft Excel 帮助"对话框

7.3 边学边练：创建数码相机的月平均销量表

红太阳科技有限公司是生产数码相机的公司，欲进行市场调查，现要统计该公司所有产品的月平均销量。

实例简析

制作这份表格，需要用到本章的插入函数、校正函数以及公式复制等有关知识，望读者注意巩固和练习，以达到熟练的程度。

制作步骤

1. 编辑表格并应用函数

步骤 01 双击桌面快捷方式图标，打开 Excel 2003 工作簿，输入表格的相关信息，执行"插入>函数"命令，如图 7-22 所示。

步骤 02 弹出"插入函数"对话框，在"或选择类别"下拉列表框中选"常用函数"，然后在"选择函数"下面的列表框中选择 AVERAGE，如图 7-23 所示。

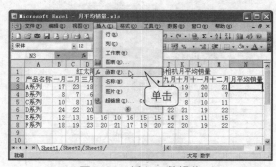

图 7-22 插入函数操作

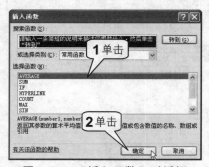

图 7-23 "插入函数"对话框

在Excel 2003中应用公式和函数

步骤03 单击 确定 按钮，弹出"函数参数"对话框，如图7-24所示。

图7-24　"函数参数"对话框

2. 校对函数

步骤01 选中N3单元格，执行"工具>公式审核>显示'公式审核'工具栏"命令，如图7-26所示。

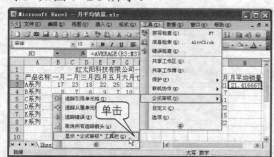

图7-26　显示"公式审核"工具栏操作

步骤04 单击 确定 按钮，在相应的单元格中插入该公式，并显示计算后的值，如图7-25所示。

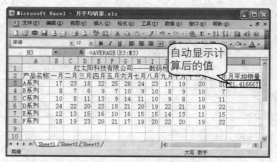

图7-25　计算出第一个月的平均值

步骤02 打开"公式审核"工具栏，如图7-27所示。

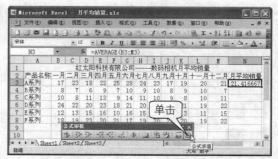

图7-27　打开"公式审核"工具栏

步骤03 在"公式审核"工具栏中，单击◎按钮，弹出"公式求值"对话框，如图7-28所示。

步骤04 在"求值"下面的文本框中显示已输入的公式，并在第一个运算优先级下面添加下划线，单击 求值(E) 按钮，如图7-28所示；进入"公式求值"对话框之二，显示计算值，如图7-29所示，单击 关闭 按钮，关闭对话框，公式校对完毕。

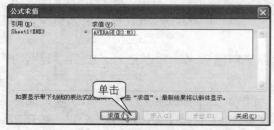

图7-28　"公式求值"对话框之一

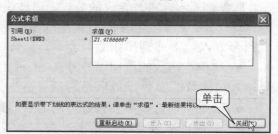

图7-29　"公式求值"对话框之二

3.复制公式并应用于其他计算

步骤01 选中 N3 单元格，按 Ctrl+C 键，该单元格边框变成花线，再选中所有应用该公式的区域，如图 7-30 所示。

步骤02 按 Enter 键，该区域的值显示求和后的值，如图 7-31 所示。

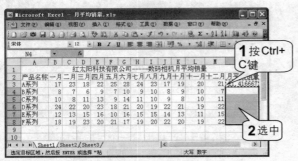

图 7-30   选中应用同一公式的所有区域

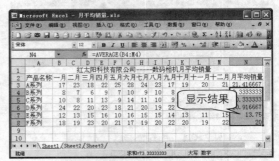

图 7-31   求值后的工作表

本例小结

本例用到本章的插入函数、校正函数、公式复制等知识，这些知识点需牢牢掌握并灵活应用，加上一些小技巧，可以适应不同用户的不同需求。

课堂问答

问 Excel 公式有哪些特点？

答 （1）公式按特定次序计算数值。Excel 中的公式通常以等号（=）开始，用于表明等号之后的字符为公式。紧随等号之后的是需要进行计算的元素（操作数），各操作数之间以运算符分隔。Excel 将根据公式中运算符的特定顺序从左到右计算公式。

（2）如果公式中同时用到多个运算符，Excel 将按一定的优先级顺序进行运算。如果公式中包含相同优先级的运算符（如公式中同时包含乘法和除法运算符），则 Excel 将从左到右进行计算。

问 Excel 函数有哪些特点？

答 函数是一些预定义的公式，通过使用一些称为参数的特定数值来按特定的顺序或结构执行计算。函数可用于执行简单或复杂的计算。例如，ROUND 函数可将单元格中的数字四舍五入。下面列出函数特点。

● 结构：函数的结构以等号（=）开始，后面紧跟函数名称和左括号，然后以逗号分隔输入该函数的参数，最后是右括号。

● 函数名称：如果要查看可用函数的列表，可单击一个单元格，并按 Shift+F3 键。

● 参数：参数可以是数字、文本、逻辑值（如 TRUE 或 FALSE）、数组、错误值（如 #N/A）或单元格引用。指定的参数都必须为有效参数值。参数也可以是常量、公式或其他函数。

● 参数工具提示：在键入函数时，会显示一个带有语法和参数的工具提示。例如，键入 =ROUND 时，就会显示工具提示。参数工具提示只在使用内置函数时才出现。

问 何为嵌套函数？嵌套函数有哪些特点？

答 在某些情况下，可能需要将某函数作为另一函数的参数使用。例如，下面的公式使用了嵌套的 AVERAGE 函数并将结果与值 50 进行了比较。

=IF(AVERAGE(D2:C5)>50,SUM((F2:F5),6)

下面列出嵌套函数的特点。

（1）有效返回值：当嵌套函数作为参数使用时，它返回的数值类型必须与参数使用的数值类型相同。例如，如果参数返回一个 TRUE 或 FALSE 值，那么嵌套函数也必须返回一个 TRUE 或 FALSE 值。否则，Microsoft Excel 将显示 #VALUE! 错误值。

（2）嵌套级别限制：公式可包含多达 7 级的嵌套函数。当函数 B 在函数 A 中用作参数时，函数 B 则为第二级函数。例如，AVERAGE 函数和 SUM 函数都是第二级函数，因为它们都是 IF 函数的参数。在 AVERAGE 函数中嵌套的函数则为第三级函数，以此类推。

问 如何创建函数？

答 步骤 1：选中要插入函数的单元格，执行"插入>函数"命令，弹出"插入函数"对话框。

步骤 2：在"或选择类别"后面的下拉列表框中选择函数类别（如"常用函数"），然后在"选择函数"下面的列表框中选择相应的函数（如 AVERAGE）。

步骤 3：单击 确定 按钮，在所选择的单元格中出现函数的运算公式。

问 如何移动和复制公式？

答 在移动公式时，公式内的单元格引用不会更改。当复制公式时，单元格引用将根据所用引用类型而变化。下面是具体步骤。

步骤 1：选中包含公式的单元格，并验证公式中使用的单元格引用是否产生所需结果。切换到所需的引用类型。若要移动公式，使用绝对引用。

步骤 2：执行"编辑>复制"命令，选择要复制到的目标单元格。

步骤 3：若要复制公式和任何设置，执行"编辑>粘贴"命令；若要仅复制公式，执行"编辑>选择性粘贴>公式"命令。

举一反三

如果本章的基础知识已经掌握，为了在掌握基础知识的前提下，灵活应用本章知识及本章知识的拓展，下面列出了一个实例，以解决上述问题。这个实例不但是基础知识的实际应用，也是实际操作中很重要的一种知识拓展。掌握实例的方法，将有利于对所掌握的知识的理解。

例 快速填充复杂日期

如果用户将年、月、日分别填写在不同的栏目中时，当月份大于 12、日期大于 30 或 31 时，Excel 可以自动换算成年、月、日。

如果现有一期工程项目的日期表，将项目的完成的正常日期自动添加出来，具体操作步骤如下：

步骤 01 新建一个 Excel 工作簿，输入该工作表的具体内容，如图 7-32 所示。

图 7-32 输入具体内容

步骤 02 激活 D6，输入公式：=DATE (B3,C5,D4)后按 Enter 键输入，公式表示日期的年为单元格 B3，月为单元格 C5，日为单元格 D4，如图 7-33 所示。

步骤 03 完成上述操作，按 Enter 键，Excel 自动换算出项目完成的具体日期是 2006 年 3 月 18 日，如图 7-34 所示。

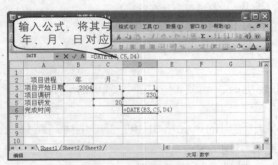

图 7-33 输入公式

图 7-34 返回计算值

本章练习

1. 填空题

（1）Excel 的公式运算符包括 ＿＿＿＿＿、＿＿＿＿＿、＿＿＿＿＿ 以及文本运算符。

（2）所谓引用运算符，就是可以生成引用的运算符号，主要包括 ＿＿＿＿＿、＿＿＿＿＿ 和空格符。其中 ＿＿＿＿＿ 是区域运算符，用来产生两个单元格之间的所有单元格的引用，如 ＿＿＿＿＿ 表示 C3 到 C8 之间的所有的单元格。

（3）AND(logical1,logical2……)函数的主要功能是：如果所有参数均为 ＿＿＿＿＿ 返回 TRUE，否则返回 ＿＿＿＿＿。

（4）函数的基本结构一般由 _____ 和 _____ 组成，其中参数与参数之间或参数列表与参数列表之间用"，"隔开，即 _____ 。

（5）= ROUND(AVERAGE(A5,B3),SUM(C4,A2))就是一个嵌套函数，其中 _____ 为函数名，_____ 就是参数列表。

2. 选择题

（1）在输入数字字符串时，为了与数值区别，应在数字的前面加上 _____ 符号。

　　A. "　　　　　　　　B. /　　　　　　　C. :　　　　　　　D. '

（2）计算一个项目的总价值，如果单元格 A8 中是单价，C8 中是数量，则计算公式是_____。

　　A. A8 × C8　　　　B. = A8*C8　　　C. = A8 × C8　　　D. A8*C8

3. 上机题

为图 7-35 所示的表中的合计求和。

图 7-35　月销售表

在Excel 2003中创建图表

 课前预习

　　本章主要讲述关于在 Excel 2003 中创建图表的基础知识。Excel 2003 是强大的图表制作系统，可以创建柱状图、条形图、折线图、饼图等不同类型的图表，还可以设置图表的外观和效果。在本章将介绍以下内容：数据的查找，数据的排序，数据的分类汇总，图表的创建与编辑，数据的共享，数据的导入。

正式课堂

8.1 数据的分析与管理

　　数据表的特点就是数据量大，为把数据处理得有序，可以对数据进行查找、排序、筛选等操作。

8.1.1 查找数据

　　在工作表中，数据和文本可能很庞大，快速地找到相应的数据的具体的操作步骤如下：

步骤 01　打开相应的工作表，执行"编辑>查找"命令，如图 8-1 所示。

步骤 02　弹出"查找和替换"对话框，在"查找内容"后面的列表框中输入"串口"，如图 8-2 所示。

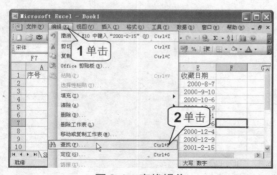

图8-1　查找操作

图8-2　"查找和替换"对话框

步骤 03　单击 查找全部(I) 按钮，查找的相关内容将全部显示出来，如图 8-3 所示。

步骤 04　如果想一个一个地查找，单击 查找下一个(F) 按钮，在原工作表中自动激活一个相关的单元格，如图 8-4 所示。

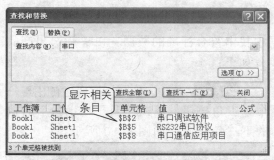

图 8-3　显示查找内容

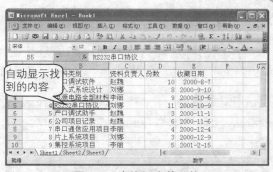

图 8-4　查找相应单元格

8.1.2　数据的排序

用户有时需要对数据排序，以直观地分析数据。排序分为升序排序和降序排序，升序排序就是从小到大排序，而降序排序就是从大到小排序。升序排列的具体操作步骤如下：

步骤 01 打开相应的工作表，选中要排序的区域，如图 8-5 所示。

步骤 02 按 Tab 键，将光标移至待排序的某一列，如"产品数量"，如图 8-6 所示。

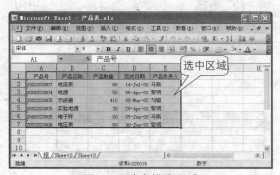

图 8-5　选中排序区域

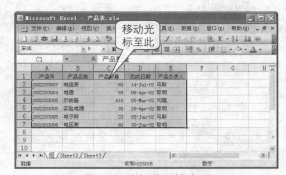

图 8-6　光标移至排序列

步骤 03 执行"数据>排序"命令，弹出"排序"对话框，在"主要关键字"选项组的下拉列表框中选中"产品数量"，并选择"升序"单选按钮；在"我的数据区域"选项组中选择"有标题行"单选按钮，如图 8-7 所示。

步骤 04 单击 确定 按钮，完成排序，如图 8-8 所示。

图 8-7　"排序"对话框

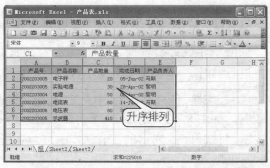

图 8-8　排序后的工作表

8.1.3 数据的筛选

所谓的筛选与查找不同，筛选是从庞大数据中找出符合标准的数据。以"筛选出产品中月销量不足 15 个的产品"为例，具体操作步骤如下：

步骤 01 打开工作表，单击工作表数据区的任意单元格，执行"数据>筛选>自动筛选"命令，如图 8-9 所示。

步骤 02 工作表的每个字段右侧出现一个下三角按钮，单击"月平均销量"右侧的下三角按钮，如图 8-10 所示。

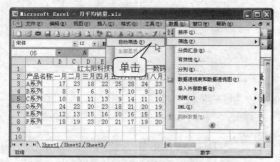

图 8-9 自动筛选的操作

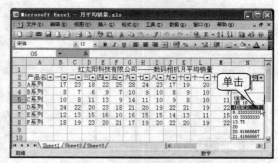

图 8-10 使用筛选操作

步骤 03 执行"自定义"命令，弹出"自定义自动筛选方式"对话框，单击"月平均销量"下面的下拉列表框右侧的下三角按钮，在弹出的下拉列表框中选择"小于"选项，在其右侧的文本框中输入 15，如图 8-11 所示。

步骤 04 单击 确定 按钮，工作表中显示筛选后的信息，如图 8-12 所示。

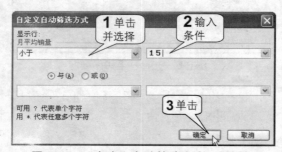

图 8-11 "自定义自动筛选方式"对话框

图 8-12 数据筛选后的工作表

8.1.4 数据的分类汇总

用户在处理数据时，有时需要对数据进行汇总，在对数据进行分类汇总之前，需对数据进行排序，以便将要汇总的行列组合到一起，具体操作步骤如下：

步骤 01 打开待进行分类汇总的工作表，执行"数据>排序"命令，弹出"排序"对话框，如图 8-13 所示。在"主要关键字"选项组中选择"升序"单选按钮，单击 确定 按钮，按升序排列后的工作表如图 8-14 所示。

在Excel 2003中创建图表

图 8-13 "排序" 对话框

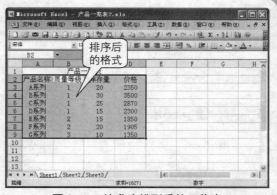

图 8-14 按升序排列后的工作表

步骤 02 选中表中的任意一个单元格，执行"数据>分类汇总"命令，如图 8-15 所示。

步骤 03 弹出"分类汇总"对话框。单击"分类字段"下拉列表框右侧的下三角按钮，选择"质量等级"选项；在"汇总方式"下拉列表框中选择"求和"选项；在"选定汇总项"列表框中选择"库存量"复选框，如图 8-16 所示。

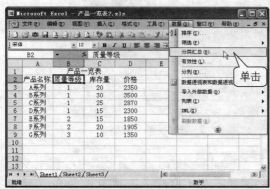

图 8-15 进入"分类汇总"对话框的操作

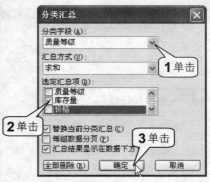

图 8-16 "分类汇总"对话框

步骤 04 单击 确定 按钮，完成数据的分类汇总，如图 8-17 所示。按产品的质量等级对产品的库存量进行了汇总。

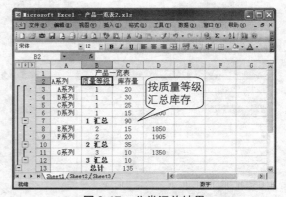

图 8-17 分类汇总结果

8.2 图表与图示的使用

在 Excel 中可以插入图表与图示，让用户更清晰地了解数据的变化趋势，使图表看起来更加生动美观、视觉效果更强。

8.2.1 建立图表

利用 Excel 2003 中的向导建立图表，可以很方便地创建自己满意的图表。以创建反映公司发展的柱形图为例，具体操作步骤如下：

步骤 01 打开待建立图表的工作表，选中数据区域，在工具栏中单击 按钮，如图 8-18 所示。

步骤 02 弹出"图表向导—4 步骤之 1—图表类型"对话框，如图 8-19 所示。

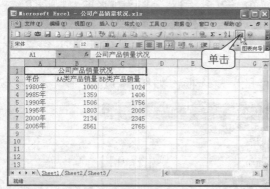

图 8-18 创建图表操作

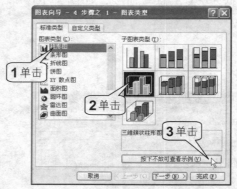

图 8-19 "图表向导—4 步骤之 1—图表类型"对话框

步骤 03 单击"标准类型"标签，进入"标准类型"选项卡。在"图表类型"列表框中选择"柱形图"，在"子图标类型"列表中选择相应的图表类型，按住 按下不放可查看示例(V) 按钮不放，查看图表示例，如图 8-20 所示。

步骤 04 单击 下一步(N) 按钮，弹出"图表向导—4 步骤之 2—图表源数据"对话框，如图 8-21 所示。

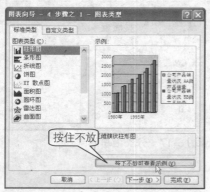

图 8-20 显示图表示例

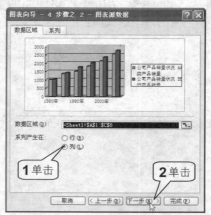

图 8-21 "图表向导—4 步骤之 2—图表源数据"对话框

步骤05　在"系列产生在"栏中，选择"列"单选按钮，再单击"系列"标签，进入"系列"选项卡。在"系列"列表框中选择"系列1"时，单击"名称"文本框后面的 按钮，弹出"源数据—数值"对话框，在工作表中单击"AA产品销量"字段名，将该系列名添加在文本框中，如图8-22所示。

步骤06　单击 按钮，返回到"图表向导—4步骤之2—图表源数据"对话框。单击"系列"标签，进入"系列"选项卡。在"系列"下面的列表框中选择"系列2"时，按照步骤5的方法，添加"BB产品销量"字段名。操作完毕后，在"系列"下面的列表框中分别显示"AA产品销量"和"BB产品销量"，如图8-23所示。

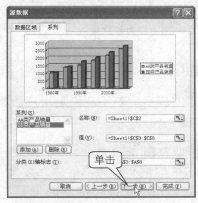

图 8-23　"系列"选项卡

图 8-22　"源数据－数值"对话框

步骤07　单击 按钮，弹出"图表向导—4步骤之3—图表选项"对话框，如图8-24所示。

步骤08　在"图表标题"下面的文本框中输入"公司产品销量状况"，在"分类（X）轴"下面的文本框中输入"年份"，在"数值（Z）轴"下面的文本框中输入"产品销量"，单击 按钮，弹出"图表向导—4步骤之4—图表位置"对话框，如图8-25所示。

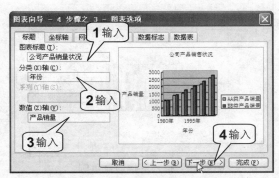

图 8-24　"图表向导—4步骤之3
—图表选项"对话框

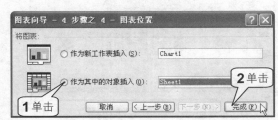

图 8-25　"图表向导—4步骤之4
—图表位置"对话框

步骤09　选择"作为其中的对象插入"单选按钮，单击 按钮，效果如图8-26所示。若选择"作为新工作表插入"单选按钮，单击 按钮，效果如图8-27所示。

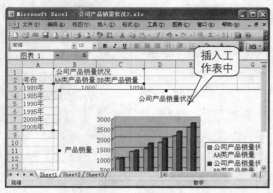

图 8-26　作为对象插入

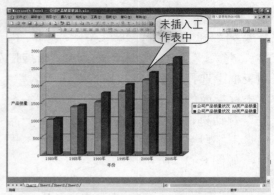

图 8-27　作为新工作表插入

8.2.2　编辑图表

图表创建完成后，若不能满足用户的需求，还可以对图表进行编辑，具体操作步骤如下：

步骤 01 调整图表的大小。单击图表区域，四周出现黑框和控制点。当光标变为十字箭头时，拖动鼠标至满意的位置，以虚线显示新的位置，如图 8-28 所示，松开鼠标即可。

步骤 02 插入其他对象（如"星与旗帜"）。在"绘图"工具栏中，单击"自选图形"右侧的下三角按钮，在弹出的下拉菜单中执行"星与旗帜"命令，在弹出的下拉列表中选择一种图形（如星形）并插入，再输入文本，如图 8-29 所示。

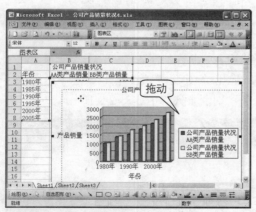

图 8-28　调整图表的位置

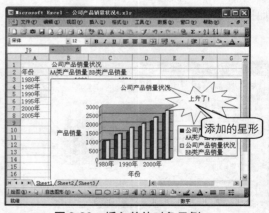

图 8-29　插入其他对象示例

步骤 03 执行"视图>工具栏>图表"命令，打开"图表"工具栏，单击 按钮，如图 8-30 所示，弹出"图表区格式"对话框。

步骤 04 单击"图案"标签，进入"图案"选项卡，在"边框"选项组中选中"阴影"复选框与"圆角"复选框；在"区域"选项组中选择相应的颜色，并设置填充效果。操作完毕后，在"示例"选项组中预览，如图 8-31 所示。

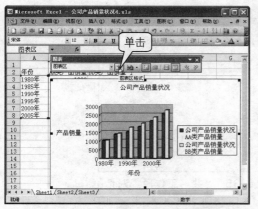

图 8-30　进入"图表区格式"对话框操作

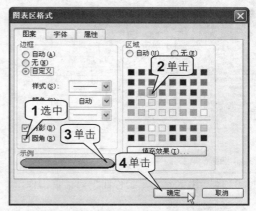

图 8-31　"图表区格式"对话框

步骤 05 单击"字体"标签，进入"字体"选项卡，在"字体"下面的列表框中选择"华文新魏"，在"字形"下面的列表框中选择"常规"，在"字号"下面的列表框中选择12，并为其设置相应的颜色。在预览框中预览，预览满意后，单击 确定 按钮，如图 8-32 所示，设置后的图表如图 8-33 所示。

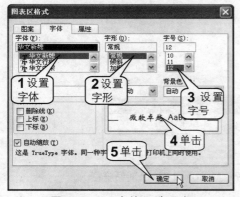

图 8-32　"字体"选项卡

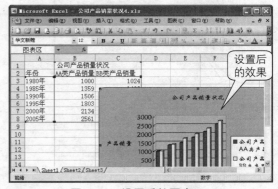

图 8-33　设置后的图表

8.3　数据共享

在处理大型数据时，需要多人合作，这时数据共享就显得尤为重要。Excel 2003 提供了强大的数据共享功能，使用户之间互通数据成为可能。

8.3.1　共享工作簿

如果用户建立的工作簿可以被其他人读取或修改，就实现了工作簿的共享。实现工作簿共享的具体操作步骤如下：

步骤 01 打开要共享的工作簿，执行"工具>共享工作簿"命令，如图 8-34 所示。

步骤 02 弹出"共享工作簿"对话框，选中"允许多用户同时编辑，同时允许工作簿合并"复选框，如图 8-35 所示。

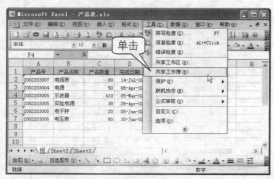

图 8-34 进入"共享工作簿"对话框操作

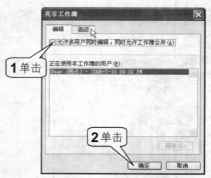

图 8-35 "共享工作簿"对话框

步骤03 单击"高级"标签，进入"高级"选项卡，如图 8-36 所示，分别在"修订"选项组、"更新"选项组和"用户间的修订冲突"选项组中设置共享要求。

步骤04 设定完毕后，单击 确定 按钮，弹出 Microsoft Excel 对话框，如图 8-37 所示。

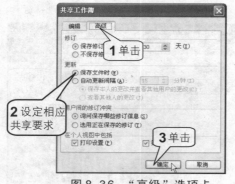

图 8-36 "高级"选项卡

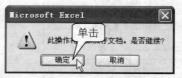

图 8-37 Microsoft Excel 对话框

步骤05 单击 确定 按钮，即可实现共享。

8.3.2 导入文本文件数据

有时需要将 Word 中的表格导入至 Excel 表格中。Word 中的表格属于文本文件。导入文本文件数据的具体操作步骤如下：

步骤01 打开 Word 文档，执行"表格>转换>表格转换成文本"命令，弹出"表格转换成文本"对话框，如图 8-38 所示。

步骤02 在"文字分隔符"选项组中，选择"制表符"单选按钮，单击 确定 按钮，将表格转换成文本，再复制到记事本中，并保存。在 Excel 中，执行"数据>导入外部数据>导入数据"命令，打开"选取数据源"对话框，如图 8-39 所示。

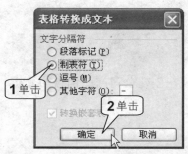

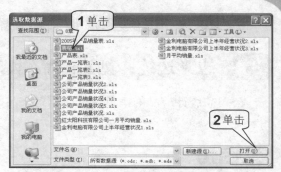

图8-38 "表格转换成文本"对话框

图8-39 "选取数据源"对话框

步骤03 选择已保存的文本文件，单击 打开(O) 按钮，弹出"文本导入向导—3步骤之1"对话框，如图8-40所示。

步骤04 在"原始数据类型"选项组中选择"分隔符号"单选按钮，在"导入起始行"微调框中设置相应的导入起始行号（如1），单击 下一步(N) > 按钮；弹出"文本导入向导—3步骤之2"对话框，在"分隔符号"选项组中选中"Tab键"复选框，如图8-41所示。

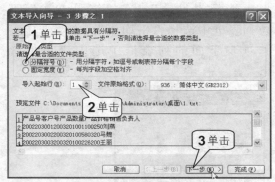

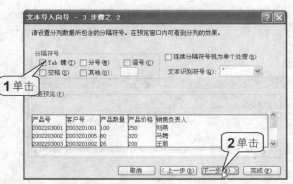

图8-40 "文本导入向导—3步骤之1"对话框

图8-41 "文本导入向导—3步骤之2"对话框

步骤05 单击 下一步(N) > 按钮，弹出"文本导入向导—3步骤之3"对话框，如图8-42所示。

步骤06 在"列数据格式"选项组中，选择"常规"单选按钮或其他格式的单选按钮。这里选择"常规"单选按钮，单击 完成(F) 按钮，弹出"导入数据"对话框，如图8-43所示。

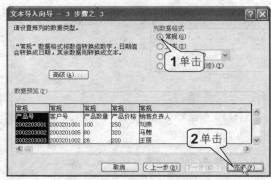

图8-42 "文本导入向导—3步骤之3"对话框

图8-43 "导入数据"对话框

步骤 07 单击 确定 按钮，将数据导入工作簿。

8.4 边学边练：创建产品销售分析图表

公司欲统计产品的销量情况，需对产品的销售进行分析，现在创建公司产品销售的分析图表。

实例简析

制作这份产品销售图表，首先需要创建"产品销售"工作表，然后按照一定的规律对所有数据进行排序，再对数据进行汇总，最后对汇总后的数据创建分析图表。

制作步骤

1. 创建产品销量工作簿并对数据进行排序汇总

步骤 01 打开 Excel 工作簿，打开相应的工作表。按"月份"对工作表排序，再执行"数据>分类汇总"命令，如图 8-44 所示。

步骤 02 弹出"分类汇总"对话框，如图 8-45 所示，在"分类字段"下拉列表框中选择"月份"，在"汇总方式"下拉列表框中选择"平均值"，在"选定汇总项"下面的列表框中选中"单位价格"、"销量"、"总价格"复选框。

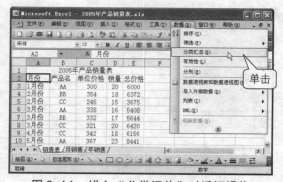

图 8-44 进入"分类汇总"对话框操作

图 8-45 "分类汇总"对话框

步骤 03 单击 确定 按钮，数据汇总完毕，如图 8-46 所示。

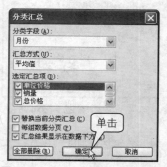

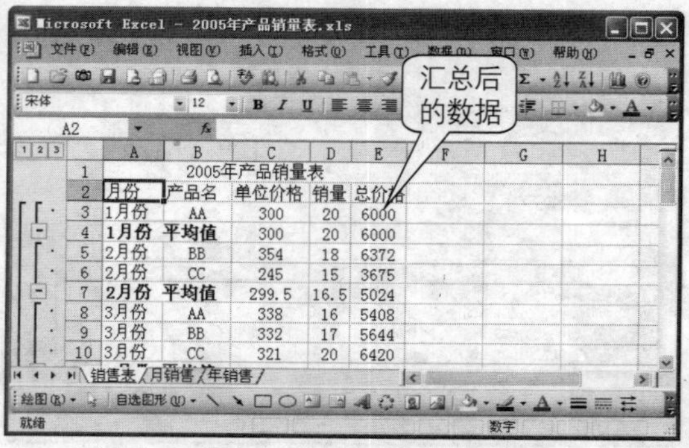

图 8-46 数据汇总后的工作表

2. 创建产品销量分析图表

步骤 01 打开待建立图表的工作表，选中数据区域，单击工具栏中的■按钮，弹出"图表向导—4步骤之1—图表类型"对话框，如图8-47所示。

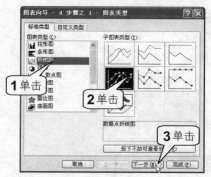

图 8-47　"图表向导—4步骤之1
—图表类型"对话框

步骤 02 单击"标准类型"标签，进入"标准类型"选项卡。在"图标类型"列表框中选择相应的图表类型（如折线图），在"子图表类型"选项组中选择子图表类型，单击 下一步(N) > 按钮，弹出"图表向导—4步骤之2—图表元数据"对话框。在"系列产生在"栏中，选择"列"单选按钮，如图8-48所示。

步骤 03 单击"系列"标签，进入"系列"选项卡，在"系列"下面的列表框中添加"总价格"字段名，在"名称"和"值"文本框中设置好相应的"名称"和"值"，如图8-49所示。

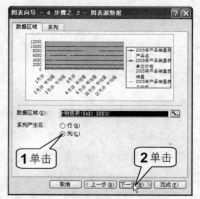

图 8-48　"图表向导—4步骤之2
—图表源数据"对话框

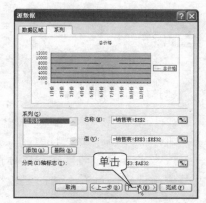

图 8-49　"系列"选项卡

步骤 04 单击 下一步(N) > 按钮，弹出"图表向导—4步骤之3—图表选项"对话框，在"图表标题"下面的文本框中输入"2005年产品月销量"，在"分类（X）轴"下面的文本框中输入"月份"，在"数值（Z）轴"下面的文本框中输入"总价格"，如图8-50所示。

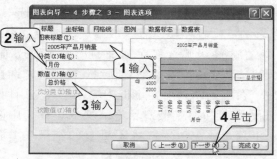

图 8-50　"图表向导—4步骤之3
—图表选项"对话框

步骤05，单击 下一步(N)> 按钮，弹出"图表向导—4步骤之4—图表位置"对话框，如图8-51所示。

步骤06，在"图表向导—4步骤之4—图表位置"对话框中选择"作为其中的对象插入"单选按钮，单击 完成(F) 按钮，效果如图8-52所示。

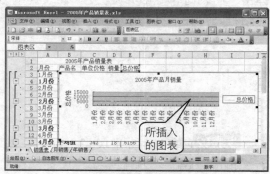

图 8-52　作为对象插入

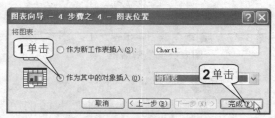

图 8-51　"图表向导—4步骤之4
—图表位置"对话框

本例小结

本例利用本章学过的部分知识点，创建了产品销量分析图表。可以此例为启示，结合所学的内容，总结一些小方法和技巧，创建不同类型的图表。

课堂问答

问，如何创建连续的日期序列？

答，打开 Excel 2003 工作表，在序列中键入第一个日期（如在单元格中键入"星期一"或08-6-13），选择单元格，把光标置于单元格的右下角的填充柄上，当光标变为"＋"形状时，沿垂直或水平方向拖动鼠标。鼠标拖动经过的单元格中即会填写一列连续的日期。所谓填充柄就是位于选定区域右下角的黑色小方框，将鼠标置于上面就会变成十字形。

问，如何筛选不重复的记录？

答，步骤1：在要筛选的区域或列表中，选择列或单元格。

步骤2：执行"数据>筛选>高级筛选"命令，弹出"高级筛选"对话框。

步骤3：若要在原有区域筛选区域或列表（与执行"数据>筛选> 自动筛选"命令相似），在"高级筛选"对话框的"方式"选项组中选择"在原有区域显示筛选结果"单选按钮。若要将筛选结果复制到其他位置，选择"将筛选结果复制到其他位置"单选按钮。然后，在"复制到"文本框中输入单元格引用。若要选择单元格，请单击"压缩对话框"按钮 ▣，以暂时隐藏对话框。选择工作表中的单元格，再单击"展开对话框"按钮 ▣。

步骤4：选中"选择不重复的纪录"复选框。然后单击"确定"按钮即可。

问 数据格式的要求是什么？

答 下面列出数据格式的要求：

使用带格式的列标签。请在数据区域的第一行中创建列标签。Excel 将使用列标签创建报告并查找和组织数据。对于列标签，请使用与区域中的数据不同的字体、对齐方式、格式、图案、边框或大小写类型等。在键入列标签之前，请将单元格设置为文本格式。

使用单元格边框。如果要将标签和其他数据分开，请使用单元格边框（而不是空行或点划线）在标签行下面插入直线。

避免空行和空列。避免在区域中放置空行和空列，以利于 Excel 检测和选择相关数据区域。

不要键入前导空格或尾随空格。单元格开头或结尾的多余空格会影响排序与搜索。可以在单元格内缩进文本，而不是键入空格。

扩展数据格式和公式。当向数据区域结尾添加新的数据行时，Excel 将扩展一致的格式和公式。前面单元格中必须有 3/5 使用相同的格式才能进行扩展。前面的公式必须使用相同的公式才能进行扩展。

问 如何导入文本文件？

答 步骤 1：打开 Excel 2003 工作表，单击要用来放置文本文件数据的单元格，执行"数据 > 导入外部数据 > 导入数据"命令，弹出"选取数据源"对话框。

步骤 2：在"文件类型"下拉列表框中，选择"文本文件"选项。在"查找范围"下拉列表框中，选择需要作为外部数据区域导入的文本文件，双击文件名称即可打开。

步骤 3：若要指定如何将文本分隔成列，按"文本导入向导"中的提示进行操作，然后单击"完成"按钮。

步骤 4：在"导入数据"对话框中，单击"属性"为导入的数据设置格式和布局选项。

举一反三

如果本章的基础知识已经掌握，为了在掌握基础知识的前提下，灵活应用本章知识及本章知识的拓展，下面列出了一个实例，将解决上述问题。这个实例不但是基础知识的实际应用，也是实际操作中很重要的一种知识拓展。掌握实例的方法，将会有利于理解掌握的知识。

例 将Access表格中的数据导入到Excel工作簿中

如果创建工作表时，发现 Access 数据库中恰好有相同表可以利用，为了节省时间，可以将该表中的数据导入到 Excel 中，作进一步处理，具体操作步骤如下：

步骤 01 在 Excel 中，执行 "数据>导入外部数据>导入数据" 命令，如图 8-53 所示。

步骤 02 打开 "选取数据源" 对话框，如图 8-54 所示。

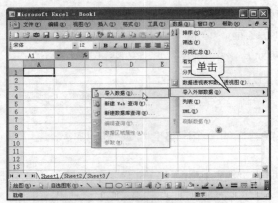

图 8-53　导入数据操作

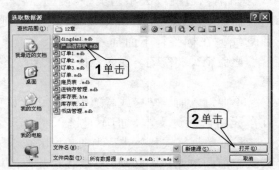

图 8-54　"选取数据源" 对话框

步骤 03 选择相应的文件，单击 打开(0) 按钮，弹出 "选择表格" 对话框，如图 8-55 所示。

步骤 04 单击 "销售表" 选项，并单击 确定 按钮，弹出 "外部数据区域属性" 对话框，如图 8-56 所示。

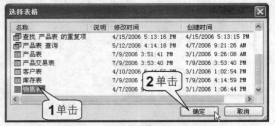

图 8-55　"选择表格" 对话框

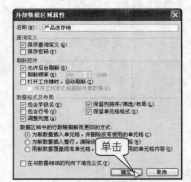

图 8-56　"外部数据区域属性" 对话框

步骤 05 设置相应的格式后，单击 确定 按钮，该表导入至工作簿中。

本章练习

1. 填空题

（1）数据表的特点就是数据量大，为把有序处理数据，可以对数据进行 _____、_____、_____ 等操作。

（2）用户有时需要对数据排序，以直观地分析数据。排序分为 _____ 和 _____，_____ 就是从小到大排序，而 _____ 就是从大到小排序。

（3）用户在处理数据时，有时需要对数据进行汇总，在对数据进行分类汇总之前，须对数据进行 _____，以便将要汇总的行列组合到一起。

2. 选择题

（1）生成一个图表工作表，在默认状态下该图表的名字是 _____。

　　A. 无标题　　　　　B. Sheet 1　　　　C. Book 1　　　　D. 图表 1

（2）Excel 2003 提供了强大的 _____ 功能，使用户之间互通数据成为可能。

　　A. 数据共享　　　　B. 数据引用　　　　C. 数据排序　　　　D. 数据分析

（3）欲将 Word 中的表格导入至 Excel 表格，需先将 Word 中的表格转化为 _____ 格式。

　　A. 图表　　　　　　B. 文本　　　　　　C. 数据　　　　　　D. 公式

3. 上机题

观察 8-57 所示的表，完成后面几道题目。

金利电脑有限公司上半年经营状况

月份	营业收入	成本投入	营业费用	税务	管理费用	财务费用	投资收益	营业外收入	营业外支出	利润	总费用合计
1月	210.00	32.00	42.00	7.10	39.12	0.82	14.00	1.11	0.04	104.03	121.08
2月	160.00	26.00	59.00	5.90	36.15	0.81	12.50	0.40	0.04	45.00	127.90
3月	180.00	30.00	37.00	6.00	38.12	0.78	12.50	0.60	0.05	81.15	111.95
4月	181.00	30.00	40.00	6.20	38.10	0.76	13.10	0.68	0.06	79.66	115.12
5月	169.00	29.00	47.00	6.20	38.15	0.82	13.10	0.70	0.08	61.55	121.25
6月	169.00	30.00	40.00	7.21	37.00	0.80	13.10	1.12	0.07	68.14	115.08

图 8-57　金利公司经营状况表

（1）将"总费用合计"按从大到小的顺序排列。

（2）以该表为基础，创建分析图表。

（3）共享分析后的图表。

读书笔记

Part 4

PowerPoint 2003的基础与应用

利用PowerPoint 2003可以制作漂亮的多媒体演示文稿。创建演示文稿后，可以为幻灯片插入影片、声音效果、动画效果、旁白等多媒体素材。多媒体演示文稿主要应用于教师授课、召开会议、产品展示等方面。

本篇包括
第9章　用PowerPoint 2003制作幻灯片
第10章　幻灯片的美化和润色
第11章　幻灯片的放映和后期处理

用PowerPoint 2003制作幻灯片

课前预习

本章主要讲述 PowerPoint 2003 幻灯片制作的基础知识。PowerPoint 2003 是强大的多媒体演示文稿制作系统，可以创建演示文稿，使用视图，设置幻灯片的外观和效果，插入文本或对象等。在本章将介绍以下内容：幻灯片的几种视图模式，利用不同方法创建演示文稿，编辑幻灯片的文本，在幻灯片中插入图片，幻灯片的编排。

正式课堂

9.1 演示文稿窗口

演示文稿窗口主要由大纲区、备注区和幻灯片区三部分组成，如图 9-1 所示。

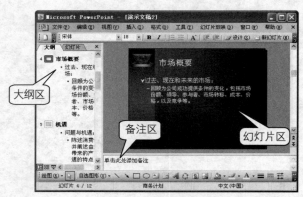

图 9-1　演示文稿窗口

1. 大纲区

位于界面的最左端，用来显示文稿的所有标题，便于编辑和查找。

2. 备注区

位于幻灯片的下侧，主要用来编写备注。

3. 幻灯片区

用来播放幻灯片的主要区域，可以添加图片、添加声音、设置动画效果等等，使视图美观大方，更具有亲和力。

用PowerPoint 2003制作幻灯片

9.2　PowerPoint 2003的视图模式

要想灵活使用幻灯片，首要的工作就是了解幻灯片的视图效果，下面将介绍 PowerPoint 2003 的视图模式。

9.2.1　普通视图

普通视图显示在演示文稿区，主要在编辑幻灯片时应用。执行"视图>普通"命令，即可切换到普通视图，如图9-2所示。

图9-2　幻灯片普通视图示例

9.2.2　幻灯片浏览视图

幻灯片浏览视图主要是所有幻灯片缩略图，将所有的幻灯片显示到演示文稿窗口。执行"视图>幻灯片浏览"命令，就得到幻灯片浏览视图，如图9-3所示。

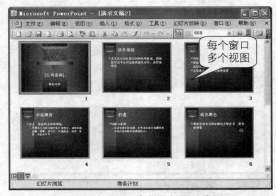

图9-3　幻灯片浏览视图示例

9.2.3　幻灯片放映视图

幻灯片放映视图是将幻灯片进行全屏播放。执行"视图>幻灯片放映"命令，就可以全屏播放，如图9-4所示。

图9-4　幻灯片放映视图示例

9.2.4 切换黑白视图

执行"视图>颜色/灰度>纯黑白"命令,如图9-5所示,就可以将幻灯片切换成为黑白视图,如图9-6所示。

图9-5 切换为黑白视图的方法

图9-6 黑白视图示例

9.2.5 更改视图显示比例

更改视图显示比例的步骤如下:

步骤01 执行"视图>显示比例"命令,如图9-7所示。

步骤02 弹出"显示比例"对话框,如图9-8所示。在"百分比"微调框中输入显示的比例值,或者在左侧选择合适的显示比例。例如,选择66%单选按钮,将以66%比例显示。单击 确定 按钮,即可完成。

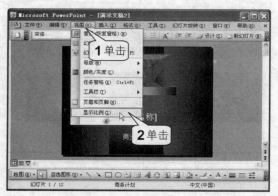

图9-7 设置显示比例

图9-8 "显示比例"对话框

9.3 创建演示文稿

幻灯片应注重于视觉效果。所以,创建幻灯片时一定要将字体、格式、图片和动画效果做得美观大方。可以利用内容提示向导、空演示文稿和模板等方式创建演示文稿。这里只介绍利用内容提示向导创建演示文稿的方法。其他两种方式可参见第1章相关内容。

如果用户想在短时间内创建一个不错的演示文稿,就可以利用内容提示向导创建演示文稿。以创建产品销售状况演示文稿为例,具体操作步骤如下:

步骤 01 双击桌面快捷方式图标 ，打开 PowerPoint 2003，执行"文件>新建"命令，弹出"新建演示文稿"任务窗格，如图 9-9 所示。

图 9-9 "新建演示文稿"任务窗格

步骤 02 单击"根据内容提示向导"超链接，弹出"内容提示向导"对话框之一，如图 9-10 所示。

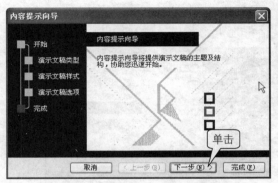

图 9-10 "内容提示向导"对话框之一

步骤 03 单击 下一步(N) > 按钮，弹出"内容提示向导"对话框之二，如图 9-11 所示。

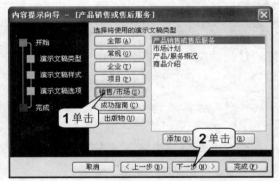

图 9-11 "内容提示向导"对话框之二

步骤 04 单击 销售/市场(S) 按钮后，单击 下一步(N) > 按钮，弹出"内容提示向导"对话框之三，如图 9-12 所示。

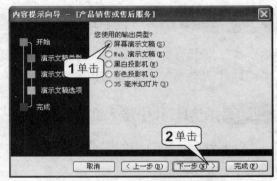

图 9-12 "内容提示向导"对话框之三

步骤 05 选择"屏幕演示文稿"单选按钮，单击 下一步(N) > 按钮，弹出"内容提示向导"对话框之四，如图 9-13 所示。

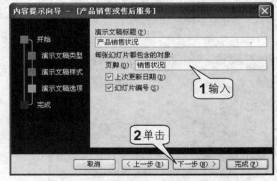

图 9-13 "内容提示向导"对话框之四

步骤 06 在"演示文稿标题"下面的文本框中输入"产品销售状况",然后设置每张幻灯片都包含的对象。在"页脚"后面的文本框中输入"销售状况",单击 下一步(N) 按钮,弹出"内容提示向导"对话框之五,如图 9-14 所示。

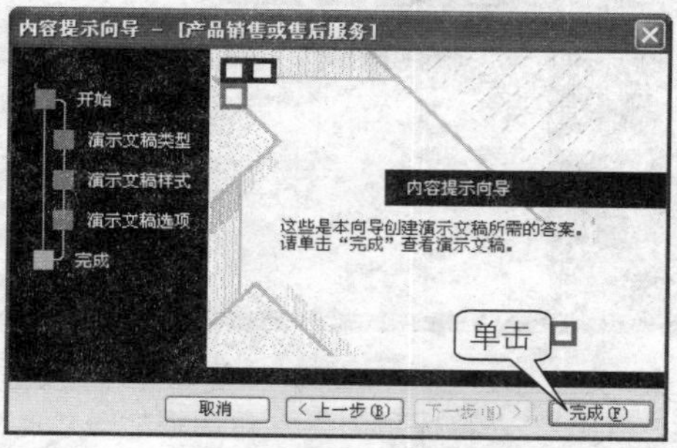

步骤 07 单击 完成(F) 按钮,弹出演示文稿视图,如图 9-15 所示。

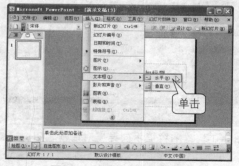

图 9-14 "内容提示向导"对话框之五

图 9-15 演示文稿视图

如果比较熟悉 PowerPoint 2003,就可以按照用户的个人喜好,从空演示文稿开始,对文稿进行设计。具体创建步骤比较简单,可参见第 1 章相关内容。

9.4 编辑幻灯片中的文本

幻灯片中的文本是幻灯片的主体部分。编辑好幻灯片的文本,才能使幻灯片有意义,编辑幻灯片的文本时,主要利用 Word 的相关知识。

9.4.1 在幻灯片中输入文本

PowerPoint 2003 中的演示文稿都是以文本框为基础,在幻灯片中输入文本的具体操作步骤如下:

步骤 01 双击桌面快捷方式图标,打开 PowerPoint 2003。执行"插入>文本框>水平(垂直)"命令,如图 9-16 所示,演示文稿中将出现一个矩形文本框。改变文本框的大小,单击文本框四个角的任意一个角,拖动鼠标,将出现虚线框,如图 9-17 所示,松开鼠标,原来的文本框消失,虚线部分成为新的文本框。

图 9-16 插入文本框操作

图 9-17 改变文本框大小

步骤 02 移动文本框。将鼠标指针移至文本框，当光标变为十字箭头时，按住鼠标拖动，将其移至满意的位置，如图9-18所示。

图9-18 移动文本框

步骤 03 编辑文本。右击文本框，弹出快捷菜单，执行"编辑文本"命令，如图9-19所示。

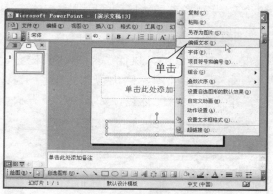

图9-19 编辑文本操作

步骤 04 此时光标移至文本框中，输入文本，如图9-20所示。

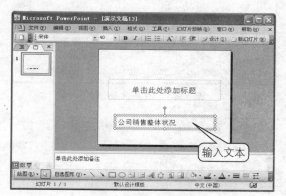

图9-20 输入文本示例

步骤 05 设置文本框颜色。双击文本框，弹出"设置文本框格式"对话框。在"填充"选项组中设置填充颜色，在"线条"选项组中设置线条颜色，如图9-21所示。

图9-21 设置文本框颜色

步骤 06 设置文本框大小。在"设置文本框格式"对话框中，单击"尺寸"标签，进入"尺寸"选项卡。在"尺寸和旋转"选项组中设置高和宽，如图9-22所示，单击 确定 按钮，即可完成设置。

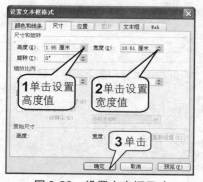

图9-22 设置文本框尺寸

9.4.2 在大纲模式下设置文本

所谓大纲模式，就是按级别显示标题，每张幻灯片右侧有一个标题，为最高级别标题，依次向下为各级标题，单击每级标题，幻灯片编辑窗口中显示相应的内容。以制作"公司简介"为例，在大纲模式下设置文本，具体步骤如下：

步骤 01 双击桌面快捷方式图标，打开 PowerPoint 2003，执行"视图>工具栏>大纲"命令，在视图左侧出现"大纲"工具栏，单击"大纲"标签，如图 9-23 所示。

步骤 02 单击按钮，按级别显示大纲，如图 9-24 所示。删除"摘要幻灯片"等字，并按级别输入相关文本。

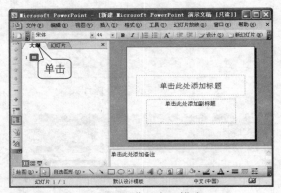

图 9-23　进入大纲模式

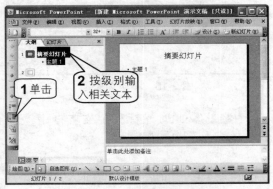

图 9-24　大纲的分级显示

步骤 03 按照前面的方法继续编辑。在大纲中单击任意一张幻灯片，幻灯片编辑窗口会显示该幻灯片的内容，如图 9-25 所示。

步骤 04 按 Ctrl+Enter 键，即可在当前幻灯片之后新建一张幻灯片，如图 9-26 所示。

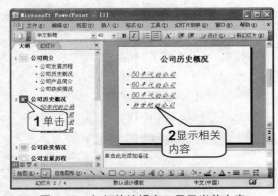

图 9-25　幻灯片编辑窗口显示当前内容

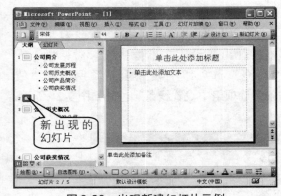

图 9-26　出现新建幻灯片示例

步骤 05 单项折叠操作。单击任一个幻灯片，在"大纲"工具栏中，单击按钮，被选幻灯片下方的子级别被折叠，如图 9-27 所示。

步骤 06 全部折叠操作。单击按钮，所有幻灯片的子级别都被折叠，如图 9-28 所示。

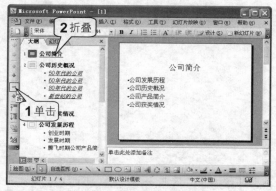

图 9-27　单项折叠操作示例

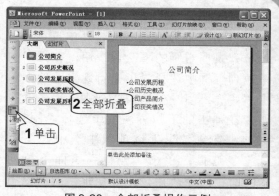

图 9-28　全部折叠操作示例

步骤 07　单项展开操作。所有幻灯片的子目录都被折叠后，单击 ➕ 按钮，被选中的幻灯片子目录自动被展开，如图9-29所示。

步骤 08　全部展开操作。单击 ▦ 按钮，所有幻灯片的子目录都被展开，如图9-30所示。

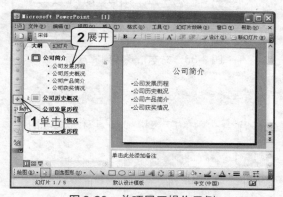

图 9-29　单项展开操作示例

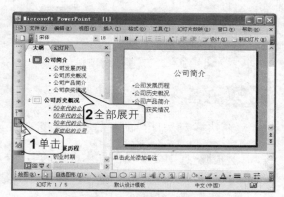

图 9-30　全部展开操作示例

9.4.3　文本格式的编辑

　　幻灯片强调视觉效果。添加文本后，应对文本格式进行设置，使字体效果美观大方。设置的方法与 Word 中的方法相同。利用"字体"对话框设置字体的步骤如下：

　　步骤 01　打开要进行文本格式设置的演示文稿，单击文字所在区域的文本框，选中要设置的文本，如图9-31所示。

图 9-31　选中幻灯片中的字体

步骤 02，执行"格式>字体"命令，弹出"字体"对话框。单击"中文字体"下拉列表框右侧的下三角按钮，在弹出的下拉列表框中选择"华文新魏"选项；单击"字形"下拉列表框右侧的下三角按钮，在弹出的下拉列表框中选择"倾斜"选项；在"效果"选项组中选中"下划线"复选框；单击"颜色"下面下拉列表框右侧的下三角按钮，在弹出的面板中选择合适的字体颜色，如图9-32所示。

步骤 03，设置完成后，单击 确定 按钮，设置的文本格式如图9-33所示。

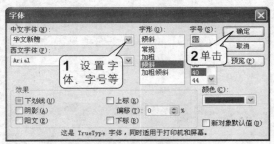

图 9-32 "字体"对话框

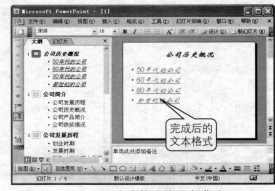

图 9-33 文本格式编辑完成后

9.4.4 段落格式的编辑

段落格式对幻灯片的编排也尤为重要，设置幻灯片中文本的段落格式的具体步骤如下：

步骤 01，选中要编辑的文本框中的多行文本，执行"格式>行距"命令，弹出"行距"对话框，如图9-34所示。

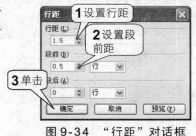

图 9-34 "行距"对话框

步骤 02，在"行距"选项组的微调框中输入1.5，在"段前"选项组的微调框中输入0.5，文本的段落格式设置前后对比如图9-35所示。

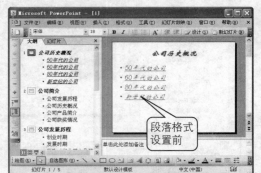

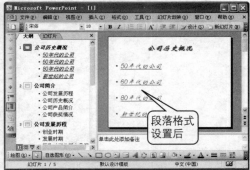

图 9-35 文本的段落格式设置前后对比

步骤03 控制文本框中文字的分行。选中待设定文本，执行"格式>换行"命令，弹出"亚洲换行符"对话框，如图9-36所示。选中"按中文习惯控制首尾字符"复选框和"允许标点溢出边界"复选框或设置为其他形式，单击 确定 按钮即可。

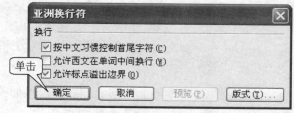

图9-36 "亚洲换行符"对话框

9.5 编辑幻灯片中的图片

幻灯片注重视觉效果，插入合适的图片、剪贴画等，能更增添幻灯片的视觉效果，使幻灯片生动，引人入胜。

9.5.1 在幻灯片中插入图片

与 Word 文件相同，在幻灯片的演示文稿中也可以插入图片，具体的操作步骤如下：

步骤01 打开待插入图片的演示文稿，在"绘图"工具栏中单击 按钮，弹出"插入图片"对话框，如图9-37所示。

步骤02 选择相应文件夹中的具体图片，单击图片后，再单击 插入(S) 按钮，将图片插入到演示文稿中，如图9-38所示。

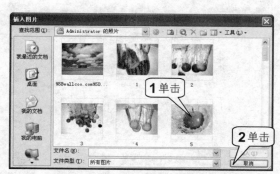

图9-37 "插入图片"对话框

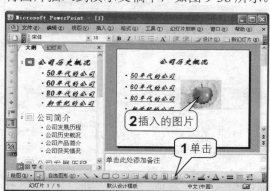

图9-38 插入图片示例

步骤03 为演示文稿添加剪贴画。在"绘图"工具栏中单击 按钮，在幻灯片视图中右侧出现"剪贴画"任务窗格。在所显示的剪贴画中找出需要的剪贴画并单击，即可插入到当前演示文稿中。

步骤04 拖动图片，将图片移动到指定的位置，使图文结合得美观、大方，效果如图9-39所示。

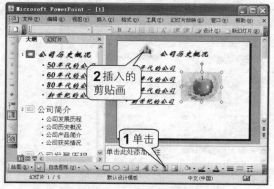

图9-39 插入剪贴画示例

9.5.2 在幻灯片中绘制图形

在幻灯片演示文稿中绘制图形的具体方法和在 Word 中的方法大致相同，其具体操作步骤如下：

步骤 01 打开要绘制图形的幻灯片，将插入点移至待绘制图形的位置，单击 自选图形(U)▼ 按钮，在弹出的下拉菜单中选择一种图形（如→）。

步骤 02 当光标变为十字形时，在幻灯片中单击，如图 9-40 所示；

步骤 03 演示文稿中出现所选箭头，且图形处于选中状态，拖动控制点可以调整图形的大小，如图 9-41 所示。重复以上步骤，绘制多个图形，并将图形拖动到指定的位置，即可完成图形的绘制。

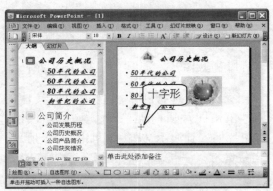

图 9-40　光标变为十字形

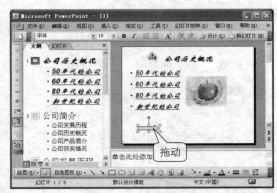

图 9-41　绘制箭头示例

9.5.3 在幻灯片中插入艺术字

有时根据需要，可以在演示文稿中插入艺术字。以插入"谢谢收看！"为例，其步骤如下：

步骤 01 打开 PowerPoint 2003 视图，在"绘图"工具栏中单击 ▲ 按钮，弹出"艺术字库"对话框，如图 9-42 所示。

步骤 02 单击任意一种"艺术字"样式，并单击 确定 按钮，弹出"编辑'艺术字'文字"对话框，如图 9-43 所示。

图 9-42　"艺术字库"对话框

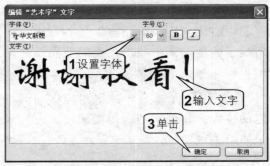

图 9-43　"编辑'艺术字'文字"对话框

步骤03 在"请在此键入你自己的内容"的位置上输入"谢谢收看！"几个字，并将其覆盖。选中输入的文字，单击"字体"下列表框右侧的下三角按钮，在弹出的下拉列表框中选择"华文新魏"选项，将字体改为"华文新魏"；在"字号"下拉列表框中选择合适的字号；还可以利用 **B** 按钮和 *I* 按钮设置加粗或斜体。

步骤04 设置完成后，单击 确定 按钮，将艺术字插入到幻灯片的演示文稿中，如图9-44所示。

图9-44　插入艺术字示例

9.6　编排幻灯片

对幻灯片的演示文稿编辑完成后，可对幻灯片进行编排，使幻灯片具有整体性、连贯性、重点明确、中心突出。

9.6.1　移动幻灯片的位置

有时需要将对幻灯片的顺序进行调整，此时就需要移动制作好的幻灯片，主要有两种方法：

1. 在大纲模式下移动幻灯片的位置

步骤01 在"大纲"窗口中选择要移动的幻灯片图标，如图9-45所示。按住鼠标左键，拖动该图标，在目标位置处会出现一条水平线。

步骤02 当水平线移到用户满意的位置时，松开鼠标，该幻灯片就移动到水平线的位置，如图9-46所示。

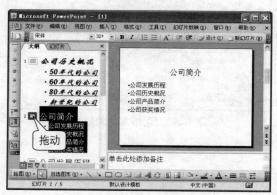

图9-45　拖动幻灯片图标

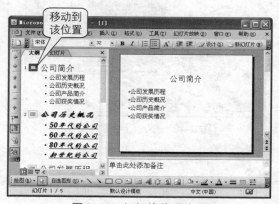

图9-46　幻灯片移动位置

2. 在幻灯片浏览视图中移动幻灯片的位置

步骤 01 单击大纲视图下方的 ⊞ 按钮，进入幻灯片的浏览视图；选中要移动的幻灯片，并按住鼠标左键拖动，出现表示插入位置的光标，将该光标移至要插入的位置，如图 9-47 所示。

步骤 02 松开鼠标，即可将选中幻灯片移动到指定位置，如图 9-48 所示。

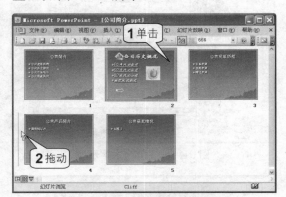

图 9-47 移动幻灯片时

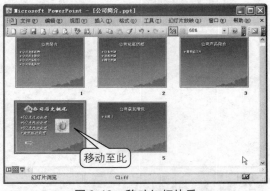

图 9-48 移动幻灯片后

9.6.2 插入新的幻灯片

有时需要插入新的幻灯片。插入幻灯片的方法有两种：

1. 在大纲模式下插入幻灯片

步骤 01 右击幻灯片 ▣ 图标，在弹出的快捷菜单中执行"新幻灯片"命令，如图 9-49 所示。

步骤 02 操作完毕后，出现新添加的幻灯片，如图 9-50 所示。按照前面的方法，继续编辑幻灯片，即可完成。

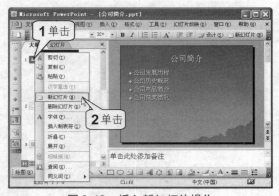

图 9-49 插入新幻灯片操作

图 9-50 新插入的幻灯片

2. 在浏览视图下插入幻灯片

步骤 01 单击大纲视图下方的 **囲** 按钮，进入幻灯片的浏览视图，单击要插入新幻灯片的位置，光标出现该处，如图 9-51 所示。

步骤 02 执行"插入 > 新幻灯片"命令，在光标处插入新的幻灯片，并在窗口右侧出现"幻灯片版式"任务窗格，如图 9-52 所示，按照前面的方法继续编辑幻灯片即可。

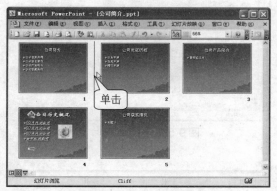

图 9-51　插入新幻灯片操作

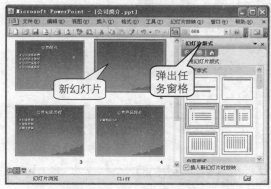

图 9-52　插入新幻灯片后

9.6.3　幻灯片的删除

删除多余幻灯片的方法有两种：

1. 直接删除

步骤 01 单击大纲视图下方的 **囲** 按钮，进入幻灯片的浏览视图，单击待删除幻灯片，将其选中，如图 9-53 所示。

步骤 02 按 Delete 键，即可删除，如图 9-54 所示。

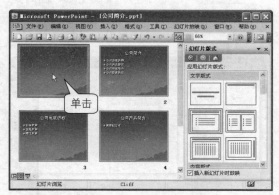

图 9-53　选中幻灯片

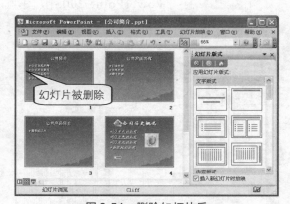

图 9-54　删除幻灯片后

2. 在大纲模式下删除

步骤 01 进入大纲视图，在"大纲"窗口中选中要删除的幻灯片的图标，如图 9-55 所示。

步骤 02 按 Delete 键，即可删除，如图 9-56 所示。

如果用户一次性删除多张幻灯片，只需在按住 Ctrl 键的同时选中多张待删除的幻灯片，按 Delete 键，即可删除。

图 9-55　选中待删除的幻灯片

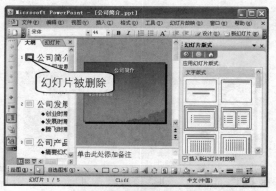

图 9-56　删除幻灯片后

9.7　设置母版

PowerPoint 2003 的母版有三种：幻灯片母版、讲义母版和备注母版。应用幻灯片母版可以对演示文稿中的所有模板进行全局修改，应用讲义母版可以设置讲义的打印格式，应用备注母版可以设置备注。

9.7.1　设置幻灯片母版

设置幻灯片母版主要包括字形、项目编号样式、背景以及配色方案方面的设计，具体的操作步骤如下：

步骤 01　打开 PowerPoint 2003 视图，执行"视图>母版>幻灯片母版"命令，如图 9-57 所示。

步骤 02　出现幻灯片母版视图，同时显示"幻灯片母版视图"工具栏，如图 9-58 所示。

图 9-57　切换至幻灯片母版操作

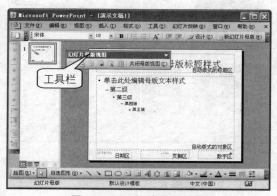

图 9-58　幻灯片母版视图

步骤 03　设置字体和项目符号。选中要更改字体的段落，执行"格式>字体"命令，弹出"字体"对话框，如图9-59所示，设置相应的字体、字号、字形和字体效果，单击 确定 按钮；执行"格式>项目符号和编号"命令，弹出"项目符号和编号"对话框，如图9-60所示，选择一种项目符号或编号形式，单击 确定 按钮。

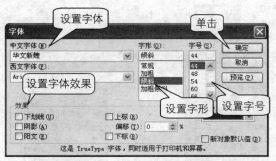

图9-59　"字体"对话框

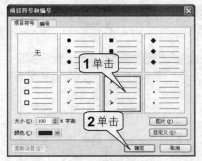

图9-60　"项目符号和编号"对话框

步骤 04　设置完字体和项目标号后的母版形式如图9-61所示。

步骤 05　插入剪贴画。在"绘图"工具栏中，单击 按钮，弹出"剪贴画"任务窗格，选择合适的剪贴画并单击，即可插入，再移动到合适的位置，如图9-62所示。

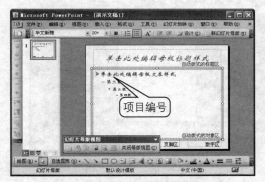

图9-61　设置字体和项目符号后的母版

图9-62　插入剪贴画后的母版

步骤 06　更改母版背景。执行"格式>背景"命令，弹出"背景"对话框，如图9-63所示，在"背景填充"选项组的下拉列表框中选择合适的背景颜色，单击 应用(A) 按钮；母版的样式如图9-64所示，保存即可。

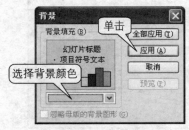

图9-63　"背景"对话框

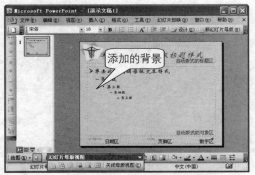

图9-64　插入背景后的母版

9.7.2 设置讲义母版

利用讲义母版可以将演示文稿打印出来，以获得更好的演示效果。每次打印可以打印几张幻灯片，具体操作步骤如下：

步骤01 执行"视图>母版>讲义母版"命令，如图9-65所示。

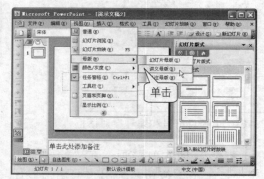

图9-65 切换至讲义母版操作

步骤02 这时切换到"讲义母版"视图，如图9-66所示。

图9-66 "讲义母版"视图

步骤03 设置每个打印页的幻灯片张数。在"讲义母版视图"工具栏中，单击□按钮，打印1张；单击冒按钮，打印2张；单击冒按钮，打印3张；单击冒按钮，打印4张；单击冒按钮，打印6张；单击冒按钮，打印9张。以打印页的幻灯片为2张为例，如图9-67所示。

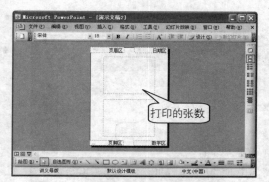

图9-67 打印页有2张幻灯片的视图

9.7.3 设置备注母版

备注母版主要是用来为演示文稿添加备注的，使讲解内容更为详细，设置备注母版的具体操作步骤如下：

步骤01 执行"视图>母版>备注母版"命令，如图9-68所示。

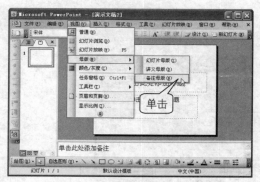

图9-68 切换到备注母版的操作

步骤02 这时切换到"备注母版"视图，同时显示"备注母版视图"工具栏，如图9-69所示。

步骤03 双击"备注文本区"的文本框，设置相应的字符格式及背景，即可完成。

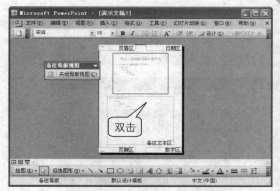

图9-69 "备注母版"视图

9.8 边学边练：制作公司宣传片

杰诚发展有限公司需要用PowerPoint 2003制作一个关于杰诚发展有限公司的宣传片，将公司文化及产品展示给各界人士。

实例简析

这部宣传片可以分五大部分：公司的历史、公司的发展状况、公司产品介绍、公司的最新动态和公司的服务，每部分又可分为几个子标题。整个宣传片要图文并茂，字体美观，背景一致。在该例中，采用大纲模式编辑，并灵活套用各种模板，以使整个幻灯片的演示文稿美观、大方。

制作步骤

1. 创建演示文稿并输入文本

步骤01 双击桌面快捷方式图标，打开PowerPoint 2003，执行"文件>新建"命令，弹出"新建演示文稿"任务窗格，如图9-70所示。

步骤02 单击"根据设计模板"超链接，弹出"演示文稿"视图，如图9-71所示。

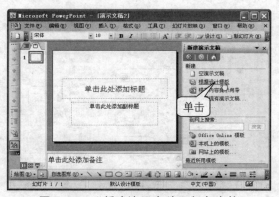

图9-70 "新建演示文稿"任务窗格

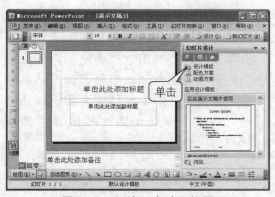

图9-71 "演示文稿"视图

步骤03 在"应用设计模板"下面的文本框中选择合适的模板并单击,当前幻灯片即可套用背景模板,如图 9-72 所示。

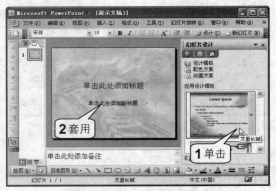

图 9-72　套用背景模板

步骤05 编写演示文稿的标题与子标题,如图 9-74 所示。

图 9-74　在大纲中输入标题与子标题

2. 插入图片和剪贴画

步骤01 插入剪贴画。切换到待插入剪贴画的演示文稿,在"绘图"工具栏中单击 按钮,在弹出的"剪贴画"任务窗格中搜索相应的剪贴画后单击。剪贴画插入演示文稿。在剪贴画周围有句柄,拖动句柄,改变剪贴画的大小和位置,如图 9-76 所示。

步骤04 单击"大纲"标签,进入大纲模式,如图 9-73 所示。

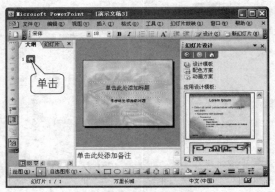

图 9-73　进入大纲模式

步骤06 单击幻灯片演示文稿的文本框,继续输入详细的文本信息,如图 9-75 所示。

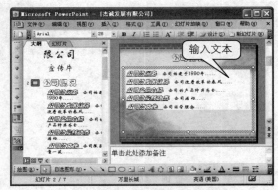

图 9-75　在演示文稿中输入内容

图 9-76　插入剪贴画

步骤02 插入图片。切换到待插入图片的演示文稿，在"绘图"工具栏中单击按钮。弹出"插入图片"对话框，在存放图片的文件夹中找到需要的图片双击，图片就插入到演示文稿中，拖动句柄改变图片的大小或位置。右击图片，弹出快捷菜单，执行"叠放次序>置于上一层"或"叠放次序>置于下一层"命令，调节图片的次序，如图9-77所示。

步骤03 按同样的方式，在所有需要插入图片的演示文稿中插入相应的图片，如图9-78所示，检查演示文稿的先后顺序，确认无误后保存即可。

图 9-77　插入图片

图 9-78　插入图片后的演示文稿

本例小结

　　本例是利用设计模板创建企业文化宣传的幻灯片，此方法简单易学，使用灵活，在创建幻灯片中尤为常用。读者不仅要牢牢掌握此种方法，更要记住其他的方法，这样才能适应不同需求。

课堂问答

问 创建幻灯片演示文稿的方法有几种？

答 下面列举创建幻灯片演示文稿的方法。

利用空演示文稿创建：从具备最少的设计且未应用颜色的幻灯片开始。

根据现有演示文稿创建：在已经书写和设计过的演示文稿基础上创建演示文稿。使用此种方法创建现有演示文稿的副本，以对新演示文稿进行设计或内容更改。

根据设计模板创建：在已经具备设计概念、字体和颜色方案的 PowerPoint 模板的基础上创建演示文稿。除了使用 PowerPoint 提供的模板外，还可使用自己创建的模板。

根据内容提示向导创建：使用"内容提示向导"应用设计模板，该模板会提供有关幻灯片的文本建议，然后键入所需的文本。

利用网站上的模板创建：使用网站上的模板创建演示文稿。

利用 Office Online 模板创建：这些模板在 Microsoft Office 模板库中可以找到。这些模板是根据演示类型排列的。

问 如何使用空演示文稿创建幻灯片？

答 步骤 1：在"常用"工具栏上，单击"新建"按钮。

步骤 2：如果要保留第一张幻灯片的默认标题版式，请转至步骤 3。如果要第一张幻灯片使用不同的版式，请在"幻灯片版式"任务窗格中单击所需的版式。

步骤 3：在幻灯片上或"大纲"选项卡上键入所需的文本。

步骤 4：若要插入新幻灯片，请在"常用"工具栏上单击"新建"按钮，再单击所需的版式。

步骤 5：对每张新幻灯片都重复步骤 3 和 步骤 4，并添加任何其他所需的设计元素或效果。

步骤 6：结束时，执行"文件>保存"命令，在弹出的对话框中键入演示文稿的名称，再单击"保存"按钮。

问 如何通过现有演示文稿创建演示文稿？

答 步骤 1：执行"文件>新建"命令，弹出"新建演示文稿"任务窗格。

步骤 2：单击"根据现有演示文稿…"超链接，弹出"根据现有演示文稿新建"对话框。

步骤 3：在"查找范围"下拉列表框中，单击所要的演示文稿，再单击"创建"按钮。

步骤 4：根据需要更改演示文稿，然后执行"文件>另存为"命令。

步骤 5：在弹出的"另存为"对话框的"文件名"列表框中，输入新演示文稿的名称，单击"保存"按钮。然后再编辑具体的每张幻灯片的内容。

问 如何更改占位符、自选图形或文本框中的文本颜色？

答 步骤 1：选定要更改的文本，在"绘图"工具栏中单击"字体颜色"按钮 △· 右侧的下三角按钮，在弹出的面板中选择相应的颜色。

步骤 2：若要将文本颜色还原为默认颜色，请单击"自动"选项，若要更改为配色方案中的颜色，请单击"自动"列表中的八种颜色之一。

步骤 3：若希望更改为的颜色不在配色方案中，请单击"其他颜色"选项，弹出"颜色"对话框。在"标准"选项卡上单击所需的颜色，或者在"自定义"选项卡中调配自己的颜色，然后单击"确定"按钮。

问 如何自动格式化文本？

答 默认情况下，Microsoft PowerPoint 在键入时自动格式化特定类型的文本。例如，如果键入两个连字符而两侧没有加空格，则它们的格式立即设置为长破折号。如果键入网络或 Internet 路径，其格式设置为超链接。常用的分数（如 1/4 和 1/2）在键入时会被更改为分数符号。各种箭头和表情符都可由键入字符变为符号。

自动段落格式包含自动项目符号和编号列表。如果文本当前的字体大小不合适，还可以调整该文本中字体的大小，使其适合占位符文本。

可以打开或关闭所有的自动格式选项。一旦打开某个格式选项，它会对以后键入的所有文本起作用。

举一反三

如果本章的基础知识已经掌握，为了在掌握基础知识的前提下，灵活应用本章知识及本章知识的拓展，下面列出了一个实例，将解决上述问题。这个实例不但是基础知识的实际应用，也是实际操作中很重要的一种知识拓展。掌握实例的方法，将会进一步理解掌握的知识。

例 将图片作为幻灯片的背景图片

如果制作幻灯片时，用户欲将自己喜欢的图片作为幻灯片演示文稿的背景，具体步骤如下：

步骤01 在幻灯片的浏览视图中，打开待将自选图片设定为幻灯片演示文稿背景的幻灯片，执行"格式>背景"命令，如图9-79所示，弹出"背景"对话框，如图9-80所示。

步骤02 单击"颜色"下拉列表框右侧的下三角按钮，在弹出的下拉菜单中执行"填充效果"命令，如图9-80所示。

图9-79 打开"背景"对话框的操作

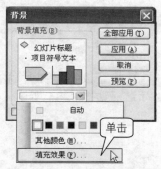

图9-80 "背景"对话框

步骤03 弹出"填充效果"对话框，如图9-81所示。单击"图片"标签，进入"图片"选项卡。在"图片"选项卡中单击 选择图片(L)... 按钮，弹出"选择图片"对话框。

步骤04 找到存放图片的文件夹，单击需要的图片后，单击 插入(I) 按钮，如图9-82所示。

图9-81 "填充效果"对话框

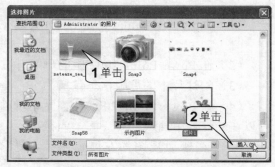

图9-82 "选择图片"对话框

步骤 05 返回"背景"对话框，单击 全部应用(T) 按钮，如图9-83所示。返回"填充效果"对话框。

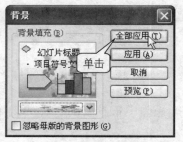

图9-83 "背景"对话框

步骤 06 在"填充效果"对话框中出现待设为幻灯片背景的图片，如图9-84所示。

图9-84 "填充效果"对话框

步骤 07 单击 确定 按钮，图片就被设置成幻灯片的背景，如图9-85所示。

图9-85 图片设置为幻灯片背景示例

本章练习

1. 填空题

（1）在PowerPoint 2003中，幻灯片的视图模式主要有三种：_____、_____ 和 _____。

（2）在PowerPoint 2003中的母版有三种，分别是 _____、_____ 和 _____。

（3）幻灯片中的母版信息包括 _____、_____、_____ 和 _____。

（4）在PowerPoint 2003中，文本可以包含在 _____、_____ 或 _____，另外可以在幻灯片中插入 _____，或在 _____ 中插入文本。

（5）在普通视图的左侧窗格中，选择"大纲"标签，将显示幻灯片中的文本，单

击可将光标定位在 _____ 中，可以直接在该区域键入或粘贴 _____。

2. 选择题

（1）在 PowerPoint 窗口中，下列菜单中，一般不属于菜单栏的是 _____。

　A. 编辑　　　　　　　B. 视图　　　　　　　　C. 程序　　　　　　　D. 格式

（2）利用 PowerPoint 制作幻灯片时，幻灯片在 _____ 制作。

　A. 状态栏　　　　　　B. 幻灯片区　　　　C. 大纲区　　　　D. 备注区

（3）PowerPoint 窗口区一般分为 _____ 大部分。

　A. 5　　　　　　　　B. 6　　　　　　　C. 7　　　　　　　D. 8

3. 上机题

（1）创建介绍公司产品的幻灯片，要求写出产品简介，然后在适当的位置插入图片。

（2）在题（1）的基础上，在幻灯片中插入图形，以美化幻灯片。

（3）在幻灯片中插入"欢迎选购产品"的艺术字。

10 Chapter 幻灯片的美化和润色

课前预习

　　本章主要讲述如何在 PowerPoint 2003 幻灯片中插入影片、声音、动画和超链接。PowerPoint 2003 有强大的多媒体制作系统制作功能，使幻灯片的外观和效果更为吸引观众。在本章将介绍以下内容：在幻灯片中插入影片片断，在幻灯片中插入声音，在幻灯片中插入动画效果，在幻灯片中插入页眉页脚，在幻灯片中插入超链接。

正式课堂

10.1 在幻灯片中插入影片和声音效果

　　PowerPoint 2003 中可以插入背景音乐或录制好的解说词，也可以插入一段视频剪辑，使幻灯片的效果更为生动，更有感染力。

10.1.1 在幻灯片中插入影片片断

1. 插入剪辑管理器中的影片

在 PowerPoint 2003 中插入剪辑管理器中的影片片断的具体操作步骤如下：

步骤 01，选取待插入影片片断的幻灯片，执行"插入>影片和声音>剪辑管理器中的影片"命令，如图 10-1 所示。

步骤 02，在视图右侧弹出"剪贴画"任务窗格，如图 10-2 所示。

图 10-1　插入影片操作　　　　　　　　　　图 10-2　"剪贴画"任务窗格

步骤 03 在"搜索文字"文本框中输入搜索影片的名称，单击"搜索类型"下拉列表框右侧的下三角按钮，在弹出的下拉列表框中选择相应的影片类型，单击需要的影片类型，插入剪辑管理器中的影片。执行完毕后，在幻灯片的演示文稿中出现剪辑管理器中的影片剪贴画，如图 10-3 所示。

步骤 04 单击 按钮，播放幻灯片。播放幻灯片的同时会自动播放该剪辑管理器中的影片。

图 10-3　插入剪辑管理器中的影片示例

2. 插入文件中的影片

如果要在 PowerPoint 2003 中插入自己喜欢的影片，这就需要在幻灯片中插入用户文件中的影片片断，具体操作步骤如下：

步骤 01 选取待插入影片片断的幻灯片，执行"插入>影片和声音>文件中的影片"命令，如图 10-4 所示。

步骤 02 弹出"插入影片"对话框，选择需要的影片片断文件，单击 确定 按钮，如图 10-5 所示。

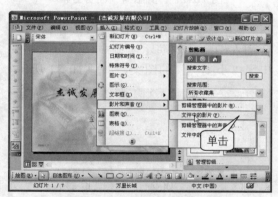

图 10-4　插入文件中的影片操作

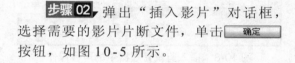

图 10-5　"插入影片"对话框

步骤 03 弹出 Microsoft Office Power-Point 对话框。询问影片在幻灯片播放时自动播放还是通过单击播放，如图 10-6 所示。

步骤 04 单击 自动(A) 按钮，选择跟幻灯片同步播放，文件中的影片就被插入到幻灯片中，如图 10-7 所示。

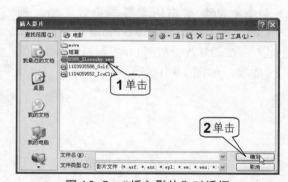

图 10-7　插入的文件中的影片

图 10-6　Microsoft Office PowerPoint 对话框

10.1.2 在幻灯片中插入声音

1. 插入剪辑管理器中的声音

在 PowerPoint 2003 中插入剪辑管理器中的声音的具体操作步骤如下：

步骤 01 选取待插入声音的幻灯片，执行"插入>影片和声音>剪辑管理器中的声音"命令，如图 10-8 所示。

步骤 02 在视图右侧弹出"剪贴画"任务窗格，如图 10-9 所示。

图 10-8 插入剪辑管理器中的声音操作

图 10-9 "剪贴画"任务窗格

步骤 03 单击所需要的声音类型，弹出 Microsoft Office PowerPoint 对话框，询问声音在幻灯片播放时自动播放还是通过单击播放，如图 10-10 所示。

步骤 04 单击 自动(A) 按钮，将声音插入幻灯片的演示文稿中，演示文稿中出现"小喇叭"的图案，如图 10-11 所示。

图 10-11 插入剪辑管理器中的声音

图 10-10 Microsoft Office PowerPoint 对话框

2. 插入文件中的声音

步骤 01 选取待插入声音的幻灯片，执行"插入>影片和声音>文件中的声音"命令，如图 10-12 所示。

步骤 02 弹出"插入声音"对话框，选择需要的声音文件，单击 确定 按钮，如图 10-13 所示。

幻灯片的美化和润色

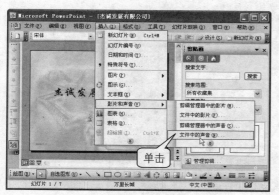

图 10-12　插入文件中的声音操作

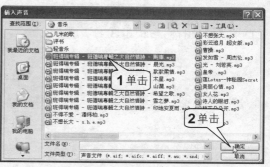

图 10-13　"插入声音"对话框

步骤 03 弹出 Microsoft Office Power-Point 对话框，询问声音在幻灯片播放时自动播放还是通过单击播放，如图 10-14 所示。单击 自动(A) 按钮，将声音插入幻灯片的演示文稿中，演示文稿中出现"小喇叭"的图案。

图 10-14　Microsoft Office PowerPoint 对话框

3. 插入CD中的音乐

步骤 01 选取待插入声音的幻灯片，执行"插入>影片和声音>播放 CD 乐曲"命令，如图 10-15 所示。

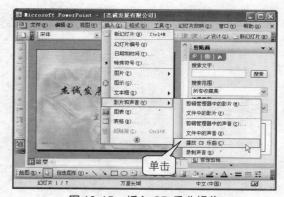

图 10-15　插入 CD 乐曲操作

步骤 02 弹出"插入 CD 乐曲"对话框，在"开始曲目"后面的微调框中设置开始曲目，并在后面的"时间"微调框中设置播放时间；在"结束曲目"后面的微调框中设置结束曲目；在后面的"时间"微调框中设置播放时间，如图 10-16 所示。

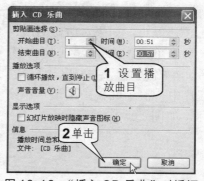

图 10-16　"插入 CD 乐曲"对话框

步骤 03 单击 确定 按钮，即可将 CD 乐曲插入到幻灯片中，演示文稿中出现 CD 光盘的图标，如图 10-17 所示。

图 10-17 插入 CD 中的音乐

4. 录制声音

步骤 01 选取待录制声音的幻灯片，执行"插入>影片和声音>录制声音"命令，如图 10-18 所示。

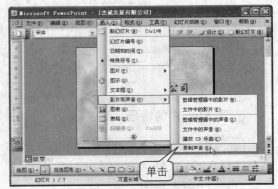

图 10-18 录制声音操作

步骤 02 弹出"录音"对话框，如图 10-19 所示。

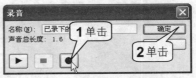

图 10-19 "录音"对话框

步骤 03 单击 ● 按钮，开始录音。可以通过话筒对幻灯片进行演讲，演讲结束时，单击 ■ 按钮停止。如果对所做的演讲不够满意，可以单击 ▶ 按钮，重新录音。操作完成后，单击 确定 按钮，将录音插入到幻灯片中。演示文稿中出现"小喇叭"的图标，如图 10-20 所示。

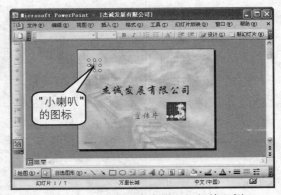

图 10-20 将录制声音插入幻灯片示例

10.2　在幻灯片中加入动画效果

在设置和编辑幻灯片的时候，为了使幻灯片的视觉效果更强、更引人注目，可以对它的文本、图片等不同对象设置动画效果。

10.2.1　幻灯片的自动切换

所谓幻灯片的自动切换，就是在幻灯片放映过程中自动换片的效果，其设置步骤如下：

步骤 01　选中待设置切换效果的幻灯片，单击任务窗格右侧的下三角按钮，在弹出的下拉菜单中执行"幻灯片切换"命令，打开"幻灯片切换"任务窗格，如图10-21所示。

步骤 02　在"应用于所选幻灯片"下面的下拉列表框中选择任意一种切换方式，如"水平百叶窗"式，效果如图10-22所示。

图10-21　"幻灯片切换"任务窗格

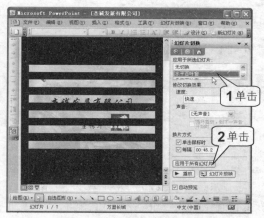

图10-22　"水平百叶窗"式动画效果

步骤 03　在"修改切换效果"选项组中设置切换速度和声音效果。在"换片方式"选项组中选择"单击鼠标时"或"每隔"复选框然后在"每隔"后面的微调框中输入合适的时间，幻灯片就可以自动播放了，单击 应用于所有幻灯片 按钮，将设置应用于所有的幻灯片。单击 ▶ 播放 按钮，播放幻灯片，效果如图10-23所示。

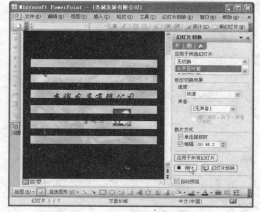

图10-23　幻灯片的自动切换示例

10.2.2　套用系统自带的动画方案

套用幻灯片系统自带的动画方案的具体操作步骤如下：

步骤01 选中待设置动画效果的幻灯片，单击任务窗格右侧的下三角按钮，在弹出的下拉菜单中执行"幻灯片设计－动画方案"命令，打开的"幻灯片设计－动画方案"任务窗格如图10-24所示。

步骤02 在"应用于所选幻灯片"下面的列表框中选择任意一种切换方式（如"回旋"式），单击 应用于所有幻灯片 按钮，将设置应用于所有的幻灯片。单击 ▶ 播放 按钮，播放幻灯片，效果如图10-25所示。

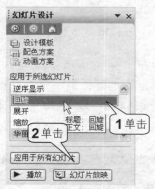

图10-24 "幻灯片设计"任务窗格

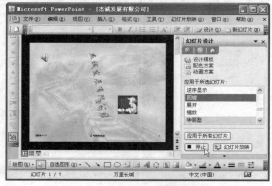

图10-25 动画效果示例

10.2.3 自定义动画方案

在 PowerPoint 2003 中，还可以按照用户的喜好设置幻灯片的动画效果，设置的步骤如下：

步骤01 在幻灯片中选中要设定动画的内容（如选中待设定动画效果的内容），单击任务窗格右侧的下三角按钮，在弹出的下拉菜单中执行"自定义动画"命令，打开"自定义动画"任务窗格；单击 ☆ 添加效果 ▾ 按钮，在弹出的下拉菜单中，选择任意一类动画效果，如图10-26所示。

步骤02 按照以上的步骤设置每个部分的动画效果。内容被添加了动画后，在其前面会出现编号，表示动画的播放次序，如图10-27所示。

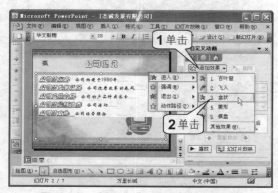

图10-26 插入自定义动画效果的操作

图10-27 为各项内容设置动画效果示例

步骤 **03** 单击"速度"下拉列表框右侧的下三角按钮，在弹出的列表中选择动画播放的速度，如图10-28所示。

步骤 **04** "修改"选项组中有一个列表框，该列表框列出了所有自定义的动画。单击任一个项目右侧的下三角按钮，在弹出的下拉菜单中选择任意一种动画效果，如图10-29所示。设置完毕后，单击 ▶ 播放 按钮，即可预览动画效果。

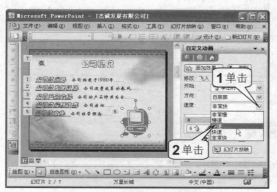

图 10-28　设置动画播放速度

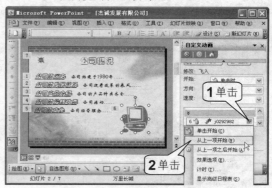

图 10-29　设置自定义项目的播放方式

10.3　在幻灯片中添加页眉和页脚

在幻灯片的演示文稿中插入页眉和页脚的步骤如下：

步骤 **01** 选取要插入页眉和页脚的演示文稿，执行"视图>页眉和页脚"命令，如图10-30所示。

步骤 **02** 弹出"页眉和页脚"对话框，如图10-31所示。

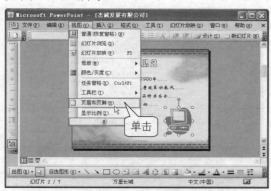

图 10-30　插入页眉和页脚操作

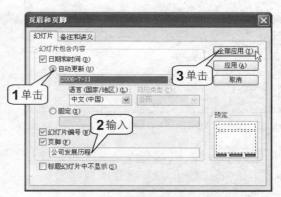

图 10-31　"页眉和页脚"对话框

步骤 **03** 在"幻灯片"选项卡的"幻灯片包含内容"选项组中，选中"日期和时间"复选框，并选择"自动更新"单选按钮；再选中"页脚"复选框，并在下面的文本框中输入"公司发展历程"，单击 全部应用(T) 按钮，效果如图10-32所示。

步骤 **04** 单击"备注和讲义"标签，进入"备注和讲义"选项卡。

步骤 **05** 选中"页眉"复选框，在其下面的文本框中输入"演示文稿"，单击 全部应用(T) 按钮，为演示文稿添加页眉，如图10-33所示。

图 10-32　添加页眉和页脚后的效果

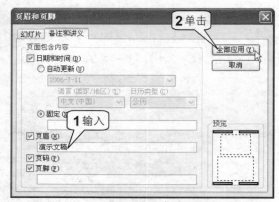

图 10-33　"备注和讲义"选项卡

10.4　在幻灯片中制作和添加超链接

在编辑幻灯片演示文稿时，有时需要添加超链接，以使幻灯片更为连贯、有序，其操作步骤如下：

步骤 01　选择要添加超链接的文本或者图片，执行"插入>超链接"命令，弹出"插入超链接"对话框。在"要显示的文字"文本框中输入将显示超链接的文本名称，如图 10-34 所示。

步骤 02　在"链接到"下面的列表框单击"本文档中的位置"选项，并在"请选择文档中的位置"下面的文本框中选择要链接的幻灯片的标题（如"公司的历史"），在预览框中预览到链接到的幻灯片，如图 10-35 所示。

图 10-34　"插入超链接"对话框

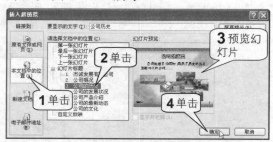

图 10-35　设置链接文件

步骤 03　单击 确定 按钮，完成设置。按照同样的方法，设置所有需要插入超链接的文本，如图 10-36 所示。

提示

如果要链接到新创建的文档，就选择"新建文档"选项，然后在"新建文件名称"文本框中键入要创建的文件名，进一步编辑即可；如果要链接到已有的文档，单击"原有文件或网页"选项，在"查找范围"下拉列表框中选取相应的文件或网页即可。

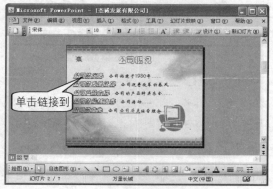

图 10-36　插入超链接示例

10.5　边学边练：制作公司产品展示的幻灯片

如果企业需要将公司产品及其性能展示给各界人士，可以用 PowerPoint 2003 制作一个关于公司产品展示的幻灯片。

实例简析

制作这部幻灯片时，可以在配置图片过程中插入声音，对产品的型号、性能做简要的介绍；还可插入影片，介绍产品的正确操作过程。整个宣传片包括图片、文字、声音、影片、动画等元素。各元素要相辅相成，和谐统一。

制作步骤

1. 创建演示文稿并插入产品图片

步骤01 双击桌面快捷方式图标，打开 PowerPoint 2003，执行"文件>新建"命令，弹出"新建演示文稿"任务窗格，单击"根据设计模板"超链接，在窗口右侧弹出"幻灯片设计"任务窗格。

步骤02 在大纲模式下输入相关信息，并依次插入产品图片，如图 10-37 所示。

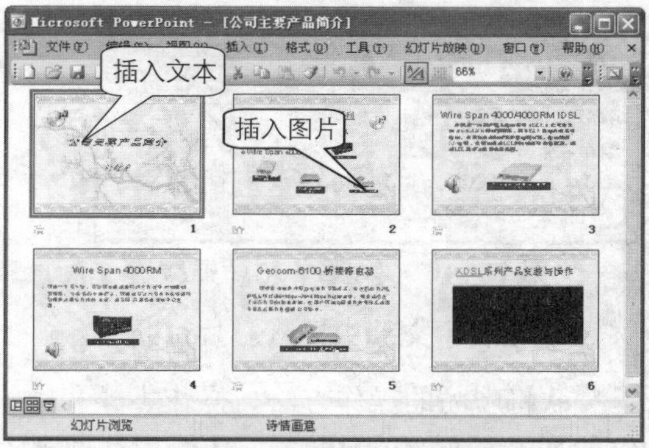

图 10-37　插入文本或图片后的演示文稿

2. 在演示文稿中插入CD乐曲和录音

步骤01 打开演示文稿的第一页，执行"插入>影片和声音>插入 CD 乐曲"命令，弹出"插入 CD 乐曲"对话框，如图 10-38 所示。

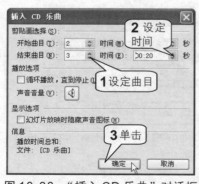

图 10-38　"插入 CD 乐曲"对话框

步骤02 将"开始曲目"和"结束曲目"都设为第二首，时间为 20 秒。设定完毕后，单击 确定 按钮，弹出 Microsoft Office PowerPoint 对话框，如图 10-39 所示。

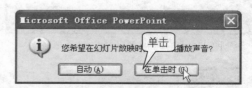

图 10-39　Microsoft Office PowerPoint 对话框

步骤 03 单击 在单击时(C) 按钮，播放幻灯片时，只要单击就可以播放音乐。将插入演示文稿的声音图标移至合适的位置。按照相同的方法，将第二页幻灯片演示文稿插入 CD 乐曲。

步骤 04 打开第三页演示文稿，执行"插入>影片和声音>录制声音"命令，弹出"录音"对话框，如图 10-40 所示。

步骤 05 录制产品介绍。单击 ▶ 按钮，开始录音。可以通过话筒对产品功能进行讲解，演讲结束时，单击 ● 按钮停止。如果对所做的讲解不够满意，可以单击 ■ 按钮，重新录音，直至满意为止。单击 确定 按钮，即可将录音插入演示文稿。按照同样的方式，为其他几个幻灯片插入录音，插入 CD 乐曲和录音的幻灯片演示文稿，如图 10-41 所示。

图 10-40 "录音"对话框

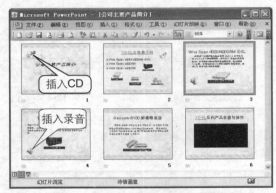

图 10-41 插入声音后的演示文稿

3. 在演示文稿中插入影片片断

欲将产品的操作方法、操作步骤和操作注意事项演示给广大用户，需先录制关于产品操作的影片，再存入电脑。具体操作步骤如下：

步骤 01 选择第六页幻灯片演示文稿，执行"插入>影片和声音>文件中的影片"命令，弹出"插入影片"对话框，如图 10-42 所示。

步骤 02 单击录制的影片后，单击 确定 按钮，弹出 Microsoft Office PowerPoint 对话框，如图 10-43 所示。

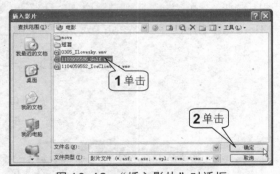

图 10-42 "插入影片"对话框

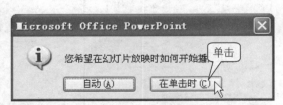

图 10-43 Microsoft Office PowerPoint 对话框

步骤 03 单击 在单击时(C) 按钮，插入该影片片断。

4. 在演示文稿中设置动画效果

步骤01，在幻灯片中选中要设定动画的内容（如选中"公司主要产品简介"），单击任务窗格右侧的下三角按钮，在弹出的下拉菜单中执行"自定义动画"命令，打开"自定义动画"任务窗格；单击 添加效果 按钮，在弹出的下拉菜单中执行"进入>百叶窗"命令，如图10-44所示。

步骤02，"百叶窗"动画效果就添加到所选文字中了。按照相同的方法，把每页幻灯片的每项内容设置成动画效果，每设置完一项，系统对该项自动编号，以标志播放顺序，如图10-45所示。

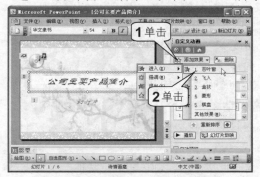

图10-44 添加自定义动画效果操作

图10-45 添加动画效果后的幻灯片演示文稿

本例小结

本例利用设计模板创建企业产品简介的幻灯片。为幻灯片插入音乐、录音和影片片断，为使幻灯片更具有亲和力，又为其设置动画效果。创建幻灯片的全部过程都严格按照本章节所讲的具体步骤进行，简单易学，使用灵活，在幻灯片中尤为常用。读者必须要牢牢掌握这些方法和步骤，以适应不同需求。

课堂问答

问 如何在幻灯片中插入音乐或声音效果？

答 步骤1：显示要添加音乐或声音效果的幻灯片。

步骤2：执行"插入>影片和声音>文件中的声音"命令，在弹出的"插入声音"对话框中查找包含声音文件的文件夹，再双击所需的文件；或者执行"插入>影片和声音>剪辑管理器中的声音"命令，在弹出的"剪贴画"任务窗格的列表框中查找所需的剪辑，并单击它以将其添加到幻灯片中。

步骤3：弹出 Microsoft Office PowerPoint 对话框时，若要在转到幻灯片时自动播放音乐或声音，单击"自动"按钮；若要仅在单击声音图标之后播放音乐或声音，请单击"在单击时."按钮。

步骤4：若要调整声音文件停止的时间，单击声音图标，用鼠标右键单击，再在快捷菜单中执行"自定义动画"命令。

步骤 5：在弹出的"自定义动画"任务窗格的"自定义动画"列表中，单击所要设置的动画文件右侧的下三角按钮，在弹出的下拉菜单中执行"效果选项"命令。

步骤 6：弹出"播放声音"对话框。在"效果"选项卡的"停止播放"选项组中，若选择"单击时"（默认选项）单选按钮，鼠标单击幻灯片时停止声音文件；若选择"当前幻灯片之后"单选按钮，在此幻灯片之后停止声音文件；若选择"在"单选按钮，然后设置文件将播放的幻灯片总数，则在多张幻灯片上播放此声音文件。

问 如何在动画中添加声音？

答 步骤 1：在幻灯片上，选择要添加其他效果的文本或对象，执行"幻灯片放映>自定义动画"命令。

步骤 2：在"自定义动画"任务窗格中，单击自定义动画列表中所选项目右侧的下三角按钮，在弹出的下拉菜单中执行"效果选项"命令。

步骤 3：在弹出的对话框的"效果"选项卡的"增强"选项组中，单击"声音"下拉列表框右侧的下三角按钮，若要从列表中添加声音，请单击一个选项；若要从文件中添加声音，请单击"其他声音"选项，在弹出的"添加声音"对话框中找到相应的声音文件。

问 如何在幻灯片运行时播放 CD 中的声音？

答 步骤 1：将 CD 插入到 CD-ROM 驱动器中，在普通视图的"幻灯片"选项卡上，单击要开始播放音乐的幻灯片。

步骤 2：执行"插入>影片和声音>播放 CD 乐曲"命令。

步骤 3：在"剪贴画选择"选项组的"开始曲目"和"结束曲目"微调框中，设置开始和结束曲目编号。若只播放一个曲目或一个曲目的一部分，请在两个微调框中输入相同的编号。

步骤 4：在"时间"微调框中，设置开始曲目的开始时间和结束曲目的结束时间。默认情况下，开始时间为 0，结束时间为结束曲目的总时间。

步骤 5：若要重复播放音乐，请选中"播放选项"选项组中的"循环播放，直到停止"复选框。

步骤 6：单击"确定"按钮，得到提示后，若要在转到幻灯片时自动播放音乐，请单击"自动"按钮；若要在单击 CD 图标时播放音乐，请单击"在单击时"按钮。

步骤 7：若要调整停止音乐的时间，请在幻灯片上单击 CD 图标，再用鼠标右键单击，然后在快捷菜单中执行"自定义动画"命令。

步骤 8：在弹出的"自定义动画"任务窗格的"自定义动画"列表中，单击所选项目右侧的下三角按钮，在弹出的下拉菜单中执行"效果选项"命令。

步骤 9：在弹出的对话框的"效果"选项卡的"停止播放"选项组中，若要在用鼠标单击幻灯片时停止音乐，请选择"单击时"（默认选项）单选按钮；若要在此幻灯片之后停止音乐，请选择"当前幻灯片之后"单选按钮；若要为多张幻灯片播放此音乐，请选择"在"单选按钮再设置希望播放音乐的幻灯片总数。

问 简述幻灯片中的动画效果。

答 可以使幻灯片上的文本、图形、图示、图表和其他对象具有动画效果，这样就能

幻灯片的美化和润色

突出重点，控制信息流，并增加演示文稿的趣味性。

若要简化动画设计，请将预设的动画方案应用于所有幻灯片中的项目、选定幻灯片中的项目或幻灯片母版中的某些项目。也可以使用"自定义动画"任务窗格，在运行演示文稿的过程中控制项目在何时以何种方式出现在幻灯片上（如单击鼠标时由左侧飞入）。

自定义动画可应用于幻灯片、占位符或段落（包括单个的项目符号或列表项）中的项目。例如，可以将飞入动画应用于幻灯片中所有的项目，也将飞入动画应用于项目符号列表中的单个段落。除预设或自定义动作路径之外，还可使用进入、强调或退出选项。同样，可以对单个项目应用多个动画；这样就使项目符号项目在飞入后又可飞出。

大多数动画选项包含可供选择的相关效果。这些选项包括：在演示动画的同时播放声音，在文本动画中可按字母、字或段落应用效果。例如，使标题每次飞入一个字，而不是一次飞入整个标题。

举一反三

如果本章的基础知识已经掌握，为了在掌握基础知识的前提下，灵活应用本章知识及本章知识的拓展，下面列出了一个实例，将解决上述问题。这个实例不但是基础知识的实际应用，也是实际操作中很重要的一种知识拓展。掌握实例的方法，将有利于对所掌握的知识的理解提高一大步。

例　幻灯片中连续播放音乐

如果制作幻灯片时，要将插入的背景音乐在整个演示文稿中播放，具体步骤如下：

步骤 01　在幻灯片中插入音乐后，将其播放的格式设置为"自动"而不是"在单击时"。右击"小喇叭"图标，在弹出的快捷菜单中执行"自定义动画"命令，如图10-46所示。打开"自定义动画"任务窗格，在声音列表框中找到插入的音乐，单击"音乐"下拉列表框右侧的下三角按钮，弹出快捷菜单，执行"效果选项"命令，如图10-47所示。

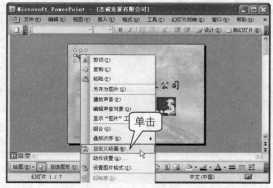

图10-46　打开"自定义动画"任务窗格操作

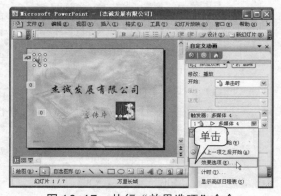

图10-47　执行"效果选项"命令

步骤 02 弹出"播放 声音"对话框，如图 10-48 所示。

步骤 03 在"效果"选项卡的"停止播放"选项组中的"在："后面的微调框中选择 7 （幻灯片的总数），单击 **确定** 按钮，即可完成。

图 10-48 "播放 声音"对话框

本章练习

1. 填空题

（1）在幻灯片中，可以添加背景音乐或录制好的演讲者的_____，也可以插入一段_____ 剪辑。同样可以插入剪辑管理器中的_____、_____中的音乐，还可以直接插入话筒中演讲的声音。

（2）在幻灯片中插入剪辑管理器中的文件，选取待插入影片片断的幻灯片，执行_____命令。

（3）幻灯片中可以插入_____、_____、_____ 和_____ 等不同种类的声音。

（4）如果要链接到新创建的文档，就选择"_____"选项，然后键入要创建的文件名，进一步编辑即可；如果要链接到已有的文档，单击"_____"选项，在"查找范围"下拉列表框中选取相应的驱动器。

（5）幻灯片中可设置动画效果的对象可以是_____、_____、_____、_____。

2. 选择题

（1）关于 PowerPoint 中的视图模式，下列选项中正确的是_____。

    A. 大纲视图是默认的视图模式

    B. 普通视图主要显示主要的文本信息

    C. 幻灯片视图最适合组织和创建演示文稿

    D. 幻灯片放映视图用于查看幻灯片的播放效果

（2）在下列各视图模式中，_____ 不属于 PowerPoint 中的基本视图模式。

    A. 普通视图   B. 页面视图   C. Web 版式视图   D. 大纲视图

（3）在 PowerPoint 中，各种视图模式切换的快捷按钮在 PowerPoint 窗口的_____。

    A. 左上角   B. 右上角   C. 左下角   D. 右下角

3. 上机题

（1）为编辑好的演示文稿添加动画效果。

（2）为编辑好的演示文稿插入声音。

（3）为编辑好的演示文稿添加日期页脚。

课前预习

本章主要讲述如何对幻灯片的放映进行相应的设置，以使幻灯片的视觉效果更为明显，并充分体现了 PowerPoint 2003 的强大的多媒体演示文稿制作系统的优势。PowerPoint 2003 不仅可以创建演示文稿、使用视图、设置幻灯片的外观和效果，同样可以完成旁白的添加、播放时间的控制等。在本章将介绍以下内容：幻灯片中录制和插入旁白，幻灯片的放映方式设置，幻灯片的放映时间设置，幻灯片的切换与定位，在幻灯片中添加注释，幻灯片中的屏幕切换。

正式课堂

11.1 录制和插入旁白

在放映幻灯片的同时录制旁白，可以记录会议的内容，听取听众的意见，以便更好地交流。录制和收听旁白时，电脑需要具备声卡、话筒和扬声器。

录制和插入旁白可以在编辑幻灯片时进行，也可以在放映幻灯片时进行，具体的操作步骤如下：

步骤 01 打开将录制旁白的幻灯片，执行"幻灯片放映>录制旁白"命令，如图 11-1 所示，弹出"录制旁白"对话框之一，如图 11-2 所示。

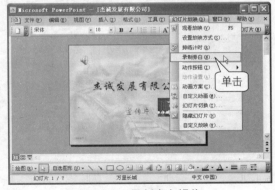

图 11-1 录制旁白操作

图 11-2 "录制旁白"对话框之一

步骤 02 单击 设置话筒级别(M)... 按钮，弹出"话筒检查"对话框，如图 11-3 所示。

步骤 03 按照提示设置好音量、级别等参数，单击 确定 按钮，返回"录制旁白"对话框之二，如图 11-4 所示。

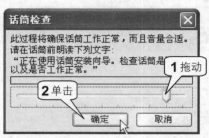

图 11-3 "话筒检查"对话框

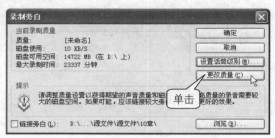

图 11-4 "录制旁白"对话框之二

步骤 04、单击 更改质量(C)... 按钮，弹出"声音选定"对话框，如图 11-5 所示。单击"名称"下面的下拉列表框右侧的下三角按钮，选择"收音质量"选项。

步骤 05、单击 确定 按钮，返回"录制旁白"对话框之三，如图 11-6 所示。

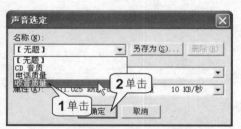

图 11-5 "声音选定"对话框

图 11-6 "录制旁白"对话框之三

步骤 06、开始放映幻灯片并录制旁白。放映结束时，弹出 Microsoft Office Power-Point 对话框，如图 11-7 所示。

步骤 07、单击 保存(S) 按钮，自动进入幻灯片的浏览视图，并在每一幻灯片下方显示该幻灯片的排练计时，如图 11-8 所示。

图 11-7 Microsoft Office PowerPoint 对话框

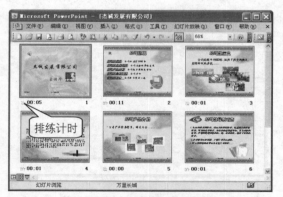

图 11-8 插入旁白后的幻灯片

11.2 放映幻灯片

放映幻灯片是整个制作幻灯片放映过程的验收阶段，PowerPoint 2003 提供了方便的放映方式，用户可根据本人的需要自动设置切换效果、自动放映等不同的方式，使幻灯片的操作更为灵活有效。

11.2.1 幻灯片放映方式的设置

PowerPoint 2003 支持多种放映方式，其具体操作步骤如下：

步骤 01，打开欲放映的幻灯片，切换到浏览视图，执行"幻灯片放映>设置放映方式"命令，弹出"设置放映方式"对话框，如图 11-9 所示。在"放映类型"选项组中有三种模式，即"演讲者放映（全屏幕）"、"观众自行浏览（窗口）"和"在展台浏览（全屏幕）"。通常选择"演讲者放映（全屏幕）"模式。

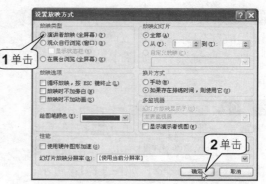

图 11-9 "设置放映方式"对话框

步骤 02，在"放映幻灯片"选项组中选中"全部"单选按钮，如果要放映部分幻灯片，只需设定从第几张至第几张即可；在"放映选项"选项组中选中"循环放映，按 ESC 键终止"、"放映时不加旁白"或"放映时不加动画"中的一个复选框，单击 确定 按钮，设置完毕。

11.2.2 幻灯片放映时间的设置

可以根据需要，预先设定每张幻灯片的停留时间，具体操作步骤如下：

步骤 01，打开演示文稿的第一张幻灯片，执行"幻灯片放映>排练计时"命令，如图 11-10 所示。

步骤 02，进入幻灯片放映状态，同时弹出"预演"工具栏，如图 11-11 所示。

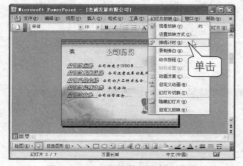

图 11-10 设置放映时间操作

图 11-11 "预演"工具栏

步骤 03，开始进行对幻灯片讲解的预演。预演完毕后，单击 按钮，进入下一张幻灯片，开始下一次预演。若对预演不满意，单击 按钮，重新开始；若需要暂停，单击 按钮即可。预演完毕后，弹出 Microsoft Office PowerPoint 对话框，如图 11-12 所示，单击 是(Y) 按钮，即可完成。

图 11-12 Microsoft Office PowerPoint 对话框

11.2.3 幻灯片放映时的控制

1. 幻灯片的切换和定位

步骤 01 打开欲放映的幻灯片，单击 按钮，放映幻灯片，在放映幻灯片的视图中出现"导航条"，如图 11-13 所示。

图 11-13 导航条

步骤 02 在"导航条"中，单击 按钮，播放前一张幻灯片；单击 按钮，播放后一张幻灯片；单击 按钮，弹出快捷菜单。执行"暂停"命令，如图 11-14 所示，停止播放；执行"上一张"或"下一张"命令，可播放上一张或下一张幻灯片。

步骤 03 单击 按钮，在弹出的快捷菜单中执行"定位至幻灯片"命令，在级联菜单中选择要切换至的幻灯片，如图 11-15 所示。

图 11-14 执行"暂停"命令

图 11-15 控制放映

2. 绘制与操作墨迹

步骤 01 打开欲放映的幻灯片，单击 按钮，放映幻灯片，在放映幻灯片的视图中出现"导航条"中单击 按钮，弹出快捷菜单，如图 11-16 所示。

步骤 02 可以选择箭头、圆珠笔、毡尖笔或荧光笔，对幻灯片作标记，如同在黑板上一样，对屏幕上的文字进行标记，如图 11-17 所示。

图 11-16 快捷菜单

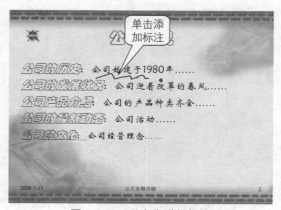

图 11-17 对文字进行标注

步骤03 如果要擦除屏幕上的所有墨迹，可以执行"擦除幻灯片上的所有墨迹"命令，将幻灯片上的所有墨迹擦除掉。如果要擦除屏幕上的部分墨迹，可以执行"橡皮"命令，鼠标将变成橡皮状，如图11-18所示，擦除不需要的墨迹，即可完成。

步骤04 退出幻灯片时，弹出 Microsoft Office PowerPoint 对话框。如果要保留幻灯片上的墨迹，单击 保留(K) 按钮即可，如图11-19所示。如果不需要保留幻灯片上的墨迹，单击 放弃(D) 按钮即可。

图11-18　擦除标注示例

图11-19　Microsoft Office PowerPoint 对话框

3. 幻灯片放映时的屏幕操作

步骤01 在幻灯片放映时，单击"导航条"中的 按钮，打开快捷菜单，执行"屏幕>黑屏"命令，如图11-20所示；可将屏幕模拟成黑板，如图11-21所示。

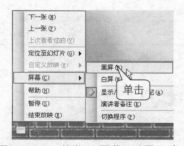

图11-20　执行"屏幕>黑屏"命令

图11-21　黑屏

步骤02 单击 按钮，打开快捷菜单，执行"屏幕>白屏"命令，可将屏幕模拟成白色讲板，如图11-22所示。

图11-22　白色讲板

步骤 03 单击 ■ 按钮，打开快捷菜单，执行"屏幕>切换程序"命令，可将在屏幕中显示任务栏，如图 11-23 所示。单击任务栏，切换相应位置。

图 11-23　显示任务栏

11.3　改善幻灯片放映的性能

在放映幻灯片的同时，可以通过手工调节来改变幻灯片的放映性能，具体步骤如下：

步骤 01 打开待放映的幻灯片，执行"幻灯片放映>设置放映方式"命令，弹出"设置放映方式"对话框，如图 11-24 所示。

步骤 02 在"性能"选项组中的"幻灯片放映分辨率"下拉列表框中设定最小的分辨率。如果对调节的分辨率不够满意，尝试设定其他分辨率，直至满意。

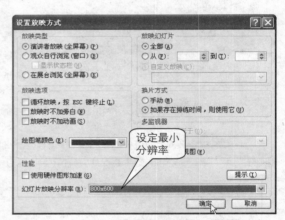

图 11-24　"设置放映方式"对话框

11.4　边学边练：制作企业学术讨论会的幻灯片

公司要开展学术讨论会，研讨产品的可实施方案。制作关于企业学术讨论会的幻灯片，使主讲人和观众能够进行有效的交流与探讨。

实例简析

制作这部幻灯片，可以为幻灯片录制演讲内容和观众旁白；可以充分利用幻灯片中添加标注的功能，对演示文稿进行标注；也可以进行黑板与幻灯片的切换，使交流更为有效。整个宣传片要图文并茂，字体美观，背景一致，可控性强。

制作步骤

1. 创建演示文稿并输入文本

双击桌面快捷方式图标，打开Power-Point 2003，执行"文件>新建"命令，弹出"新建演示文稿"任务窗格。单击"根据设计模板"超链接，弹出"演示文稿"视图，进入演示文稿的大纲模式。在大纲模式下进行编辑，对幻灯片的格式、字体和背景进行编辑，并插入图片或剪贴画，使演示文稿美观，如图11-25所示。

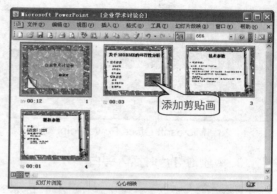

图 11-25　编辑好的幻灯片

2. 设置幻灯片的放映时间

步骤 01 打开演示文稿的第一张幻灯片，执行"幻灯片放映>排练计时"命令，如图11-26所示。

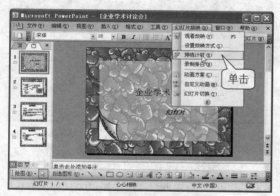

图 11-26　排练计时操作

步骤 03 开始进行对幻灯片讲解的预演。预演完毕后，在"导航条"中单击按钮，进入下一张幻灯片，开始下一次预演。预演完毕后，弹出 Microsoft Office PowerPoint 对话框，如图11-28所示，单击 **是(Y)** 按钮，返回幻灯片窗口。如果不需要保留幻灯片的排练时间，单击 **否(N)** 按钮即可。

步骤 02 进入幻灯片放映状态，同时弹出"预演"工具栏，如图11-27所示。

图 11-27　进入"预演"状态

步骤 04 每张幻灯片左下角显示幻灯片播放的时间，如图11-29所示。

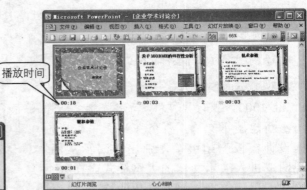

图 11-29　设定播放时间后的视图

图 11-28　Microsoft Office PowerPoint 对话框

3. 播放幻灯片时插入旁白

步骤01　打开演示文稿视图，执行"幻灯片放映>录制旁白"命令，如图 11-30 所示。

步骤02　弹出"录制旁白"对话框，如图 11-31 所示。

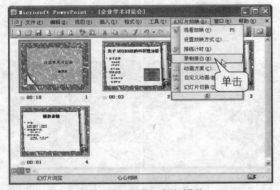

图 11-30　插入旁白操作

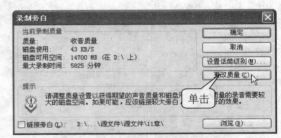

图 11-31　"录制旁白"对话框

步骤03　单击 更改质量(C)... 按钮，弹出"声音选定"对话框，如图 11-32 所示。单击"名称"下面的下拉列表框右侧的下三角按钮，选择"收音质量"选项，单击 确定 按钮，返回"录制旁白"对话框，单击 确定 按钮。

步骤04　开始放映幻灯片并录制听众的旁白。放映结束时，弹出 Microsoft Office PowerPoint 对话框，如图 11-33 所示。单击 保存(S) 按钮，自动进入幻灯片的浏览视图，在每一幻灯片下方显示该幻灯片的排练计时。

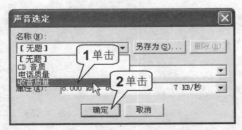

图 11-32　"声音选定"对话框

图 11-33　Microsoft Office PowerPoint 对话框

幻灯片的放映和后期处理

4.演讲的过程中对幻灯片进行批注

步骤 01 打开将放映的幻灯片，单击
按钮，放映幻灯片。在放映幻灯片的视
图中出现的"导航条"中单击 按钮，弹
出快捷菜单，如图 11-34 所示。

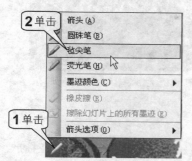

图 11-34　执行"毡尖笔"命令

步骤 03 执行"橡皮擦"命令，鼠标
变成"橡皮擦"状，可以擦除错误批注，
如图 11-36 所示。

步骤 02 可以选择"毡尖笔"，对屏
幕上的文字进行标记，如图 11-35 所示。

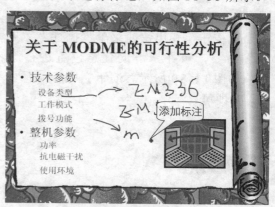

图 11-35　在屏幕中添加标注

图 11-36　擦除错误批注示例

步骤 04 播放完幻灯片后，弹出
Microsoft Office PowerPoint 对话框，单击
保留(K) 按钮即可，如图 11-37 所示。

步骤 05 返回到幻灯片演示文稿视图，
如图 11-38 所示。

图 11-37　Microsoft Office PowerPoint 对话框

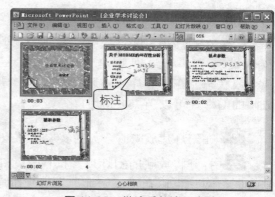

图 11-38　批注后的演示文稿

5. 演讲的过程中在黑板上讲解相关内容

在正在放映的幻灯片的"导航条"中，单击 按钮，打开快捷菜单，执行"屏幕>黑屏"命令，将屏幕模拟成黑板；单击 按钮，弹出快捷菜单，执行"毡尖笔"命令，可在黑屏的任意位置进行涂写，如图 11-39 所示。演示完毕后，返回幻灯片即可。

图 11-39　在黑板上讲解相关内容示例

本例小结

本例是在编辑完成的幻灯片中，根据演讲的内容对幻灯片的播放时间进行控制。在播放幻灯片的过程中，录制观众旁白，可以有效记录会议内容。在幻灯片的放映过程中可以对幻灯片的内容进行标注，便于交流。读者要牢牢掌握这些知识和方法，以适应用户不同需求。

课堂问答

问　如何在放映演示文稿期间实现幻灯片之间的切换？

答　（1）转到下一张幻灯片。单击鼠标；按空格键或 Enter 键；用鼠标右键单击，在弹出的快捷菜单上执行"下一张"命令。

（2）转到上一张幻灯片。按 Backspace 键，接着用鼠标右键单击，在弹出的快捷菜单上执行"上一张"命令。用鼠标右键单击，在弹出的快捷菜单上执行"定位至幻灯片"命令，然后单击所需的幻灯片。

（3）观看以前查看过的幻灯片。用鼠标右键单击，在弹出的快捷菜单上执行"上次查看过的"命令。

问　如何在运行幻灯片时暂时关闭屏幕？

答　在幻灯片放映过程中，若要中止放映，按 Esc 键。如果想暂时隐藏幻灯片内容，按 B 键或"."键，使屏幕全黑；按 W 键或","键使屏幕全白。按 Esc 键退出全黑或全白状态。在幻灯片放映过程中，单击导航条上的铅笔图标（快捷键为 Ctrl+P），当前放映的幻灯片可以当黑板使用。

问　在幻灯片放映时，如何实现循环放映？

答　打开将放映的幻灯片，执行"幻灯片放映>设置放映方式"命令，弹出"设置放映方式"对话框。在"放映选项"选项组中选中"循环放映，按 Esc 键终止"复选框。这样即可使幻灯片循环放映。

值得注意的是，如果需要演示文稿自动运行（如在展览会场的展台上），在"设置放映方式"对话框的"放映类型"选项组选择"在展台浏览（全屏幕）"单选按钮，即可使演示文稿循环放映，并防止用户更改演示文稿。

问　如何改善幻灯片的放映性能？

答　改善幻灯片的放映性能有以下三种方式：

（1）缩小幻灯片放映时演示文稿显示的分辨率。执行"幻灯片放映>设置放映方式"命令，弹出"设置放映方式"对话框，在"性能"选项组的"幻灯片放映分辨率"下拉列表框中选择 640×480 选项。

（2）将颜色深度设置为 16 位色。更改监视器上显示的颜色数目时，请参阅 Microsoft Windows 帮助。

（3）使用硬件图形加速。执行"幻灯片放映>设置放映方式"命令，弹出"设置放映方式"对话框，在"性能"选项组中选中"使用硬件图形加速"复选框。如果计算机有此功能，PowerPoint 2003 将尝试使用此功能。

问　如何在幻灯片放映时为幻灯片添加备注？

答　在备注窗格中，输入当前幻灯片的备注。若要在向备注窗格添加备注时切换幻灯片，请单击"幻灯片"选项卡上的幻灯片缩略图或单击"大纲"选项卡上的图标。

若要查看有关备注窗格的更多信息，单击备注窗格的上边框直到鼠标指针变成双向箭头，然后拖动备注窗格的边框，以使备注窗格变大。

举一反三

如果本章的基础知识已经掌握，为了在掌握基础知识的前提下，灵活应用本章知识及本章知识的拓展，下面列出了两个实例，将解决上述问题。这个实例不但是基础知识的实际应用，也是实际操作中很重要的一种知识拓展。掌握实例的方法，将会进一步理解掌握的知识。

例1　幻灯片的循环播放

如果在幻灯片的放映时，需要幻灯片循环播放，具体实现方法如下：

步骤 01　打开编辑好的幻灯片演示文稿，执行"幻灯片放映>幻灯片切换"命令，如图 11-40 所示。打开"幻灯片切换"任务窗格，选择任意一张幻灯片播放页。

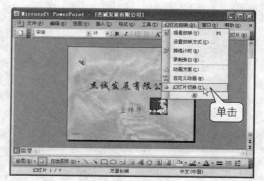

图 11-40　打开"幻灯片切换"任务窗格操作

步骤 02 在"换片方式"选项组中，单击选中"每隔"复选框，在后面的微调框中设置幻灯片的播放时间，如图11-41所示。按照同样的方法，设置每一页演示文稿的播放时间，如果所有幻灯片的换页时间相同，只需单击 应用于所有幻灯片 按钮即可。

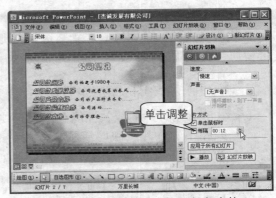

图 11-41 "幻灯片切换"任务窗格

步骤 03 执行"幻灯片放映>设置放映方式"命令，如图11-42所示。

步骤 04 弹出"设置放映方式"对话框，如图11-43所示。在"放映选项"选项组中选中"循环放映，按ESC键终止"复选框，单击 确定 按钮，即可完成。

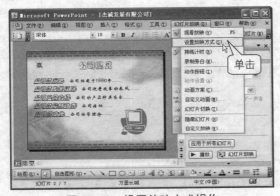

图 11-42 设置放映方式操作

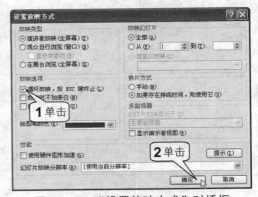

图 11-43 "设置放映方式"对话框

例2 幻灯片播放时隐藏鼠标

播放幻灯片时，鼠标指针一般是可见的，这样影响幻灯片的视觉效果。将鼠标指针隐藏起来的具体操作如下：

步骤 01 打开欲放映的幻灯片，单击 豆 按钮，放映幻灯片，如图11-44所示。

图 11-44 未设置隐藏鼠标时对幻灯片放映

步骤02 右击屏幕，弹出快捷菜单，执行"指针选项>箭头选项>永远隐藏"命令，如图11-45所示。

步骤03 放映幻灯片时，鼠标指针被隐藏，如图11-46所示。

图11-45　执行鼠标隐藏操作

图11-46　设置隐藏鼠标后对幻灯片放映

本章练习

1. 填空题

（1）演讲者使用排练计时，可以通过模拟试讲准确设定幻灯片的_____。

（2）在PowerPoint 2003中，对幻灯片放映类型有三种设置方法：_____、_____和_____。

（3）在幻灯片放映时的"导航条"中，若单击按钮，播放_____幻灯片；单击按钮，播放_____幻灯片；单击按钮，弹出_____。执行"_____"命令，停止播放；执行"_____"或"_____"命令可播放上一张或下一张幻灯片。

（4）在PowerPoint 2003中，打开待放映的幻灯片，执行"幻灯片放映>_____"命令，可以调整幻灯片的放映性能。

2. 选择题

（1）在PowerPoint中，_____用于查看幻灯片的播放效果。
　　A.大纲模式　　　　　　　　　　B.幻灯片模式
　　C.幻灯片浏览模式　　　　　　　D.幻灯片放映模式

（2）在PowerPoint中，_____可以实现在其他视图中可实现的一切编辑功能。
　　A.普通视图　　　　　　　　　　B.大纲视图
　　C.幻灯片视图　　　　　　　　　D.幻灯片浏览视图

（3）在PowerPoint中，采用_____，用户可以看到整个演示文稿的内容、整体效果，还可以浏览各幻灯片及其相对位置。
　　A.大纲视图　　　　　　　　　　B.幻灯片视图
　　C.幻灯片浏览视图　　　　　　　D.幻灯片放映视图

3. 上机题

（1）在幻灯片放映时，对幻灯片作标注。

（2）在幻灯片放映时，把幻灯片当作黑板或白板使用。

读书笔记

Part 5

Access 2003的基础与应用

利用Access可以制作小型的数据库，由表、查询、窗体、报表、页、宏和模块构成。本篇将会介绍如何创表数据库表、窗体、报表和查询。Access数据库主要用于管理日常办公时所需的数据。

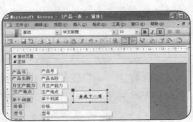

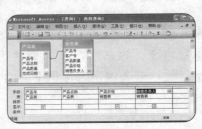

12 初识Access 2003

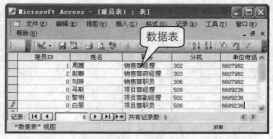

课前预习

本章主要讲述 Access 2003 数据库的基础知识。数据库可以定义为将信息组织成列标的集合，数据存放于数据库中比记录在纸上更加灵活方便。在本章将介绍以下内容：利用向导创建数据库，创建数据表，表的结构设计，记录的有关操作，数据的导入和导出。

正式课堂

12.1 数据库相关知识

Access 2003 是一种小型的数据库，用于管理日常办公时所需的数据。Access 2003 的功能强大，界面友好，操作简单快捷。

数据库主要有 7 个对象：表、查询、窗体、报表、页、宏和模块。7 个对象分别有 7 种用途，如图 12-1 所示。

图 12-1 数据库的 7 个对象

1. 表

表就像一个容器，是用来存储特定主题的数据。在数据库中，不同主题的数据存储在不同的表中，表是用行与列来组织信息的。每张表都由多个记录组成，每个记录为一行，每行又有多个字段，如图 12-2 所示。其中有一个或多个字段为记录的关键字，这些字段就叫做"主键"。可以通过这些关键字来标识不同的记录。

图 12-2 表示例

2. 查询

因为数据是分表存储的，用户可以通过复杂的查询将多张表的"关键字"连接起来，如图 12-3 所示，将查询出来的数据组成一张新表，查询需要的数据信息。

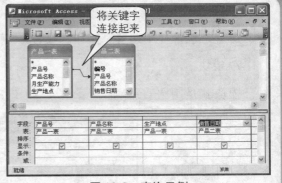

图 12-3　查询示例

3. 窗体

窗体就好比记录单，是 Access 2003 提供的可以输入数据的"对话框"，使用户输入数据时感到界面比较友好。一个窗体可以包括多个表的字段，输入数据时，用户不必在表之间切换，如图 12-4 所示。

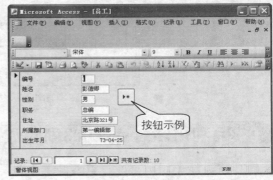

图 12-4　窗体示例

4. 报表

报表就是以格式化的版面显示数据，可以打印出来作分析用。用户可以创建显示每条信息的报表，做到真正在报表中强调信息，如图 12-5 所示。

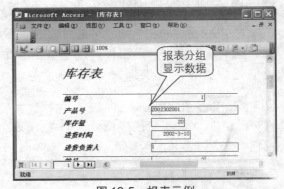

图 12-5　报表示例

5. 页

页就是网页，使用户可以在 Internet 上访问数据，如图 12-6 所示。

图 12-6　页示例

6. 宏

宏就是包含一个或多个操作的集合，使用它可以使 Access 自动完成这些操作。

7. 模块

模块就是用语言编写的程序段，如图 12-7 所示，用来定义比较复杂的功能。

图 12-7　模块示例

12.2　利用Access 2003创建数据库

要想灵活使用数据库，首要的工作就是创建数据库，下面将介绍如何创建数据库。

12.2.1　利用模板创建数据库

对于 Access 的初学者，可能对数据库不是太熟悉，用户就可以选择利用模板来创建数据库。第 1 章中讲到利用模板可创建数据库文件。下面以创建"订单"为例，介绍如何用模板创建数据库，其步骤如下：

步骤 01，在 Access 窗口中，执行"文件>新建"命令，弹出"新建文件"任务窗格，如图 12-8 所示。

步骤 02，单击"本机上的模板"超链接，弹出"模板"对话框，如图 12-9 所示。

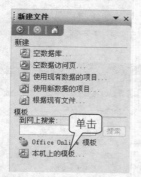

图 12-8　"新建文件"任务窗格

图 12-9　"模板"对话框

步骤 03 单击"数据库"标签，进入"数据库"选项卡，在列表中选择"订单"模板并单击 确定 按钮，弹出"文件新建数据库"对话框，如图12-10所示。

图12-10　"文件新建数据库"对话框

步骤 05 单击 下一步(N) > 按钮，弹出"数据库向导"对话框之二。在"数据库中的表"列表框中显示所创建的数据库中所包含的表。任意选中一个表后，在"表中的字段"列表框中自动显示表中的字段，如图12-12所示。

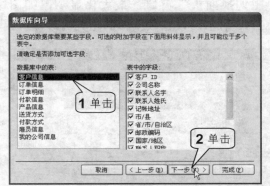

图12-12　"数据库向导"对话框之二

步骤 07 在图12-13所示的对话框右侧的样式列表中选择任意一种样式，在左侧的"预览框"中预览，直到对所选择的样式满意为止。单击 下一步(N) > 按钮，弹出"数据库向导"对话框之四，设置打印报表的样式，如图12-14所示。

步骤 04 在"文件新建数据库"对话框中，设定新建数据库的文件名和保存位置所在的文件夹，单击 创建(C) 按钮。弹出"数据库向导"对话框之一，出现数据库的提示信息内容，如图12-11所示。

图12-11　"数据库向导"对话框之一

步骤 06 根据用户需要，任意删减表中的字段，使所选字段均为用户需要的字段。设置完成后，单击 下一步(N) > 按钮，弹出"数据库向导"对话框之三，如图12-13所示。

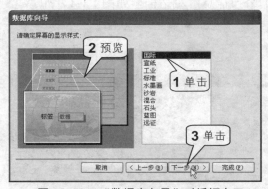

图12-13　"数据库向导"对话框之三

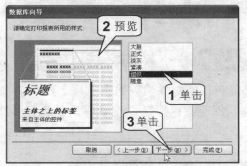

图12-14　"数据库向导"对话框之四

步骤08 在图 12-14 所示的对话框右侧的样式列表中选择任意一种样式，在左侧的"预览框"中预览，直到对所选的打印样式满意为止。单击 下一步(N) > 按钮，弹出"数据库向导"对话框之五，如图 12-15 所示。

步骤09 在"请指定数据库的标题"文本框中提示用户指定数据库的标题。如果想在表中插入图片，选中"是的，我要包含一幅图片"复选框，单击 图片… 按钮，在弹出的"插入图片"对话框中选择要插入的图片。插入图片后，单击 下一步(N) > 按钮，弹出"数据库向导"对话框之六，单击 完成(F) 按钮，如图 12-16 所示。

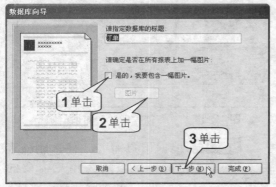

图 12-15 "数据库向导"对话框之五

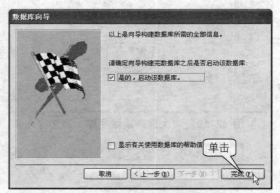

图 12-16 "数据库向导"对话框之六

步骤10 单击 完成(F) 按钮后，会弹出一个提示框，单击 确定 按钮，弹出"我的公司信息"对话框，如图 12-17 所示。

步骤11 输入有关信息后，关闭"我的公司信息"对话框，数据库窗口出现"主切换面板"窗口，最大化显示，如图 12-18 所示，设置数据库的相关内容即可。

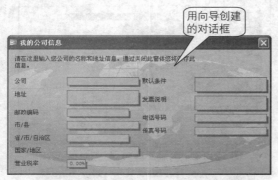

图 12-17 "我的公司信息"对话框

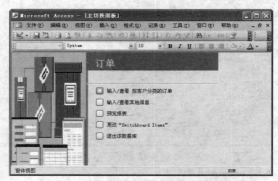

图 12-18 "订单"数据库创建完毕

12.2.2 创建空数据库

没有任何对象的数据库就是空数据库。当对数据库有了一定的了解以后，就可以根据需要自行创建数据库了。空数据库的创建步骤参见第 1 章。

12.3 使用Access 2003创建数据库表

　　表是数据库中最关键的部分，数据库的其他部分都是以表为基础的，所以说如果没有表，就不会有数据库。下面将介绍如何创建数据库中的表。

12.3.1 使用设计器创建表

　　表设计器的功能很强大，其外形很像 Excel 工作表。以创建"订单"表为例，利用设计器创建表的步骤如下：

步骤 01 打开 Access 2003 数据库窗口，执行"文件>新建"命令。在弹出的"新建文件"任务窗格中，单击"空数据库"超链接，新建一个空数据库。在空数据库中选择"表"对象，然后在右侧的列表中双击"使用设计器创建表"选项，打开"表1：表"窗口，最大化显示，如图 12-19 所示。

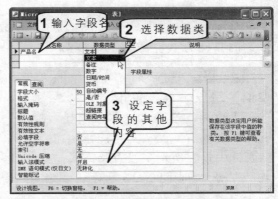

图 12-19 "表1：表"窗口

步骤 02 在"字段名称"下面的文本框中输入字段名（如"产品名称"、"产品号"等）；每输入完一个字段名称，按 Enter 键后，单击其右侧"数据类型"下拉列表框右侧的下三角按钮，在弹出的列表中选择与字段名相对应的数据类型（如"数字"、"日期/时间"等）；单击"常规"标签，在"常规"选项卡中设定字段的其他内容（如"格式"、"默认值"等）。

步骤 03 逐一设定每一个字段名称。在所输入的字段中找到要设为主键的字段并右击，在弹出的菜单中执行"主键"命令，即可将该字段设为主键，如图 12-20 所示。

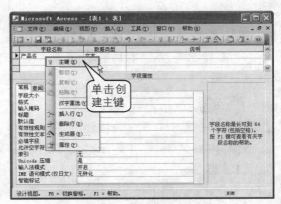

图 12-20 设置主键示例

步骤 04 设置完成后，单击 按钮，弹出"另存为"对话框，输入要保存的文件名，如图 12-21 所示。如果在设置字段时没有设主键，那么单击 按钮后，将弹出警告对话框，如图 12-22 所示。单击 是(Y) 按钮，返回图 12-20 所示的对话框，设置主键后关闭即可。

图 12-21 "另存为"对话框

图 12-22 警告对话框

因为产品的类型只有一个，为了方便数据输入和防止误输入，可以通过修改"产品类型"的查阅方式完成，其步骤如下：

步骤 01 选定"订单"表中的"产品类型"字段名称，单击"查阅"标签，进入"查阅"选项卡，单击"显示控件"下拉列表框右侧的下三角按钮，在弹出的列表框中设置所选字段查阅方式，如"列表框"等，如图 12-23 所示。

步骤 02 将"产品类型"的查阅方式设置成"列表框"后，"查阅"选项卡将变成如图 12-24 所示的形式。

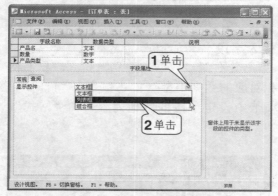

图 12-23 改变字段的查阅方式图

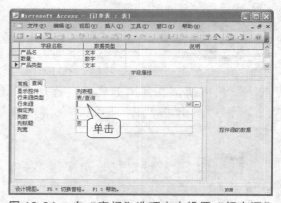

图 12-24 在"查阅"选项卡中设置"行来源"

步骤 03 单击"行来源"文本框中任意位置，右侧出现下三角按钮和 按钮，单击 按钮，弹出"显示表"对话框，如图 12-25 所示。

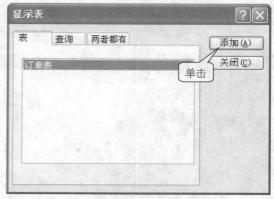

图 12-25 "显示表"对话框

步骤04 单击 添加(A) 按钮，在"SQL 语句：查询生成器"窗口中添加"订单表"，在"订单表"的小窗口中显示了"订单"中的所有字段，如图 12-26 所示。

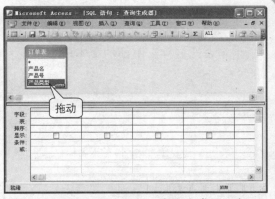

图 12-26　"SQL 语句：查询生成器"窗口

步骤05 关闭"显示表"对话框，单击"产品类型"字段，并按住鼠标左键，将"产品类型"拖到"字段"文本框中，如图 12-27 所示，这样就将"产品类型"字段添加到查询中去。

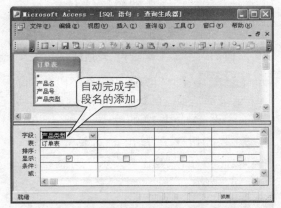

图 12-27　将字段添加到查询示例

步骤06 设置完毕后，关闭"SQL 语句：查询生成器"窗口，并保存，返回到"订单表：表"窗口，单击 按钮保存，关闭"订单表：表"窗口。

12.3.2　用向导创建表

为了适应用户的需要，Access 同样提供了创建表的向导，可供初学用户和对数据库不太熟练的用户使用，下面仍以创建订单表为例，用向导创建表的具体步骤如下：

步骤01 创建空数据库，选择"表"对象，双击"使用向导创建表"选项，弹出"表向导"对话框之一，如图 12-28 所示。选择"商务"单选按钮后，在"示例表"列表框中选择"订单"选项，在"示例字段"列表框中选择表中需要的字段（如"送货地址"），单击 > 按钮，在"新表中的字段"列表框中将出现所选择的字段。

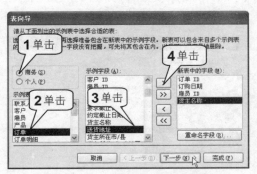

图 12-28　"表向导"对话框之一

步骤02 单击 下一步(N) > 按钮，弹出"表向导"对话框之二，如图 12-29 所示，在"请指定表的名称"下面的文本框中设定表的名称。

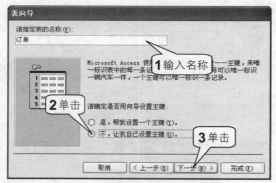

图 12-29 "表向导"对话框之二

步骤04 在"请确定哪个字段将拥有每个记录都是唯一的数据"下拉列表框中选择将被设置成主键的字段名后，单击 下一步(N) > 按钮。在弹出的对话框中单击 关系(R)... 按钮，弹出"关系"对话框，如图 12-31 所示。

提示

如果用户想要系统自动设置表的主键，在图 12-29 所示的对话框选择"是，帮我设置一个主键"单选按钮，单击 下一步(N) > 按钮，也会弹出"关系"对话框。

步骤05 选择"'订单'表"中的一个记录将与'订单表'表中的多个记录匹配"单选按钮，单击 确定 按钮，弹出"表向导"对话框之四，如图 12-32 所示。

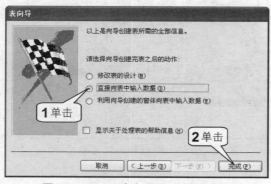

图 12-32 "表向导"对话框之四

步骤03 如果用户想根据需要自己设定一个主键，只需选择"不，让我自己设置主键"单选按钮，单击 下一步(N) > 按钮，弹出"表向导"对话框之三，如图 12-30 所示。

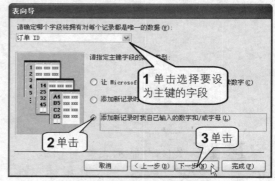

图 12-30 "表向导"对话框之三

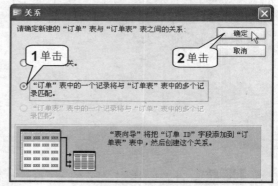

图 12-31 "关系"对话框

步骤06 选择"直接向表中输入数据"单选按钮后，单击 完成(F) 按钮，弹出所创建完的数据表，如图 12-33 所示。在表中输入相应的数据即可。

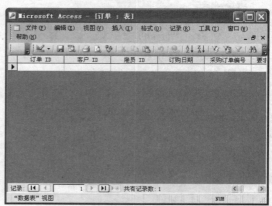

图 12-33 创建好的表

12.3.3　通过数据创建表

通过数据创建表，就是直接创建一个空表，再向其中输入数据。以创建订单表为例，介绍如何通过数据创建表，其步骤如下：

步骤01　创建空数据库，选择"表"对象，双击"通过输入数据创建表"选项，弹出一张空表，如图12-34所示。

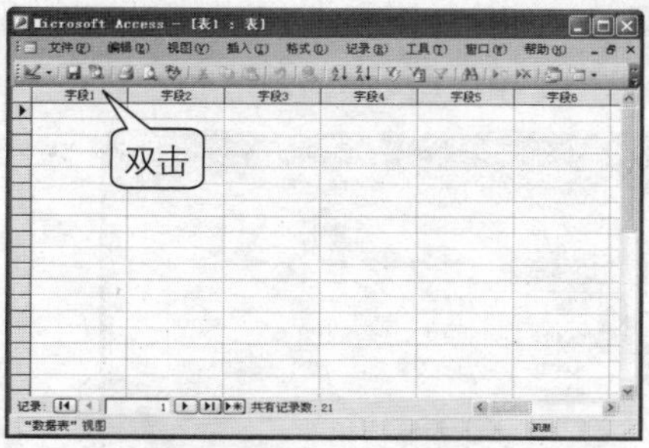

步骤02　双击"字段1"可以直接输入新字段名，以后逐一输入其他的字段名；还可以单击"字段1"，待所击的列变黑后，右击，在弹出的菜单中执行"重命名列"命令，如图12-35所示。

图 12-34　空表

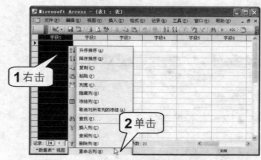

图 12-35　利用快捷菜单为字段命名

步骤03　输入完字段名后，逐一输入相应的数据，单击■按钮，弹出"另存为"对话框，输入相应的文件名，单击 确定 按钮。弹出如图12-22所示的对话框，按照相应的操作设定主键后关闭。

12.3.4　设置数据表格式

如果用户对数据表的格式不满意，可以对数据表的格式进行设置，设置的步骤如下：

步骤01　打开已建立的数据表，执行"格式>数据表"命令，打开"设置数据表格式"对话框，如图12-36所示。

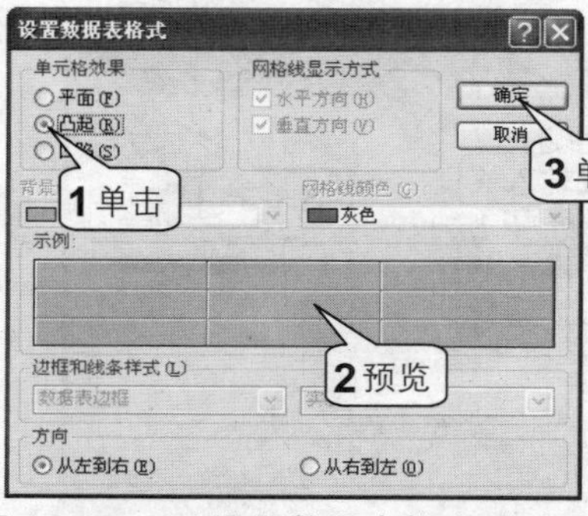

步骤02　在"单元格效果"选项组中选择合适的效果。如果选择"凸起"单选按钮或"凹陷"单选按钮，其他选项组变为固定模式，单击 确定 按钮。以选择"凸起"单选按钮为例，得到的效果如图12-37所示。如果选择"平面"单选按钮，可根据需要，依次在其他各选项组设置相应的格式，设置完成后可在"示例"选项组中预览，直至满意。单击 确定 按钮，完成设置。

图 12-36　"设置数据表格式"对话框

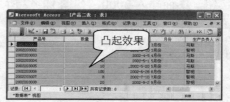

图 12-37　"凸起"效果示例

12.4 Access 2003中表格结构的设计

Access 2003 可以在创建表之后对表的结构进行设计。表的结构设计一般通过"表设计器"实现。下面以修改"订单"表为例，介绍字段类型的设计；以"运费"字段为例，设运费字段的要求为不大于 2000，设计步骤如下：

步骤 01 打开"订单"表，单击 设计(D) 按钮，如图 12-38 所示，弹出"订单：表"对话框。

步骤 02 右击某一字段名，弹出快捷菜单，如图 12-39 所示。在菜单中执行"插入行"命令，可在选中字段下插入新行；执行"删除行"命令，可将选中字段删除；执行"属性"命令，弹出"表属性"对话框，如图 12-40 所示。

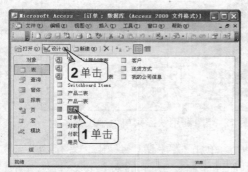

图 12-38 "订单：数据库"窗口

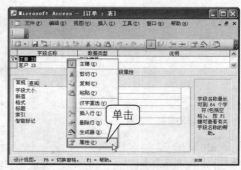

图 12-39 快捷菜单

步骤 03 单击"有效性规则"文本框，在文本框右侧出现 按钮，单击 按钮，弹出"表达式生成器"对话框之一，如图 12-41 所示。

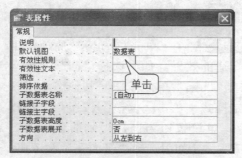

图 12-40 "表属性"对话框

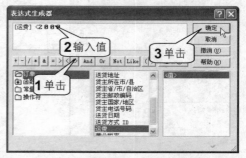

图 12-41 "表达式生成器"对话框之一

步骤 04 选中"订单"选项后，在右侧列表中双击"运费"选项，再单击上一排的 按钮，继而输入 2000，如图 12-42 所示。

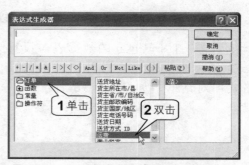

图 12-42 "表达式生成器"对话框之二

步骤05 单击 确定 按钮，返回
"表属性"对话框，此时"有效性规则"
后面的文本框中出现"[运费]<2000"，如
图12-43所示，完成了设置。

图12-43 "表属性"对话框

12.5 Access 2003中记录的相关操作

数据库中的数据记录蕴含着大量有用的信息，Access 2003对数据记录有很多相关的操
作，下面将具体介绍。

12.5.1 查找记录

在Access 2003系统中，可以在大量的数据记录中查看有用的数据。具体查找步骤如下：

步骤01 在Access 2003中，执行"文
件>打开"命令，打开一个数据库。选择
"表"对象，即可在数据库表视图中打开
要查找的表（如"产品二表"），如图12-
44所示。

步骤02 执行"编辑>查找"命令，如
图12-45所示，弹出"查找和替换"对话
框，如图12-46所示。

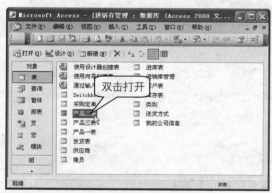

图12-44 数据表视图

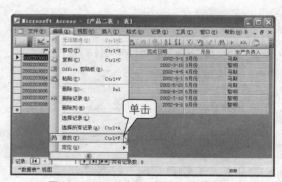

图12-45 执行"查找"命令操作

步骤03 在"查找内容"文本框中输
入要查找的字符（如2002203001），单击
"查找范围"下拉列表框右侧的下三角按
钮，在弹出的下拉列表框中设定"查找范
围"，在"匹配"下拉列表框中设定"整个
字段"，单击 查找下一个(F) 按钮，即可查找。

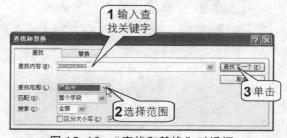

图12-46 "查找和替换"对话框

12.5.2　筛选记录

假设要把需要的数据从当前数据表中筛选出来，并在数据表中显示。例如，在"进存销管理"数据库的"发货表"中筛选出"发货负责人"为"刘璐"的所有记录，其操作步骤如下：

步骤 01 在 Access 2003 中，打开"进存销管理"数据库，选择"表"对象，即可在数据表视图中打开"发货表"表，选择表中"发货负责人"字段中记录为"刘璐"的项。

步骤 02 执行"记录>筛选>按选定内容筛选"命令，如图 12-47 所示。

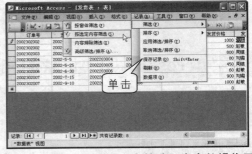

图 12-47　"按选定内容筛选"命令的操作示例

步骤 03 执行完毕后，符合要求的记录将自动显示在数据表窗口中，如图 12-48 所示。

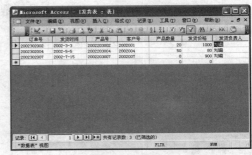

图 12-48　筛选出的记录

12.6　数据的导入和导出

在 Access 2003 中，可以通过数据的导入和导出，实现将一个数据表保存到另一个数据库或保存为其他格式的数据表。

12.6.1　数据的导入

以将"进销存管理"数据库中的"产品一表"导入"订单"数据库为例，实现的步骤如下：

步骤 01 打开"订单"数据表库，执行"文件>获取外部数据>导入"命令，弹出"导入"对话框，如图 12-49 所示。

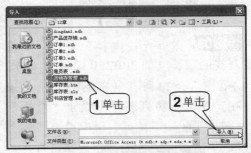

图 12-49　"导入"对话框

步骤02 选择要导入的数据库后，单击 导入(M) 按钮，弹出"导入对象"对话框，如图12-50所示。

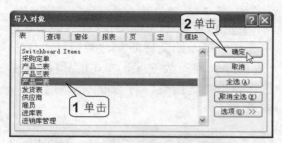

图12-50　"导入对象"对话框

步骤03 选择要导入到"订单"中的表——产品一表，单击 确定 按钮，"产品一表"就被导入到"订单"数据库中，如图12-51所示。

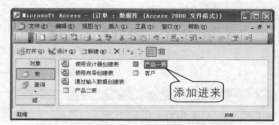

图12-51　导入数据库示例

12.6.2 数据的导出

以将"产品一表"导出到"进销存"数据库中，改名为"产品三表"为例，数据导出的具体操作步骤如下：

步骤01 在Access 2003中，打开"产品一表"表。在数据表视图中执行"文件>导出"命令，弹出"将表'产品一表'导出为"对话框，如图12-52所示。

步骤02 在"保存类型"下拉列表框中选择保存的类型，如Microsoft Excel、Microsoft Office Access等类型，本例中选择Microsoft Office Access；然后单击"进销存管理"数据库后，单击 全部导出(X) 按钮，弹出"导出"对话框，如图12-53所示。

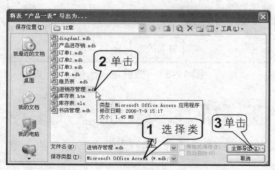

图12-52　"将表'产品一表'导出为"对话框

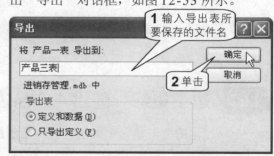

图12-53　"导出"对话框

步骤03 在"将产品一表 导出到"下面的文本框中输入"产品三表"，单击 确定 按钮即可完成。打开"进销存管理：数据库"的视图将看见"产品三表"，如图12-54所示。

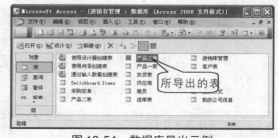

图12-54　数据库导出示例

12.6.3 数据的链入

以将"进销存管理"数据库中的"产品二表"链入到"订单"数据库中为例，其链入步骤如下：

步骤 01 打开"订单"数据库，选择"表"对象，执行"文件>获取外部数据>链接表"命令，弹出"链接"对话框，如图 12-55 所示。

步骤 02 在"文件类型"下拉列表框中选择要链入的文件的文件类型，再选中"进销存管理"数据库，单击 链接(K) 按钮，弹出"链接表"对话框，如图 12-56 所示。

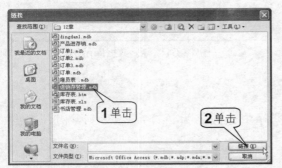

图 12-55 "链接"对话框

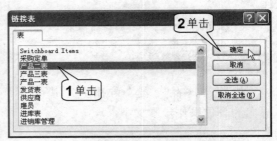

图 12-56 "链接表"对话框

步骤 03 选中"产品二表"后，单击 确定 按钮，将"产品二表"链接到"订单"数据库中，如图 12-57 所示。

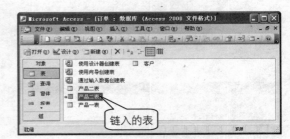

图 12-57 数据链入示例

12.7 边学边练：创建"产品进存销"数据库

企业经常需要创建一个关于企业产品的进货、储存和销售管理的数据库，下面介绍创建的具体方法。

实例简析

可以将数据库取名为"产品进存销"数据库。创建此种数据表的方法有三种：利用向导创建，利用设计器创建和通过输入数据创建。本例利用设计器创建表，同时要注意掌握另外两种创建方法。创建完毕后，要对数据表进行设计，以达到最完美的效果。

1. 对数据表进行逻辑设计

该数据库可以包括的表有：产品表、客户表、库存表和销售表。下面简要介绍这些表的逻辑结构。

表 12-1　产品表的逻辑结构

字段名	字段类型	格式
产品号	文本	标准
产品名称	文本	标准
产品数量	数字	标准
完成日期	时间/日期	标准
产品负责人	文本	标准

表 12-2　客户表的逻辑结构

字段名	字段类型	格式
客户号	文本	标准
客户名	文本	标准
客户地址	文本	标准

表 12-3　库存表的逻辑结构

字段名	字段类型	格式
产品号	文本	标准
库存量	数字	标准
进货时间	日期/时间	标准
进货负责人	文本	标准

表 12-4　销售表的逻辑结构

字段名	字段类型	格式
产品号	文本	标准
客户号	文本	标准
产品数量	数字	标准
产品价格	数字	标准
销售负责人	文本	标准

2. 使用设计器创建数据表

步骤 01 双击桌面快捷方式图标，打开 Access 窗口，执行"文件>新建"命令，打开"新建文件"任务窗格，如图 12-58 所示。

步骤 02 单击"空数据库"超链接，弹出"文件新建数据库"对话框，如图 12-59 所示。

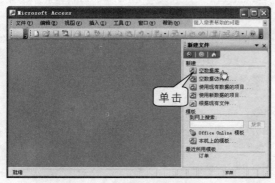

图 12-58　打开"新建文件"任务窗格

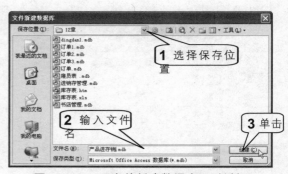

图 12-59　"文件新建数据库"对话框

步骤 03 选定文件所要保存的位置，在"文件名"后面的下拉列表框中输入"产品进存销"，单击 创建(C) 按钮。弹出"产品进存销：数据库"窗口、最大化显示后，如图 12-60 所示。

步骤 04 在"对象"列表中选择"表"选项，双击"使用设计器创建表"选项，弹出"表 1：表"窗口，最大化显示后如图 12-61 所示。

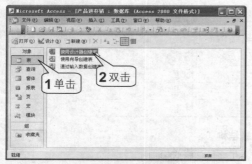

图 12-60 "产品进存销：数据库"窗口

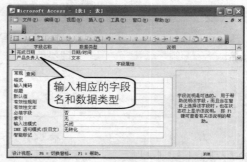

图 12-61 "表 1：表"窗口

步骤 05 依次输入表中的"字段名称"（如完成日期）和"数据类型"（如日期/时间），单击 ■ 按钮，弹出"另存为"对话框，如图 12-62 所示。

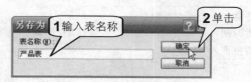

图 12-62 "另存为"对话框

步骤 06 在"表名称"下面的文本框中输入"产品表"，单击 确定 按钮。按照同样的方法，依次创建"客户表"、"库存表"和"销售表"。所创建的表将显示在"产品进存销：数据库"窗口中，如图 12-63 所示。

图 12-63 "产品进存销：数据表"窗口

3. 在表中输入数据

步骤 01 在"产品进存销：数据库"窗口中，双击"产品表"选项，如图 12-64 所示，打开"产品表：表"窗口，最大化显示后如图 12-65 所示。

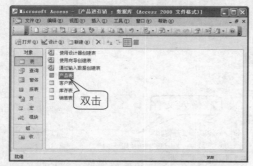

图 12-64 "产品进存销：数据库"窗口

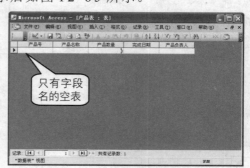

图 12-65 "产品表：表"窗口

步骤02，在表中输入相应的数据，如图 12-66 所示，单击 按钮，将输入的数据保存即可。以同样的方法，依次输入"客户表"、"库存表"和"销售表"中的数据。

图 12-66　在表中输入数据示例

4.设计表的结构

由于公司的要求，需要设置销售价格大于 50，其设置步骤如下：

步骤01，在"产品进存销:数据库"窗口中，选中"销售表"后单击 设计 按钮，如图 12-67 所示，弹出"销售表：表"窗口，最大化显示后如图 12-68 所示。

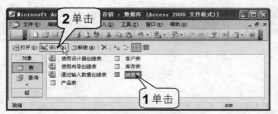

图 12-67　"产品进存销:数据库"窗口

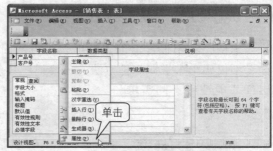

图 12-68　"销售表：表"窗口

步骤02，选中任意字段并单击鼠标右键，弹出快捷菜单，执行"属性"命令，弹出"表属性"对话框，如图 12-69 所示。

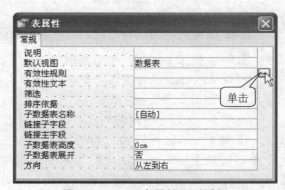

图 12-69　"表属性"对话框

步骤03，单击"有效性规则"后面的文本框，出现 按钮；单击 按钮，弹出"表达式生成器"对话框，选择"销售表"，并在其右侧的列表中双击"产品价格"，此时"产品价格"就自动显示在上端的文本框中，如图 12-70 所示。

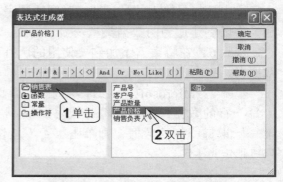

图 12-70　"表达式生成器"对话框

步骤 **04** 单击 > 按钮后，在文本框的"产品价格"后面输入 50，单击 **确定** 按钮，如图 12-71 所示。返回"表属性"对话框，此时"有效性规则"后面的文本框将显示"[产品价格]>50"，如图 12-72 所示，关闭"表属性"对话框，设置完成。

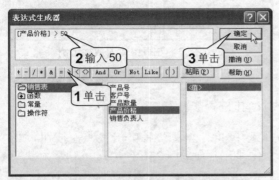

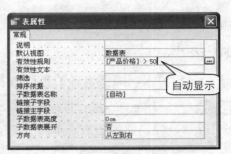

图 12-71 "表达式生成器"对话框   图 12-72 "表属性"对话框

本例是利用设计器创建数据表，方法简单易学，使用灵活，在创建数据表中尤为常用。读者不仅要牢牢掌握此种方法，更要记住其余的利用设计器创建和通过输入数据创建的方法，这样才能适应不同需求。

课堂问答

问 如何利用通过输入数据创建表的方法创建表？

答 步骤 1：新建一个空数据库并打开，在"对象"列表中选择"表"选项。

步骤 2：双击"通过输入数据创建表"选项，将显示一个空数据表。默认的列名称是字段 1、字段 2 等。

步骤 3：为每个要用的列重新命名。双击列名称，为该列键入一个名称，然后按 Enter 键。

步骤 4：随时可以插入新列。单击要在其右边插入新列的列，然后执行"插入>列"命令。按第 3 步中的方法重新命名列的名称。

步骤 5：在数据表中输入数据，将每种数据输入到相应的列中。在 Microsoft Access 中，每一列称作一个字段。例如，正在输入姓名，将名输入在一个字段中，而将姓输入在另一个字段中。如果输入的是日期、时间或数字，请输入一致的格式，这样 Microsoft Access 能为字段创建适当的数据类型及显示格式。在保存数据表时，将删除任何空字段。

步骤 6：在将数据添加到要使用的所有列后，单击工具栏上的"保存"按钮，以保存数据表。

步骤 7：Microsoft Access 将询问是否要创建一个主键。如果还没有输入能唯一标识表中每一行的数据（如零件编号或 ID 编号），建议单击"是"按钮。如果已经输入了能唯一标识每一行的数据，则单击"否"按钮，然后在"设计"视图中将包含这些数据的字段指定为主键。

问　如何认识和使用"表分析器"？

答　如果用户的数据库中有一个表，且该表在一个或多个字段中包含重复的信息，可以使用"表分析器"将数据拆分成为相关表，这样能更有效地存储数据。此过程称作规范化。

"表分析器"将包含重复信息的一个表拆分为每种类型的信息只存储一次的多个独立表。这样可以使数据库的效率更高并更易于更新，而且减小了数据库所占的空间。在向导分离数据之后，通过使用向导创建查询，用户仍然可以在一个位置查看并使用数据。

可以使用查询同时更新来自多个表中的数据。查询也提供了其他节省时间的功能，提高了数据的准确性。

如果更改了查询中的重复字段，因为实际上更新的是查询基础表的一个字段，所以所有具有该值的记录都会自动更新。从新表中，查询继承了"查阅"字段，这样您就可以从列表中挑选值来更改字段的值，而不必正确地键入值。"查阅"列表从基础表中查阅值。当同一个值应用于多条记录时，可通过每次均从列表中挑选该值来确保值的精确性和一致性。因为向导将原始表的名称指定给查询并重新命名了表，所以过去基于原始表的窗体、报表和数据访问页现在将自动基于查询。基于查询的现有窗体和报表将继承自动字段更新。新窗体和报表也会继承"查阅"列表。

问　如何更改文字字段和数字字段的大小？

答　步骤1：打开要修改的文件，执行"工具>选项"命令，单击"表/查询"标签，进入"表/查询"选项卡。

步骤2：在"默认字段大小"选项组的"文本"文本框中，键入允许在字段中输入的最大字符数（最大为 255）或在"数字"下拉列表框中选择所需的字段大小。

问　如何理解和认识"更改字段类型"？

答　有些情况下，可能需要更改已包含数据的字段的数据库。原因或许是导入了数据，而 Microsoft Access 并没有设置所需的数据类型；或许是为字段设置的数据类型已不再适合需要。

在将数据类型转换为另一种类型之前，应考虑更改将对整个数据库造成的影响：有哪些查询、窗体及报表使用的字段需要转换？有哪些依赖于已改变字段的表达式需要转换？

最常见的数据类型更改可分为以下四类：从其他数据类型转换为"文本"类型；从"文本"类型转换为"数字"、"货币"、"日期/时间"或"是/否"类型；"货币"与"数字"之间的转换或"文本"与"备注"之间的转换；更改"数字"字段的"字段大小"属性设置。

问　如何禁止在组合字段中输入重复值？

答　使用无重复值的字段创建多字段索引。结束定义索引之后，保持"索引"对话框打开，并且在设计视图中打开表。这样就可以禁止在组合字段中输入重复值。

下面是打开"索引"对话框的具体步骤。

步骤1：单击工具栏上的"索引"按钮，在弹出的对话框的"索引名称"列的第一个空白行中，键入索引名称。可以使用索引字段的名称命名索引，或使用其他合适的名称。

步骤2：单击"字段名称"列第一行，右侧出现下三角按钮；单击下三角按钮，在弹出的列表中选择索引的第一个字段。在"字段名称"列的下一行，选择索引的第二个字段（使该行的"索引名称"列为空）。重复该步骤直到选择了应包含在索引中的所有字段为止。

步骤 3：在"索引"对话框中单击新建的索引名称，在"索引属性"选项组中单击"唯一索引"属性框，右侧出现下三角按钮，单击该按钮，在弹出的列表中选择"是"选项。

举一反三

如果本章的基础知识已经掌握，为了在掌握基础知识的前提下，灵活应用本章知识及本章知识的拓展，下面列出了一个实例，以解决上述问题。这个实例不但是基础知识的实际应用，也是实际操作中很重要的一种知识拓展。掌握实例的方法，将有利于对所掌握的知识的理解。

例 将Excel表格导入到Access数据表

使用 Access 构建"进存销管理"数据库时，所用到的库存表已经以 Excel 格式存在，重新建立显然很麻烦，可以通过 Access 中的数据导入功能来实现。具体实现方法如下：

步骤 01 在 Access 2003 中打开"进存销管理"数据库，执行"文件>获取外部数据>导入"命令，打开"导入"对话框，如图 12-73 所示。

步骤 02 在"文件类型"下拉列表框中，将文件类型设置为 Microsoft Excel，选中"库存表"文件并单击 导入(M) 按钮，弹出"导入数据表向导"对话框之一，如图 12-74 所示。

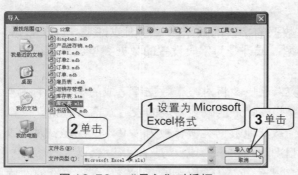

图 12-73 "导入"对话框

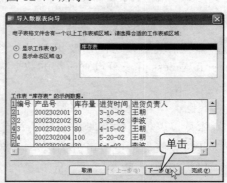

图 12-74 "导入数据表向导"对话框之一

步骤 03 单击 下一步(N)> 按钮，弹出"导入数据表向导"对话框之二，如图 12-75 所示。

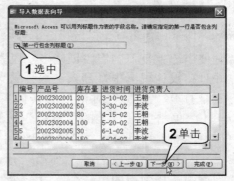

图 12-75 "导入数据表向导"对话框之二

步骤 04 选中"第一行包含列标题"复选框，单击 下一步(N) > 按钮，弹出"导入数据表向导"对话框之三，如图 12-76 所示。

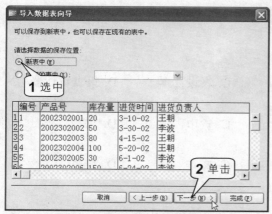

图 12-76   "导入数据表向导"对话框之三

步骤 06 选中"我自己选择主键"单选按钮，在后面的下拉列表框中选择"编号"选项，单击 下一步(N) 按钮，弹出"导入数据表向导"对话框之五，如图 12-78 所示。

步骤 07 在"导入列表"下面的文本框中输入"库存表"，单击 完成(F) 按钮，弹出"导入数据表向导"对话框之六，单击 确定 按钮，即可完成。

步骤 05 选中"新表中"单选按钮，单击两次 下一步(N) > 按钮，弹出"导入数据表向导"对话框之四，如图 12-77 所示。

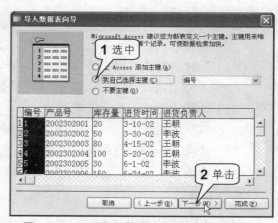

图 12-77   "导入数据表向导"对话框之四

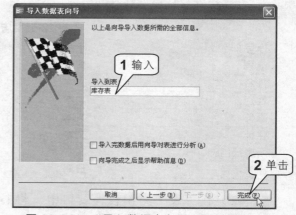

图 12-78   "导入数据表向导"对话框之五

本章练习

1. 填空题

（1）数据库主要有 7 个对象：表、_____、_____、_____、页、宏和模块。

（2）在数据库中，不同主体的数据存储在不同的表中，表是用 _____ 来组织信息的。每张表都由多个记录组成，每个记录为 _____，每行又有多个字段。

（3）表中有一个或多个字段为记录的关键字，这些字段就叫做"_____"。可以通过这些 _____ 来标识不同的记录。

（4）数据是分表存储的，用户可以通过复杂的查询将多张表的"_____"连接起来。

（5）一个窗体可以包括多个表的字段，输入数据时，用户不必在 _____ 之间切换。

（6）表的创建有 _____、_____、_____ 三种方法。

（7）Access 2003 可以在创建表之后对表的结构进行设计，表的结构设计一般通过"_____"实现。

（8）在 Access 2003 可以通过 _____，实现将一个数据表保存到另一个数据库或其他格式的数据表。

2. 选择题

（1）创建表时，可以在 _____ 中进行。

    A. 表浏览器   B. 查询设计器   C. 表设计器   D. 报表设计器

（2）不能进行索引的字段类型是 _____。

    A. 日期   B. 备注   C. 货币   D. 文本

（3）不是表中的字段类型的一项为 _____。

    A. 索引   B. OLE对象   C. 文本   D. 数字

3. 上机题

（1）创建书店员工基本情况表，表文件名定义为"员工"。表的框架及内容如表12-5所示，并使用表设计器创建表的结构。

表 12-5 书店员工基本情况表

序号	字段类型	字段宽度
编号	文本	2
姓名	文本	8
性别	文本	2
职务	文本	8
住址	文本	12
所属部门	文本	10
出生年月	日期	10

（2）在"表"结构设计窗口中，将书店员工信息表的"职务"字段的允许值范围设置为"编辑"、"总编"和"副总编"。

（3）向上述数据表中输入数据。

Access 2003的窗体对象

 课前预习

本章主要讲述创建 Access 2003 数据库窗体的基础知识。窗体为用户提供了查看、接收、编辑数据的平台，使数据库的信息显示变得更加灵活。在本章将介绍以下内容：利用向导创建窗体，在设计视图中创建窗体，自动创建窗体，工具箱在窗体编辑中的应用，窗体的完善。

 正式课堂

13.1 窗体的创建

Access 2003 数据库之间的接口是窗体对象。窗体为用户提供了数据编辑、数据接收、数据查看和显示信息等许多灵活的方式，本节主要介绍窗体创建的方法。

13.1.1 使用向导创建窗体

以利用向导创建"订单"数据库的窗体为例，具体的操作步骤如下：

步骤01，在 Access 2003 中打开"订单"数据库，把"订单：数据库"窗口最大化显示，单击 📄 窗体 选项，如图 13-1 所示。

步骤02，双击"使用向导创建窗体"选项，弹出"窗体向导"对话框之一，如图 13-2 所示。

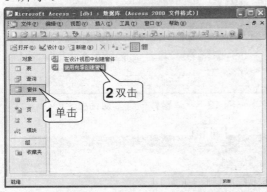

图 13-1 "订单：数据库"对话框

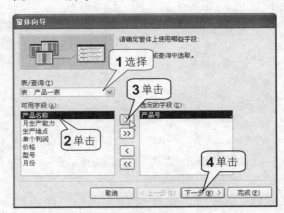

图 13-2 "窗体向导"对话框之一

提示

如果"可用字段"列表框中所有的字段都要出现在窗体中，可直接单击 >> 按钮，所有的"字段名"将移至"选定的字段"列表框。

步骤03 在"表/查询"下面的下拉列表框中选择要进行查询的表——产品一表。此时在"可用字段"列表框中显示"产品一表"中的字段名。选择在窗体中使用的字段后单击 > 按钮，使所选字段移至"选定的字段"列表框。选定好需要的字段名后，单击 下一步(N) > 按钮，弹出"窗体向导"对话框之二，如图13-3所示。

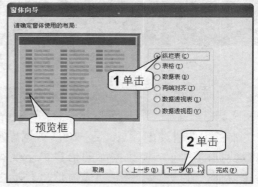

图13-3 "窗体向导"对话框之二

步骤04 选择一种合适的窗体布局方式（这里选择"纵栏式"），并在"窗体向导"对话框左侧的预览框中预览。预览满意后单击 下一步(N) > 按钮，弹出"窗体向导"对话框之三，如图13-4所示。

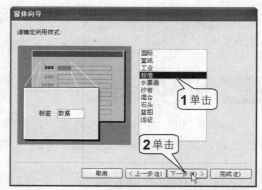

图13-4 "窗体向导"对话框之三

步骤05 选择窗体样式（这里选择"标准"）。单击"标准"选项后，单击 下一步(N) > 按钮，弹出"窗体向导"对话框之四，如图13-5所示。

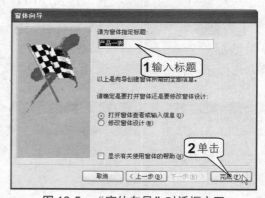

图13-5 "窗体向导"对话框之四

步骤06 在"为窗体指定标题"下面的文本框中输入"产品一表"，单击 完成(F) 按钮，窗体就设置完毕，保存即可，效果如图13-6所示。

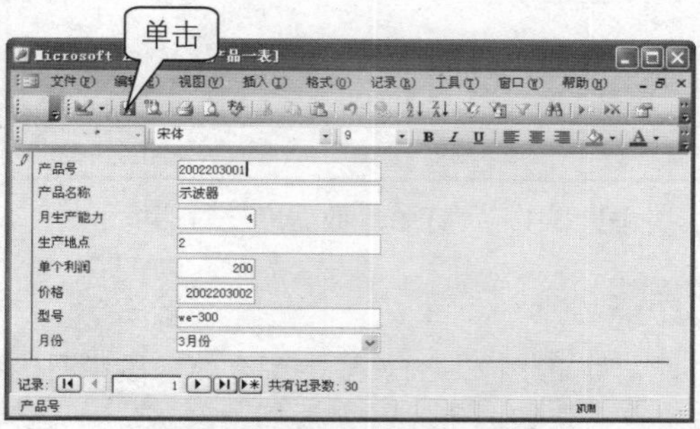

图13-6 创建好的窗体示例

13.1.2 在设计视图中创建窗体

以在设计视图中创建"订单"数据库的窗体为例，具体的操作步骤如下：

步骤01 在 Access 2003 中打开"订单"数据库，把"订单：数据库"窗口最大化显示，单击 窗体 选项，如图 13-7 所示。

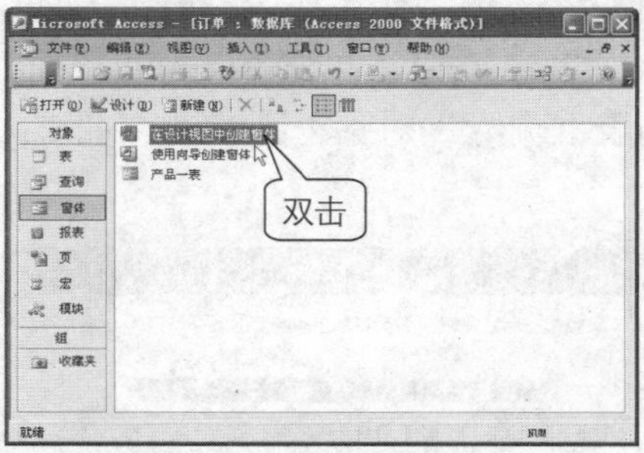

步骤02 双击"在设计视图中创建窗体"选项，弹出"窗体1：窗体"窗口，如图 13-8 所示。

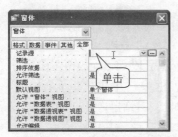

图 13-7 "订单：数据库"窗口

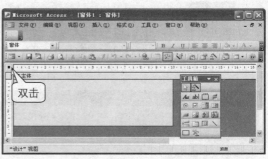

图 13-8 "窗体1：窗体"窗口

步骤03 为窗体指定数据源。双击窗体视图左上角的■按钮，弹出"窗体"对话框，如图 13-9 所示。 在"全部"选项卡中，单击"记录源"后面的文本框，弹出 按钮。

步骤04 单击 按钮，弹出"显示表"对话框和"SQL 语句：查询生成器"窗口，如图 13-10 所示。在"显示表"对话框的"表"选项卡中选择"产品一表"选项，单击 添加(A) 按钮。

图 13-9 "窗体"对话框

图 13-10 "显示表"对话框和"SQL语句：查询生成器"窗口

步骤05 关闭"显示表"对话框。显示"SQL 语句：查询生成器"窗口，将要出现在窗体中的字段名拖入字段名后面的文本框，如图 13-11 所示。

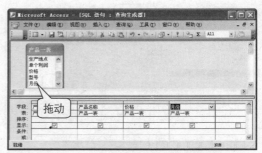

图 13-11 "SQL语句：查询生成器"窗口

新编中文版 Office 五合一教程

步骤 06 设置完毕后，关闭"SQL 语句：查询生成器"窗口，弹出 Microsoft Office Access 对话框。提醒用户保存 SQL 语句，如图 13-12 所示，单击 是(Y) 按钮，返回到"窗体"对话框，关闭"窗体"对话框。返回"窗体 1：窗体"窗口。

图 13-12　Microsoft Office Access对话框

步骤 07 单击"工具箱"中的 按钮，然后单击 按钮，单击母版的某处，拖动鼠标至适当的位置，松开后，弹出"列表框向导"对话框之一，如图 13-13 所示。

步骤 08 选择"使用列表框查阅表或查询中的值"单选按钮，单击 下一步(N) 按钮，弹出"列表框向导"对话框之二，如图 13-14 所示。

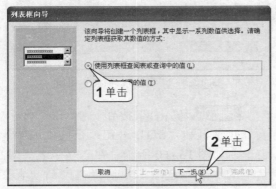

图 13-13　"列表框向导"对话框之一

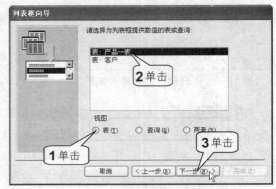

图 13-14　"列表框向导"对话框之二

步骤 09 在"视图"选项组中选择"表"单选按钮，在"请选择为列表框提供数值的表或查询"下面的列表框中选择"表：产品一表"选项，单击 下一步(N) 按钮，弹出"列表框向导"对话框之三，如图 13-15 所示。

步骤 10 在"可用字段"列表框中选择列表框中将包含的字段（如价格），单击 > 按钮，所选字段将出现在"选定字段"下面的列表框中，单击 下一步(N) 按钮，弹出"列表框向导"对话框之四，如图 13-16 所示。

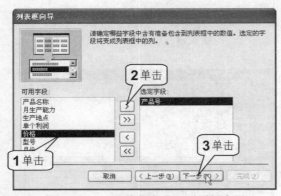

图 13-15　"列表框向导"对话框之三

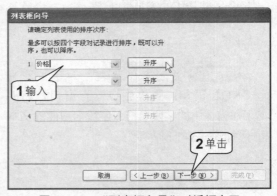

图 13-16　"列表框向导"对话框之四

· 234 ·

步骤 11 在"请确定列表使用的排序次序"下面的第一个下拉列表框中选择"价格",单击 下一步(N) > 按钮,弹出"列表框向导"对话框之五,如图13-17所示。

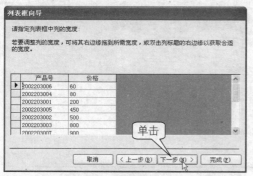

图13-17 "列表框向导"对话框之五

步骤 13 在"可用字段"列表中选择一个可用字段(如产品号),单击 下一步(N) > 按钮,弹出"列表框向导"对话框之七,如图13-19所示。

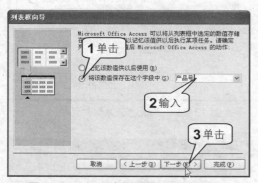

图13-19 "列表框向导"对话框之七

步骤 15 在"请为列表框指定标签"下面的文本框中输入相应标签名,单击 完成(F) 按钮。按照同样的方法为其他字段绑定控件,最后效果如图13-21所示。

图13-21 窗体设计视图

步骤 12 "列表框向导"对话框之五中提供了字段的所有记录,用户可根据需要进行更改,单击 下一步(N) > 按钮,弹出"列表框向导"对话框之六,如图13-18所示。

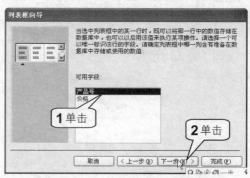

图13-18 "列表框向导"对话框之六

步骤 14 选择"将该数值保存在这个字段中"单选按钮,并在后面的下拉列表框中输入相应的字段名,单击 下一步(N) > 按钮,弹出"列表框向导"对话框之八,如图13-20所示。

图13-20 "列表框向导"对话框之八

步骤 16 关闭"窗体1:窗体"窗口,弹出Microsoft Office Access对话框,如图13-22所示,单击 是(Y) 按钮,保存窗体。

图13-22 Microsoft Office Access对话框

13.1.3 自动创建窗体

自动创建窗体的方法既简单又快捷，以创建"产品一表"的窗体为例，其创建步骤如下：

步骤 01 在 Access 2003 中打开"进销存管理"数据库，并把"进销存管理：数据库"窗口最大化显示，单击 窗体 选项，如图 13-23 所示。

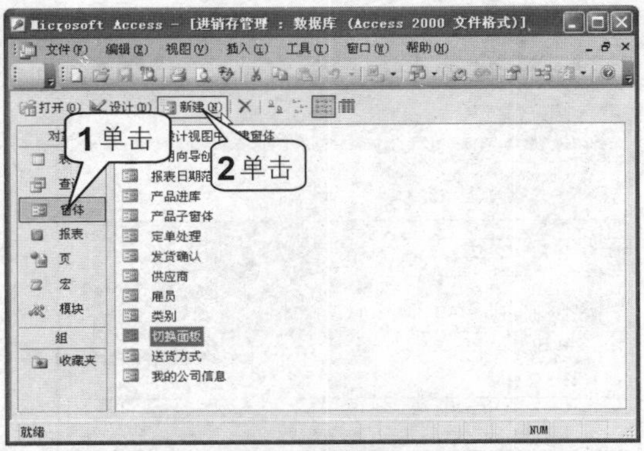

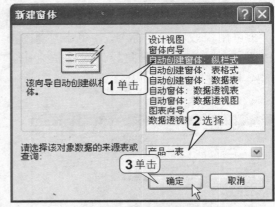

图 13-23 "进销存管理：数据库"窗口

步骤 02 单击 新建(N) 按钮，弹出"新建窗体"对话框，单击"自动创建窗体：纵栏式"选项，在"请选择该对象数据的来源表或查询"后面的下拉列表框中选择"产品一表"选项，如图 13-24 所示。

图 13-24 "新建窗体"对话框

步骤 03 单击 确定 按钮，弹出"产品一表"窗体格式，如图 13-25 所示。在"常用"工具栏中单击 按钮，将所创建的窗体按照指定的名称保存即可。

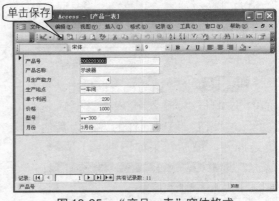

图 13-25 "产品一表"窗体格式

13.2 窗体的编辑

窗体创建完毕后，对窗体的编辑是相当重要的。运用控件，可以对窗体进行编辑或美化，使窗体的视觉效果更加美观。

13.2.1 工具箱简介

在编辑窗体或报表时，设计视图中就会出现"工具箱"，如图 13-26 所示。

默认状态下是按下的

图 13-26　工具箱

将鼠标停放在任何一个按钮上，将出现按钮功能的提示，下面逐一介绍工具箱中按钮的具体功能。

1. "选择对象"按钮

在工具箱中，按钮在默认的情况下是按下的。选取对象时，只要在窗体中拖曳一个方框，方框所包括的区域均被选中。

2. "控件向导"按钮

在默认的情况下，按钮是按下的，主要用途是在其他控件使用期间启用相应的向导，如按钮向导等。

3. "标签"按钮 Aa

一般，利用 Aa 按钮显示说明性的文本，如标题等。只要单击 Aa 按钮，再单击窗体中需要放置标签的位置，并拖出一个方框，如图 13-27 所示；当拖至满意大小时，松开鼠标，在方框中输入相应的文本，如图 13-28 所示。

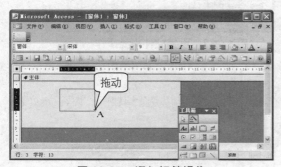

图 13-27　添加标签操作　　　　　　　　　　图 13-28　添加后的标签

4. "文本框"按钮 abl

在窗体中，文本框用来查看或输入文本，在窗体中添加文本框的具体操作步骤如下：

步骤 01 在▲按钮按下的情况下，单击圙按钮，再单击主体区域，然后拖动至理想大小，松开鼠标后，立即弹出"文本框向导"对话框之一，如图 13-29 所示。

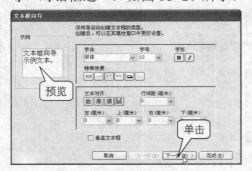

图 13-29 "文本框向导"对话框之一

步骤 03 在"输入法模式"下拉列表框中选择合适的输入法模式（如随意），并单击 下一步(N) 按钮，弹出"文本框向导"对话框之三，如图 13-31 所示。在"请输入文本框的名称"下面的文本框中输入相应的名称，单击 完成(F) 按钮即可。

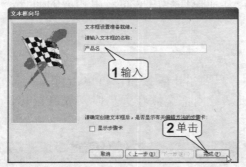

图 13-31 "文本框向导"对话框之三

5．"选项组"按钮

利用"选项组"按钮可以创建一组选项。在操作时，只可以选择其中一种，如产品的生产车间只能创建一个。具体操作步骤如下：

步骤 01 在工具箱中，单击圙按钮，在主体区域中拖动鼠标，直至满意大小时松开鼠标，弹出"选项组向导"对话框之一，如图 13-33 所示。

步骤 02 设置相应的字体、字号、字形，并设置相应的效果和文本对齐。设置完成后单击 下一步(N) 按钮，弹出"文本框向导"对话框之二，如图 13-30 所示。

图 13-30 "文本框向导"对话框之二

步骤 04 建立完的文本框中显示"未绑定"字样，单击该文本框，选中后单击鼠标右键，在弹出的快捷菜单中执行"属性"命令，在弹出的对话框的显示"产品名"的下拉列表框中选择窗体选项，然后显示"窗体"对话框。在"窗体"对话框中为该文本框设置控件来源，如图 13-32 所示。

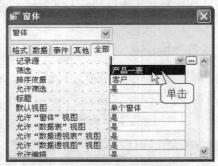

图 13-32 设置控件来源操作

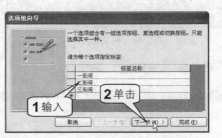

图 13-33 "选项组向导"对话框之一

步骤02 依次输入标签名称，如"一车间"、"二车间"、"三车间"。输入完毕后，单击 下一步(N) > 按钮，弹出"选项组向导"对话框之二，如图 13-34 所示。选择"是，默认选项是"单选按钮，并在其后的下拉列表框中选择"一车间"选项。

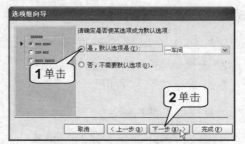

图 13-34　"选项组向导"对话框之二

步骤03 单击 下一步(N) > 按钮，弹出"选项组向导"对话框之三，如图 13-35 所示。

图 13-35　"选项组向导"对话框之三

步骤04 单击 下一步(N) > 按钮，弹出"选项组向导"对话框之四，如图 13-36 所示。

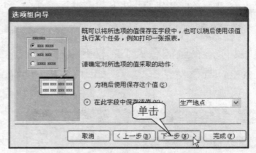

图 13-36　"选项组向导"对话框之四

步骤05 单击 下一步(N) > 按钮，弹出"选项组向导"对话框之五，如图 13-37 所示。

图 13-37　"选项组向导"对话框之五

步骤06 设定应用的控件（如选项按钮）及应用的样式（如凸起），并在"示例"选项组中预览。预览满意后，单击 下一步(N) > 按钮，弹出"选项组向导"对话框之六，如图 13-38 所示。

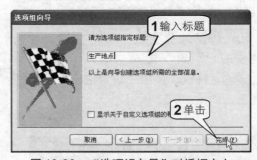

图 13-38　"选项组向导"对话框之六

步骤07 在"请为选项组指定标题"下面的文本框中输入相应的标题（如"生产地点"），单击 完成(F) 按钮，完成设置，如图 13-39 所示。

图 13-39　设置后的选项组示例

6. "选项按钮" 按钮 ⊙

选项按钮作为单独的控件显示记录源中的 "是" 或者 "否"，选择选项按钮就是 "是"，没选择就是 "否"。创建选项按钮的方法很简单，只需单击 ⊙ 按钮后在窗体中单击一下并添加选项名称即可。

7. "复选框" 按钮 ☑

复选框的作用和创建方法与选项按钮相同，但比选项按钮更为直观。

8. "组合框" 按钮 ▥

组合框的功能是从列表中选择相应的值，比键入相应的值更为快捷，也可以节省窗体的空间，具体创建步骤如下：

步骤 01 单击 ▥ 按钮，并在主体区域中拖动鼠标，直至满意大小时松开鼠标，弹出 "组合框向导" 对话框之一，如图 13-40 所示。

步骤 02 选择 "使用组合框查阅表或查询中的值" 单选按钮，单击 下一步(N) 按钮，弹出 "组合框向导" 对话框之二，如图 13-41 所示。

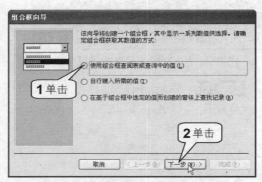

图 13-40　"组合框向导" 对话框之一

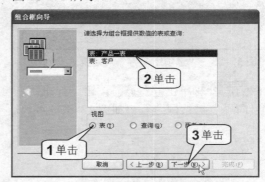

图 13-41　"组合框向导" 对话框之二

步骤 03 选择 "表" 单选按钮，并选择相应的一组表 (如表：产品一表)，单击 下一步(N) 按钮，弹出 "组合框向导" 对话框之三，如图 13-42 所示。

步骤 04 单击 "可用字段" 列表中的字段名 (如型号)，并单击 ＞ 按钮，将选中字段名添加到 "选定字段" 列表中。操作完毕后，单击 下一步(N) 按钮，弹出 "组合框向导" 对话框之四，如图 13-43 所示。

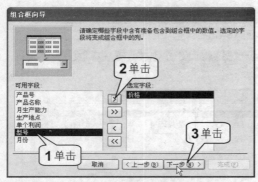

图 13-42　"组合框向导" 对话框之三

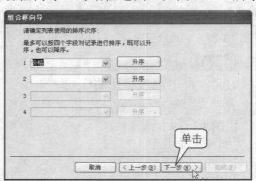

图 13-43　"组合框向导" 对话框之四

步骤 05 选定一个设为升序的字段，这里选择"价格"，单击 下一步(N) 按钮，弹出"组合框向导"对话框之五，如图13-44所示。

步骤 06 单击 下一步(N) 按钮，弹出"组合框向导"对话框之六，如图13-45所示。

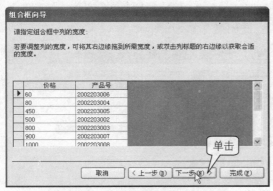

图 13-44　"组合框向导"对话框之五

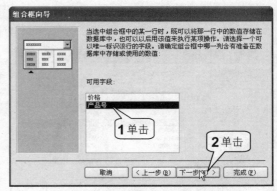

图 13-45　"组合框向导"对话框之六

步骤 07 单击 下一步(N) 按钮，弹出"组合框向导"对话框之七，如图13-46所示。

步骤 08 选择"记忆该数值供以后使用"单选按钮，单击 下一步(N) 按钮，弹出"组合框向导"对话框之八，如图13-47所示。

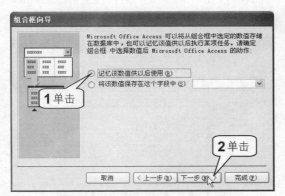

图 13-46　"组合框向导"对话框之七

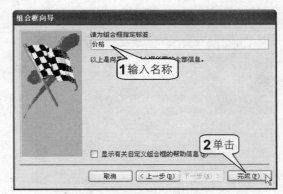

图 13-47　"组合框向导"对话框之八

步骤 09 在"请为组合框指定标签"下面的文本框中输入相应的名称（如价格），单击 完成(F) 按钮即可完成。

9. "列表框"按钮

列表框的创建方法和组合框的创建方法相同，不同的是列表框需要占用很大的空间，目的是让用户随时可以看见数据的内容。

10. "命令按钮"按钮

在窗体中可以设定命令按钮，以执行特定的操作。以创建查找命令按钮的位置为例，具体操作步骤如下：

步骤 01 在 ⬆ 按钮按下去的情况下，单击 ⬛ 按钮，再单击主体区域并拖动鼠标，至理想大小后松开鼠标，弹出"命令按钮向导"对话框之一，如图 13-48 所示。

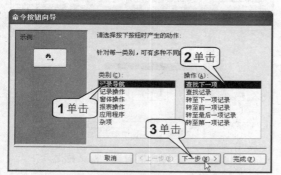

图 13-48 "命令按钮向导"对话框之一

步骤 02 在"类别"列表框中选择"记录导航"选项，在"操作"列表框中选择"查找下一项"选项，单击 下一步(N) 按钮，弹出"命令按钮向导"对话框之二，如图 13-49 所示。

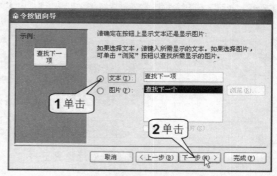

图 13-49 "命令按钮向导"对话框之二

步骤 03 选择"文本"单选按钮，单击 下一步(N) 按钮，弹出"命令按钮向导"对话框之三，如图 13-50 所示。

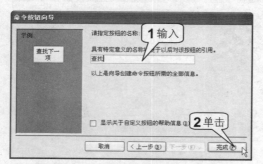

图 13-50 "命令按钮向导"对话框之三

步骤 04 在"请指定按钮的名称"文本框中输入相应的文字，单击 完成(F) 按钮，即可完成。创建的命令按钮如图 13-51 所示。

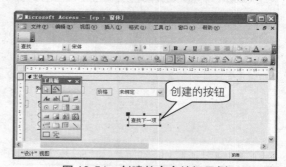

图 13-51 创建的命令按钮示例

11. "选项卡控件"按钮 ⬛

选项卡控件将信息分布在多个活页中，单击每个活页标签，即可在选项卡之间切换，前面讲到的任何按钮都可以在具体的选项卡中进行设置，具体操作步骤如下：

步骤 01 单击 ⬛ 按钮，再单击要放置控件的窗体，窗体中出现带有页的选项卡控件，如图 13-52 所示。

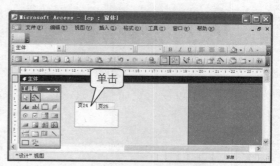

图 13-52 将选项卡控件放置在窗体中

步骤 02 双击页选项卡,打开"页:页24"对话框,如图13-53所示。在"名称"后面的文本框中输入"第一页"后,将对话框关闭。

步骤 03 选项卡控件中的"页24"变成了"第一页";按照同样的方法,将"页25"改成"第二页",如图13-54所示。根据需要,应用其他控件按钮,在"页"中添加相应信息即可。

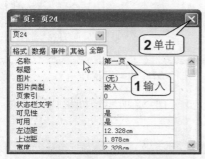

图 13-53 "页:页24"对话框

图 13-54 设置选项卡标签示例

13.2.2 用控件向导完善窗体

1. 窗体中控件的调整

在窗体设计过程中可以调整控件的位置、大小,使窗体的版面看起来美观、统一,其调整的步骤如下:

步骤 01 改变控件大小。单击要调整的控件,将鼠标移动至周围的控制点上,直到鼠标变成双箭头时,拖动鼠标,将控件按照用户的意图进行相应的放大和缩小,如图13-55所示。

步骤 02 改变控件位置。移动控件位置时,将鼠标移动至控件周围的控制点上,当鼠标变至"手的食指"形 时,移动鼠标,将移动控件的位置,如图13-56所示。

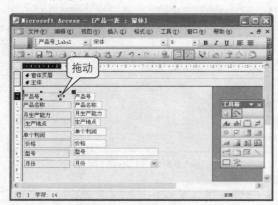

图 13-55 改变控件的大小

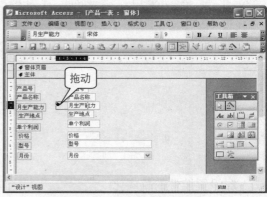

图 13-56 改变控件的位置

步骤03 设置控件对齐。将要设置对齐的全部控件选中，单击鼠标右键，弹出快捷菜单，如图 13-57 所示。

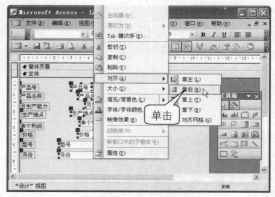

图 13-57　右对齐操作

步骤04 执行"对齐>靠右"命令，实现控件的右对齐，如图 13-58 所示，如果执行"对齐>靠左"命令，实现控件左对齐，如图 13-59 所示。

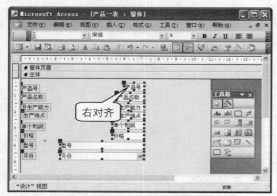

图 13-58　实现右对齐的控件

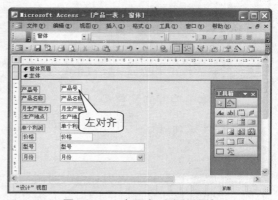

图 13-59　实现左对齐的控件

步骤05 移动按钮位置。移动按钮位置的操作步骤与其他控件一样，将鼠标移至按钮上，拖动至用户满意的位置为止，如图 13-60 所示。

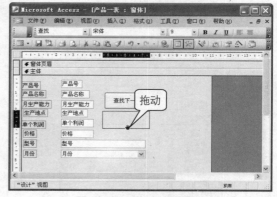

图 13-60　移动按钮操作

2. 设置控件的格式化

所有添加到窗体中的控件都可以套用相应的格式，使窗体看起来更加美观。以"产品 - 表 1"窗体为例，使控件格式化的具体操作步骤如下：

步骤 01 打开"产品 - 表 1"窗体,执行"视图>设计视图"命令,切换到窗体的设计视图,在工具栏中单击█按钮,弹出"自动套用格式"对话框,如图 13-61 所示。

步骤 02 在"窗体自动套用格式"列表框中选择用户喜爱的格式,并在其右侧的预览框中预览,满意后单击████按钮。返回窗体设计视图中,所有控件即套用上了设置的格式,如图 13-62 所示。

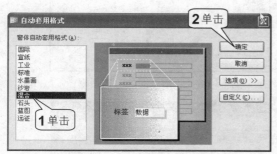

图 13-61　"自动套用格式"对话框

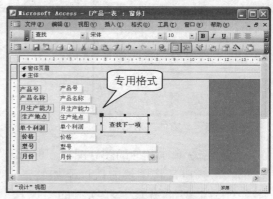

图 13-62　套用格式后的控件

步骤 03 在窗体中的工具栏中提供了常用的格式工具,如字体、字号、字形和字体颜色等工具。可根据用户需要对其进行一一设置,还可以右击相应的控件控制点,在弹出的快捷菜单中执行"属性"命令,进入相应的对话框中设置控制的属性。以命令按钮为例,执行"属性"命令后,弹出"命令按钮:查找"对话框,如图 13-63 所示。

步骤 04 单击"字体名称"文本框,右侧出现下三角按钮,单击该按钮,在弹出的下拉列表框中选择"华文新魏"选项。关闭对话框后,设计视图窗口中的命令按钮的字体变成"华文新魏",如图 13-64 所示。

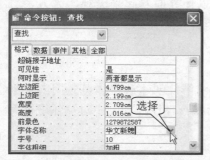

图 13-63　"命令按钮:查找"对话框

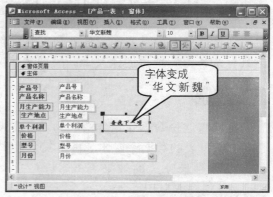

图 13-64　设置控件字体

13.2.3　在窗体中加入图片

窗体中可以加入背景图片或图像控件,以使窗体看起来美观大方。具体操作步骤如下:

步骤 01 打开已建立的窗体，执行 "视图>设计视图"命令，切换到窗体的设计视图中，单击工具栏中的 ▣ 按钮，弹出 "窗体"对话框，如图 13-65 所示。

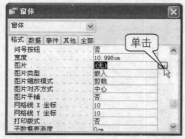

图 13-65 "窗体"对话框

步骤 03 单击相应的图片图标，再单击 确定 按钮，将图片的地址添加到"窗体"对话框的"格式"选项卡的"图片"文本框，关闭"窗体"对话框。窗体背景为被选图片，看起来更加美观、大方，且更具个性化，如图 13-67 所示。

步骤 02 单击"格式"标签，切换到 "格式"选项卡，单击"图片"文本框，右侧出现 ▦ 按钮，单击该按钮，弹出"插入图片"对话框，如图 13-66 所示。

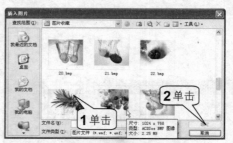

图 13-66 "插入图片"对话框

图 13-67 为窗体加入背景图片示例

13.3 边学边练：创建产品交易表的窗体

创建数据库最重要的一环就是创建窗体，因为窗体可以使界面看起来美观、大方，且更具有亲和力。现需创建关于产品销售状况的窗体并完善它。

实例简析

可以将这份数据库窗体命名为"产品交易表"数据库窗体，创建该窗体可先用向导创建各个数据表的数据库窗体，再将各个窗体链接起来，然后在窗体设计视图中对窗体进行美化，以达到最完美的效果。

制作步骤

1. 利用向导创建数据表的窗体

步骤 01 打开数据库窗口，单击 ▣ 窗体 选项，进入窗体窗口，双击"利用向导创建窗体"选项，弹出"窗体向导"对话框之一，如图 13-68 所示。

步骤 02 单击 ≫ 按钮，将"可用字段"列表框中的所有字段名都添加到"选定的字段"列表框中，单击 下一步(N) > 按钮，弹出"窗体向导"对话框之二，如图 13-69 所示。

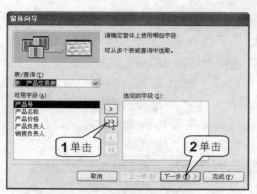

图 13-68　"窗体向导"对话框之一

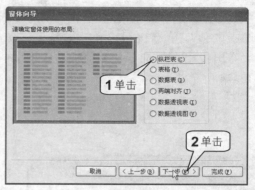

图 13-69　"窗体向导"对话框之二

步骤03 选择"纵栏表"单选按钮，单击 下一步(N) 按钮，弹出"窗体向导"对话框之三，如图 13-70 所示。

步骤04 单击"宣纸"选项，在"请确定所用样式"下面的区域中预览，满意后单击 下一步(N) 按钮，弹出"窗体向导"对话框之四，如图 13-71 所示。在"请为窗体指定标题"下面的文本框中输入"产品交易表"，再选择"修改窗体设计"单选按钮。

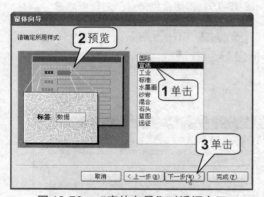

图 13-70　"窗体向导"对话框之三

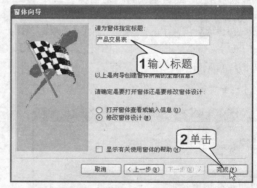

图 13-71　"窗体向导"对话框之四

步骤05 单击 完成(F) 按钮后，弹出窗体设计视图，将"产品号"字段删去，在工具箱中单击 按钮，然后在主体区域拖动，如图 13-72 所示。

步骤06 拖至满意大小后，自动弹出"组合框向导"对话框之一，如图 13-73 所示。

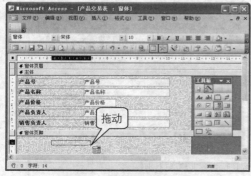

图 13-72　窗体设计视图

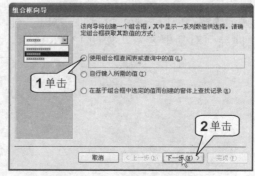

图 13-73　"组合框向导"对话框之一

步骤 07 选择"使用组合框查询表或查询中的值"单选按钮，单击 下一步(N) > 按钮，弹出"组合框向导"对话框之二，如图 13-74 所示。

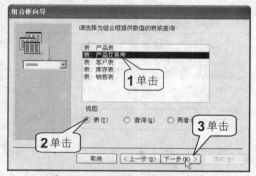

图 13-74 "组合框向导"对话框之二

步骤 09 单击 下一步(N) > 按钮，弹出"组合框向导"对话框之四，单击第一个"升序"按钮前面的下拉列表框右侧的下三角按钮，选择"产品号"选项，如图 13-76 所示。

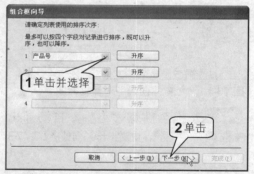

图 13-76 "组合框向导"对话框之四

步骤 11 单击 下一步(N) > 按钮，弹出"组合框向导"对话框之六，如图 13-78 所示。

步骤 08 在"视图"选项组中选中"表"单选按钮，单击"表：产品交易表"选项表，单击 下一步(N) > 按钮，弹出"组合框向导"对话框之三。在"可用字段"列表中选择"产品号"选项后，单击 > 按钮，将该字段转移到"选定字段"列表中，如图 13-75 所示。

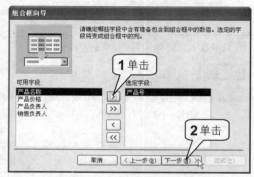

图 13-75 "组合框向导"对话框之三

步骤 10 单击 下一步(N) > 按钮，弹出"组合框向导"对话框之五，如图 13-77 所示。

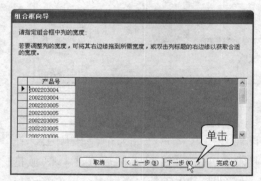

图 13-77 "组合框向导"对话框之五

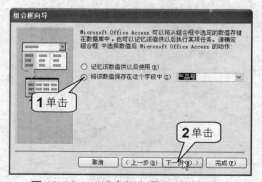

图 13-78 "组合框向导"对话框之六

步骤12 选择"将该数值保存在这个字段中"单选按钮，并在其后面的列表框中输入"产品号"，单击 下一步(N) > 按钮，弹出"组合框向导"对话框之七，如图13-79所示。在"请为组合框指定标签"下面的文本框中输入"产品号"，并单击 完成(E) 按钮，将组合框插入窗体。按照同样的方法创建"库存表"窗体和"销售表"窗体。

步骤13 打开"库存表"窗体，执行"视图>设计视图"命令，切换到设计视图，单击工具箱中的 按钮，再单击窗体并拖动至满意大小，自动弹出"选项组向导"对话框之一。在"标签名称"文本框中输入"王朝"和"李波"，如图13-80所示。

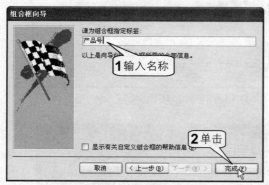

图13-79　"组合框向导"对话框之七

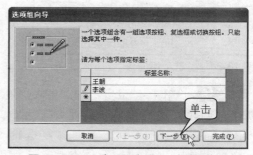

图13-80　"选项组向导"对话框之一

步骤14 单击 下一步(N) > 按钮，弹出"选项组向导"对话框之二，选择"是，默认选项是"单选按钮，如图13-81所示。

步骤15 单击 下一步(N) > 按钮，弹出"选项组向导"对话框之三，如图13-82所示。

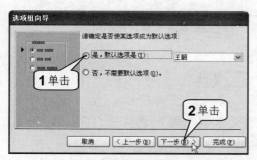

图13-81　"选项组向导"对话框之二

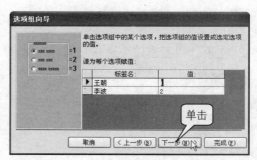

图13-82　"选项组向导"对话框之三

步骤16 单击 下一步(N) > 按钮，弹出"选项组向导"对话框之四，选择"为稍后使用保存这个值"单选按钮，如图13-83所示。

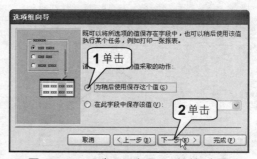

图13-83　"选项组向导"对话框之四

步骤17 单击 下一步(N)> 按钮，弹出 "选项组向导" 对话框之五。选择 "选项按钮" 单选按钮，再选择 "凸起" 单选按钮，直到在左侧示例中预览满意，如图 13-84 所示。

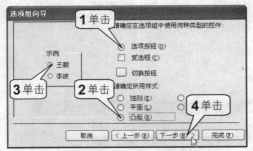

图 13-84　"选项组向导" 对话框之五

步骤19 单击 完成(F) 按钮，完成窗体创建。创建好的窗体具有美观大方的界面，不同的标题框（如文本框、复选框等）交相辉映，使创建的窗体看起来灵活且富于变化性，如图 13-86 所示。

步骤18 单击 下一步(N)> 按钮，弹出 "选项组向导" 对话框之六，在 "请为选项组指定标题" 下面的文本框中输入 "进货负责人"，如图 13-85 所示。

图 13-85　"选项组向导" 对话框之六

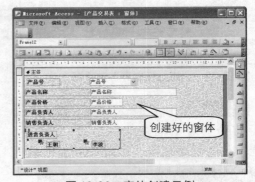

图 13-86　窗体创建示例

2. 在设计视图窗口中进一步编辑窗体

步骤01 在设计视图窗口中打开 "产品交易表" 窗体，单击工具箱中的 按钮，在窗体中拖曳鼠标使选项卡至合适大小，如图 13-87 所示。

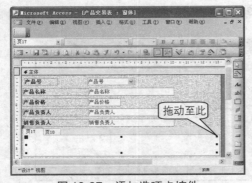

图 13-87　添加选项卡控件

步骤02 双击 "页17" 标签，弹出 "页：第一页" 对话框，在 "名称" 后面的文本框中输入 "第一页"，如图 13-88 所示。

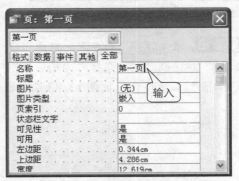

图 13-88　"页：第一页" 对话框

步骤 03 关闭对话框，窗体中的"页17"标签将自动改为"第一页"，按照同样的方法将"页18"标签更改为"第二页"。选中产品交易表的所有窗体控件，将其移至"第一页"；单击"第二页"标签，进入"第二页"选项卡，单击工具箱中的■按钮，在"第二页"中拖曳鼠标，使命令按钮至理想大小，弹出"命令按钮向导"对话框之一。在"类别"列表中选择"窗体操作"选项，在"操作"列表中选择"打开窗体"选项，如图13-89所示。

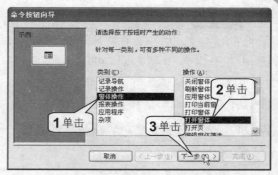

图 13-89　"命令按钮向导"对话框之一

步骤 04 单击 下一步(N) > 按钮，弹出"命令按钮向导"对话框之二。在"请确定命令按钮打开的窗体"下面的列表框中选择"库存表"选项，如图13-90所示。

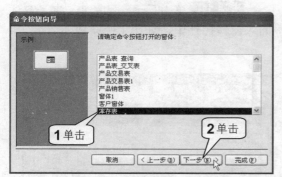

图 13-90　"命令按钮向导"对话框之二

步骤 05 单击 下一步(N) > 按钮，弹出"命令按钮向导"对话框之三。选择"打开窗体并查找显示的特定数据"单选按钮，如图13-91所示。

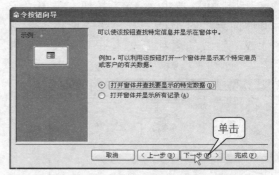

图 13-91　"命令按钮向导"对话框之三

步骤 06 单击 下一步(N) > 按钮，弹出"命令按钮向导"对话框之四。选择"文本"单选按钮，并在其后的文本框中输入"打开窗体"，如图13-92所示。

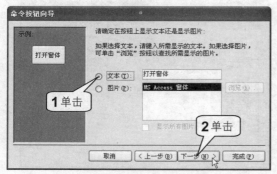

图 13-92　"命令按钮向导"对话框之四

步骤 07 单击 下一步(N) > 按钮，弹出"命令按钮向导"对话框之五，如图13-93所示。在"请指定按钮的名称"下面的文本框中输入 open，单击 完成(F) 按钮，完成窗体中查找窗体按钮的创建。

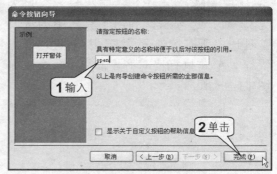

图 13-93　"命令按钮向导"对话框之五

步骤08 单击 按钮，在窗体中按钮下面的区域拖动，使子窗体至理想大小，弹出"子窗体向导"对话框之一。选择"使用现有的窗体"单选按钮，在列表框中选择"销售表"选项，如图13-94所示。

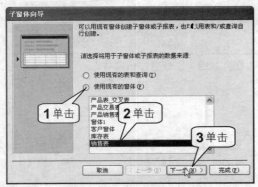

图13-94 "子窗体向导"对话框之一

步骤10 单击 下一步(N) > 按钮，弹出"子窗体向导"对话框之三。在"请指定子窗体或子报表的名称"文本框中输入"销售表"，如图13-96所示。

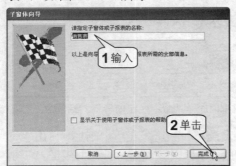

图13-96 "子窗体向导"对话框之三

3. 在设计视图窗口中美化窗体

步骤01 单击"第一页"标签，进入"第一页"选项卡，利用工具箱中的选取工具选中所有控件，单击鼠标右键，弹出快捷菜单，执行"对齐>靠左"命令，如图13-98所示。

步骤09 单击 下一步(N) > 按钮，弹出"子窗体向导"对话框之二，选择"从列表中选择"单选按钮，如图13-95所示。

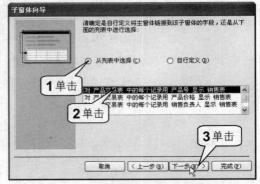

图13-95 "子窗体向导"对话框之二

步骤11 单击 完成(F) 按钮，将子窗体插入窗体控件中，如图13-97所示。

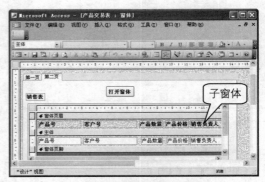

图13-97 插入子窗体示例

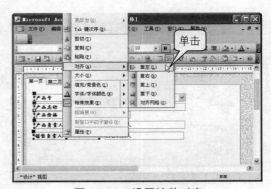

图13-98 设置控件对齐

步骤02，执行完毕，所有控件将执行左对齐，单击 宋体 按钮右侧的下三角按钮，在弹出的下拉列表框中选择"华文楷体"选项，如图13-99所示，将字体设置为"华文楷体"。

步骤03，设置好的控件如图13-100所示。

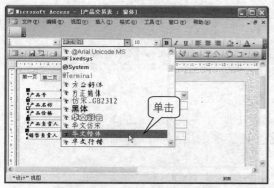

图13-99 设置控件内字体

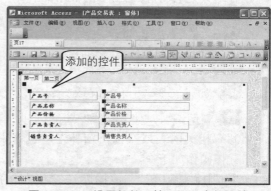

图13-100 设置好的"第一页"中的控件

步骤04，单击"第二页"标签，进入"第二页"选项卡。拖动控件，将其对齐并移动至合适的位置，如图13-101所示。

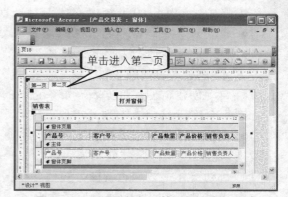

图13-101 设置好的"第二页"中的控件

步骤05，保存并关闭窗体设计视图。在窗体中打开"产品交易表"窗体，单击"第一页"标签，窗体显示效果如图13-102所示，单击"第二页"标签，显示效果如图13-103所示。

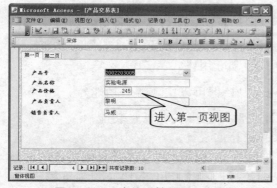

图13-102 窗体"第一页"视图

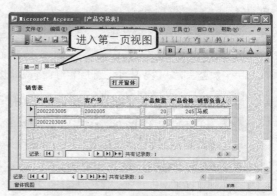

图13-103 窗体"第二页"视图

本例小结

本例先利用向导创建数据表的窗体，此方法简单易学，使用灵活；创建完毕后，在窗体设计视图中对窗体进行必要的修改，使窗体更加美观。创建过程中多次用到控件的添加，有利于巩固本章中关于工具箱简介中的知识点，望读者注意消化理解，尤其要学会具体问题具体分析，这样才能适应不同需求。

课堂问答

问 如何理解"自动窗体"？

答 利用"自动创建窗体"功能创建显示基础表中所有字段和记录的窗体。如果选定的记录源有相关的表或查询，窗体还将包含来自这些记录源的所有字段和记录。

具体操作如下。

步骤1：打开一个数据库在窗口左侧的"对象"列表中单击"窗体"选项，再单击工具栏上的"新建"按钮。

步骤2：在弹出的"新建窗体"对话框中，选择要自动创建的窗体类型。

● 自动创建窗体：纵栏式。每个字段都显示在一个独立的行上，并且左边带有一个标签。

● 自动创建窗体：表格式。每条记录的所有字段显示在一行上，每条记录只有一个标签，显示在窗体的顶端。

● 自动创建窗体：数据表。每条记录的字段以行与列的格式显示，即每个记录显示为一行，每个字段显示为一列。字段的名称显示在每一列的顶端。

● 自动窗体：数据透视表。窗体在数据透视表视图中打开。可以通过将字段列表中的字段拖到视图的不同区域而添加字段。

● 自动窗体：数据透视图。窗体在数据透视图视图中打开。可以通过将字段列表中的字段拖到视图的不同区域而添加字段。

问 如何创建窗体的自动套用格式？

答 步骤1：打开窗体或报表，切换到设计视图，执行"格式>自动套用格式"命令。

步骤2：在"自动套用格式"对话框中，单击"窗体自动套用格式"列表中所需的自动套用格式选项。

步骤3：单击"选项"按钮，在"应用属性"选项组中修改属性。

步骤4：单击"自定义"按钮，然后在弹出的"自定义自动套用格式"对话框中设置自定义选项，可以基于已打开的窗体或报表新建自动套用格式。

问 利用设计视图创建窗体时，应用"属性"对话框可以实现哪些功能？

答 利用设计视图创建窗体时，应用"属性"对话框可实现以下功能：

● 使用"表格自动套用格式"命令来快速美化表格的设计。

● 更改标题栏文字。在"标题"文本框中，键入标题栏文字。若要查看窗体的标题栏文字，请切换到"窗体"视图。若要查看报表的标题栏文字，请切换到预览模式。

● 隐藏"最大化"和"最小化"按钮。

● 禁用关闭按钮。将"关闭"按钮属性设置为"否"。此时 Access 将会禁用"关闭"按钮和"控件"菜单中的"关闭"命令。如果要将"关闭"按钮完全删除，请将"边框样式"属性设置为"无"。

● 隐藏控制菜单。将"控制框"属性设置为"否"。值得注意的是，如果将"控件框"属性设置为"否"，"最大化"、"最小化"和"关闭"按钮都将隐藏。如果"边框样式"属性设置为"无"，即使"控件框"属性设置为"是"，窗体或报表也都没有"控件"菜单。

● 隐藏窗体的快捷菜单。将"快捷菜单"属性设置为"否"。

● 隐藏窗体的浏览按钮。将"导航按钮"属性设置为"否"。

问 如何创建绑定复选框、切换按钮和选项按钮？

答 步骤1：打开窗体、报表或数据访问页，执行"视图>设计视图"命令，切换到设计视图。

步骤2：在工具箱中选择所需的工具。如果不能确定要使用哪一种工具，请将鼠标悬放在该工具按钮的上方，直到显示"工具提示"。这里选择复选框，切换按钮和选项按钮工具。

步骤3：如果字段列表不可见，请单击工具栏上的"字段列表"按钮。

步骤4：在字段列表中选择适当的字段，然后将该字段拖曳到窗体、报表或数据访问页中。如果需要，可以更改标签的文本内容。

步骤5：切换至窗体视图，测试该控件。

问 简述列表框、组合框或下拉列表框的优点。

答 列表框的优点：在窗体和数据访问页上都可以使用列表框。列表随时可见，并且控件的值只限于列表中的可选项。若要快速地移到以特殊字母开头的第一个值，可以直接键入该字母。在用窗体输入或编辑数据时，不能添加列表中没有的值。

组合框的优点：组合框可用在窗体上。由于这种列表只有在打开时才显示内容，因此该控件在窗体上占用的地方较小。若要在组合框中快速地找到某个值，可以键入该值的前几个字母。同时，也可以控制是在列表中输入任何值，还是只能输入在列表中有匹配项的值。

下拉列表框的优点：下拉列表框可用在数据访问页上。因为这种列表只在打开时才显示内容，所以该控件在数据访问页上占用的地方较小。控件的值只限于列表中的可选项。若要快速地移到以特殊字母开头的第一个值，可以直接键入该字母。

举一反三

如果本章的基础知识已经掌握，为了在掌握基础知识的前提下，灵活应用本章知识及本章知识的拓展，下面列出了一个实例，以解决上述问题。这个实例不但是基础知识的实际应用，也是实际操作中很重要的一种知识拓展。掌握实例的方法，将有利于对所掌握的知识的理解。

例 在组合框中不显示保存的字段名

在产品销售时，常常通过组合框选择客户，但与销售表相联系的往往是客户号，只在组合框中显示客户名而不显示客户号的具体实现方法如下：

步骤 01 打开数据库，在窗口左侧的"对象"列表中选择"窗体"选项，进入窗体视图并最大化显示所打开数据库的窗口，双击"在设计视图创建窗体"选项，打开设计视图窗口，在"工具箱"中单击 按钮，如图 13-104 所示。

步骤 02 单击主体部分，并拖动鼠标，如图 13-105 所示。

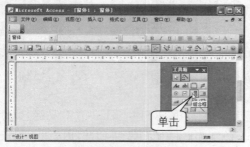

图 13-104 窗体视图

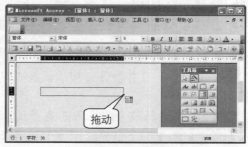

图 13-105 创建组合框

步骤 03 拖动至合适大小时，松开鼠标，弹出"组合框向导"对话框之一。选择"使用组合框查阅表或查询中的值"单选按钮，如图 13-106 所示。

步骤 04 单击 按钮，弹出"组合框向导"对话框之二。单击"表：客户表"选项，如图 13-107 所示。

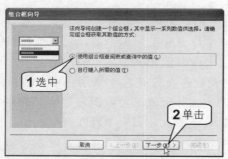

图 13-106 "组合框向导"对话框之一

图 13-107 "组合框向导"对话框之二

步骤 05 单击 按钮，弹出"组合框向导"对话框之三。将"客户名"和"客户号"从"可用字段"列表中移至"选定字段"列表中，如图 13-108 所示。

步骤 06 单击 按钮，弹出"组合框向导"对话框之四。在第一个"升序"按钮前面的下拉列表框中选择"客户号"选项，如图 13-109 所示。

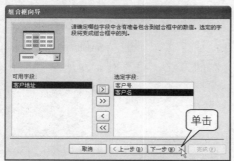

图 13-108 "组合框向导"对话框之三

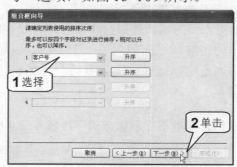

图 13-109 "组合框向导"对话框之四

步骤 07 单击 下一步(N) > 按钮，弹出"组合框向导"对话框之五，如图13-110所示。

步骤 08 单击 下一步(N) > 按钮，弹出"组合框向导"对话框之六，单击"客户号"选项，将其保存到数据库中，如图13-111所示。

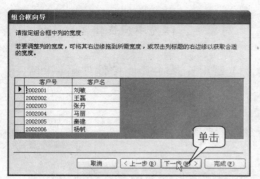

图13-110　"组合框向导"对话框之五

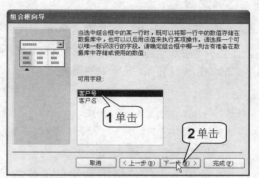

图13-111　"组合框向导"对话框之六

步骤 09 单击 下一步(N) > 按钮，弹出"组合框向导"对话框之七，如图13-112所示。

步骤 10 在"请为组合框指定标签"下面的文本框中输入相应的名称（如"客户名"），单击 完成(F) 按钮，创建完成。在设计视图中，选中所创建的组合框，单击鼠标右键，在弹出的快捷菜单中执行"属性"命令，弹出"组合框：Combo2"对话框，如图13-113所示。

图13-112　"组合框向导"对话框之七

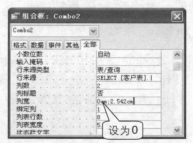

图13-113　"组合框：Combo2"对话框

步骤 11 将"行来源类型"设置为"表/查询"，将"列数"设置为2，将"列宽"设置为0cm；2.542cm，这样可以将"客户号"的显示隐藏，最后将"绑定列"设置为1，关闭对话框即可。

步骤 12 保存好窗体，只显示"客户名"且不显示"客户号"的组合框创建完毕，如图13-114所示。

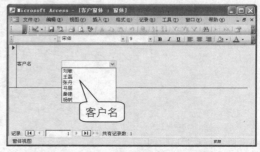

图13-114　只显示"客户名"的窗体

本章练习

1. 填空题

（1）Access 2003 数据库之间的接口是 _____ 对象，窗体为用户提供了 _____、_____、_____ 和显示信息等许多灵活的方式。

（2）在默认的情况下，按钮是 _____ 的，主要用途是在其他控件使用期间启用 _____。

（3）按钮一般用来显示 _____ 的文本，如标题等。

（4）选项按钮作为 _____ 控件显示记录源中的"是"或者"否"，选择选项按钮就是"是"，没选择就是"否"。

（5）选项卡控件是将信息分布在多个活页中，单击每个活页标签，即可进行 _____，任何按钮都 _____ 在具体页中进行设置。

2. 选择题

（1）使用"自动窗体"向导创建的数据操作窗体，没有 _____ 格式。

A. 表格式　　　　B. 数据表式　　　　C. 纵栏式　　　　D. 图像式

（2）能接收用户输入"数据"的窗体控件是 _____。

A. 标签　　　　B. 图像　　　　C. 命令按钮　　　　D. 文本框

（3）"命令按钮"的动作响应，由"命令按钮"的 _____ 决定。

A. 功能　　　　B. 属性　　　　C. 事件代码　　　　D. 鼠标操作

3. 上机题

（1）创建两个内容相关的窗体："录入员工信息"和"选择员工姓名"。

（2）设计书店图书情况的窗体，再创建子窗体以反映图书的出售情况。

（3）将题目（2）中的窗体美化，为其添加一个合适的背景。

14 Chapter

用Access 2003创建报表

课前预习

本章主要讲述 Access 2003 数据库报表创建的基础知识。创建报表可以使用户对数据表有一个宏观的了解，并可以按照用户的需求显示相应的信息。在本章将介绍以下内容：创建一般报表，创建图表报表，自动创建报表，工具箱简介，使用设计视图创建报表。

正式课堂

14.1 利用向导或自动创建报表

为了方便用户查看数据的概括性信息，可以创建报表。报表的灵活性很高，能按照用户所希望的详细程度显示相应的信息，同时还可以对数据进行汇总，并用最直观的图表表示出来。创建报表的方法很多，可以利用向导创建或利用设计视图创建；报表的形式多样（如标签报表、图表报表，也可以自动创建纵式报表和表格式报表）。

14.1.1 利用报表向导创建报表

利用报表向导创建报表的具体操作步骤如下：

步骤 01 新建一个数据库或打开一个数据库，在数据库窗口左侧的"对象"列表中单击 报表 选项，进入报表的数据库窗口，双击"使用向导创建报表"选项，弹出"报表向导"对话框之一，如图 14-1 所示。

步骤 02 单击 ≫ 按钮，将"可用字段"列表框中的字段名全部导入到"选定的字段"列表框中去，如图 14-2 所示。

图 14-1 "报表向导"对话框之一

图 14-2 "可用字段"列表中的字段名导入"选定的字段"列表中

步骤 03 操作完毕后，单击 下一步(N) > 按钮，弹出"报表向导"对话框之二，如图 14-3 所示。

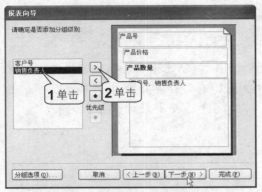

图 14-3 "报表向导"对话框之二

步骤 04 按级别顺序，依次单击字段名，并单击 > 按钮，将字段名按级别排序，如图 14-4 所示。

图 14-4 按级别排序后的字段名

步骤 05 单击 下一步(N) > 按钮，弹出"报表向导"对话框之三。在第一个下拉列表框中选择"客户号"选项，将其排列格式设置为"升序"，如图 14-5 所示。

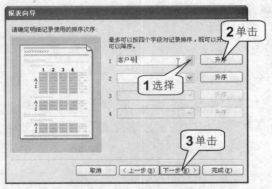

图 14-5 "报表向导"对话框之三

步骤 06 单击 下一步(N) > 按钮，弹出"报表向导"对话框之四。在"布局"选项组中选中相应的形式（如"块"），并在预览框中预览其格式，直到满意，如图 14-6 所示。

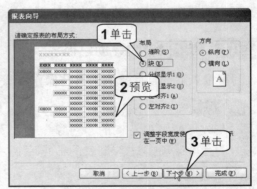

图 14-6 "报表向导"对话框之四

步骤 07 单击 下一步(N) > 按钮，弹出"报表向导"对话框之五，如图 14-7 所示。

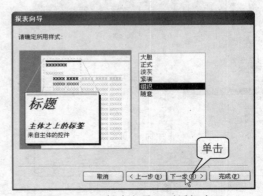

图 14-7 "报表向导"对话框之五

步骤 08，单击 下一步(N) 按钮，弹出"报表向导"对话框之六，如图14-8所示。

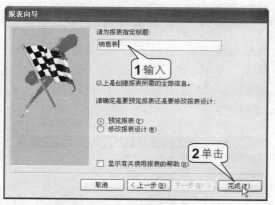

图14-8　"报表向导"对话框之六

步骤 09，在"请为报表指定标题"下面的文本框中输入相应的标题，单击 完成(F) 按钮，完成报表的创建，如图14-9所示。

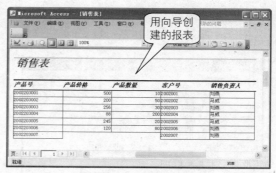

图14-9　报表示例

14.1.2 利用标签向导创建报表

创建标签报表的具体操作步骤如下：

步骤 01，新建或打开一个数据库，在数据库窗口左侧的"对象"列表中单击 报表 选项，进入报表的数据库窗口。单击 新建(N) 按钮，弹出"新建报表"对话框，单击"标签向导"选项并在"请选择该对象数据的来源表或查询"后面的下拉列表框中选择待创建报表的数据表（如"销售表"），如图14-10所示。

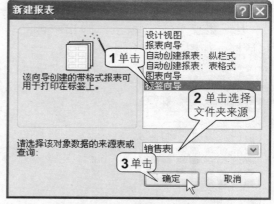

图14-10　"新建报表"对话框

步骤 02，单击 确定 按钮，弹出"标签向导"对话框之一，如图14-11所示。

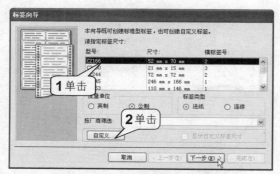

图14-11　"标签向导"对话框之一

步骤 03，选择相应的型号、尺寸、横标签号。如不满意，可以单击 自定义... 按钮，在弹出的"新建标签尺寸"对话框中设置，如图14-12所示。

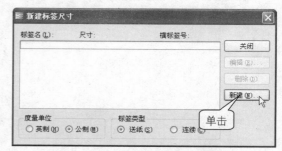

图14-12　"新建标签尺寸"对话框

步骤 04 单击 新建(N)... 按钮，弹出"新建标签"对话框，如图 14-13 所示。在该对话框中自行定义标签各个部分的尺寸、标签类型、方向、横标签号等。设置完毕后，单击 确定 按钮，返回"标签向导"对话框之一。

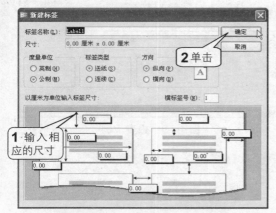

图 14-13 "新建标签"对话框

步骤 06 单击 按钮，弹出"颜色"对话框，如图 14-15 所示。

图 14-15 "颜色"对话框

步骤 08 单击 下一步(N) > 按钮，弹出"标签向导"对话框之三，如图 14-17 所示。

步骤 05 单击 下一步(N) > 按钮，弹出"标签向导"对话框之二。单击"字体"下拉列表框右侧的下三角按钮，将字体设置为"华文行楷"；单击"字号"下拉列表框右侧的下三角按钮，将字号设置为 9；单击"字体粗细"下拉列表框右侧的下三角按钮，将其设置为"正常"，如图 14-14 所示。

图 14-14 "标签向导"对话框之二

步骤 07 在"基本颜色"列表中选择紫色，单击 确定 按钮，返回"标签向导"对话框，在右侧的预览框中预览，直到满意，如图 14-16 所示。

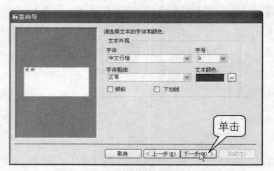

图 14-16 设置标签的文本格式

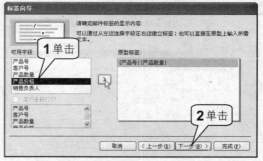

图 14-17 "标签向导"对话框之三

步骤09，按照在标签中出现的顺序，依次单击"可用字段"列表中的字段名，并单击 > 按钮，所选字段名依次出现在"原型标签"列表中，如图14-18所示。

图14-18　设置"原型标签"

步骤11，单击 下一步(N) > 按钮，弹出"标签向导"对话框之五。在"请指定报表的名称"文本框中输入报表的名称，如图14-20所示。

步骤12，单击 完成(F) 按钮，完成标签报表的创建。

步骤10，单击 下一步(N) > 按钮，弹出"标签向导"对话框之四。按照相应的顺序，依次单击"可用字段"列表中的字段名，再单击 > 按钮，将字段名按一定顺序导入到"排序依据"列表中，如图14-19所示。

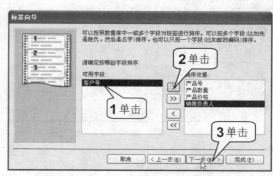

图14-19　"标签向导"对话框之四

图14-20　"标签向导"对话框之五

14.1.3　利用图表向导创建报表

创建图表报表的具体步骤如下：

步骤01，新建或打开一个数据库，在数据库窗口左侧的"对象"列表中单击 报表 选项，进入报表的数据库窗口。单击 新建(N) 按钮，弹出"新建报表"对话框，单击"图表向导"选项，并在"请选择该对象数据的来源表或查询"下拉列表框中选择需要创建报表的数据表（如"库存表"），如图14-21所示。

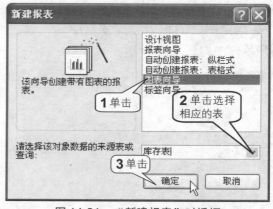

图14-21　"新建报表"对话框

步骤 02 单击 确定 按钮，弹出"图表向导"对话框之一，如图 14-22 所示。

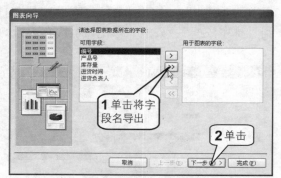

图 14-22 "图表向导"对话框之一

步骤 03 单击 ⟩⟩ 按钮，将"可用字段"列表中的所有字段名添加到"用于图表的字段"列表中，如图 14-23 所示。

图 14-23 添加用于图表的字段名

步骤 04 操作完毕后，单击 下一步(N) ＞ 按钮，弹出"图表向导"对话框之二。单击相应的图表，如图 14-24 所示。

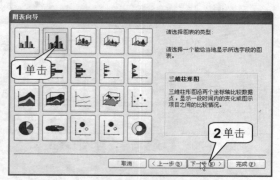

图 14-24 "图表向导"对话框之二

步骤 05 单击 下一步(N) 按钮，弹出"图表向导"对话框之三，如图 14-25 所示。拖动图表中所用到的字段名，将其拖放到表中相应的位置。

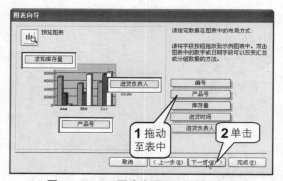

图 14-25 "图表向导"对话框之三

步骤 06 操作完毕后，单击 下一步(N) ＞ 按钮，弹出"图表向导"对话框之四。在"请指定图表的标题"文本框中输入报表的名称，如图 14-26 所示。

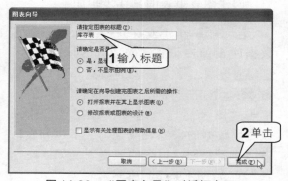

图 14-26 "图表向导"对话框之四

步骤 07 单击 完成(F) 按钮，完成图表报表的创建，如图14-27所示。

步骤 08 执行"文件>保存"命令，弹出"另存为"对话框，如图14-28所示。在"报表名称"文本框中输入报表名称，单击 确定 按钮即可。

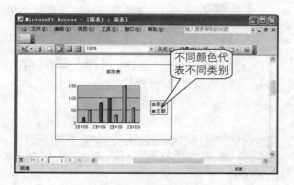

图14-27　图表报表

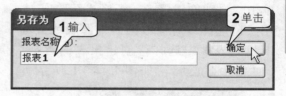

图14-28　"另存为"对话框

14.1.4　自动创建报表

Access系统中可以自动创建纵栏式报表和表格式报表。

1. 纵栏式报表

创建纵栏式报表的具体操作步骤如下：

步骤 01 新建或打开一个数据库，在数据库窗口左侧的"对象"列表中单击 报表 选项，进入报表的数据库窗口。单击 新建(N) 按钮，弹出"新建报表"对话框，单击"自动创建报表：纵栏式"选项，并在"请选择该对象数据的来源表或查询"下拉列表框中选择需要创建报表的数据表（如"库存表"），如图14-29所示。

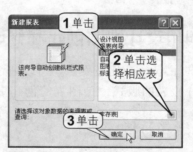

图14-29　"新建报表"对话框

步骤 02 单击 确定 按钮，自动创建纵栏式报表，如图14-30所示。

步骤 03 执行"文件>保存"命令，弹出"另存为"对话框，在"报表名称"文本框中输入报表名称，单击 确定 按钮即可。

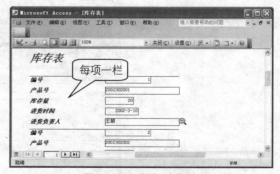

图14-30　纵栏式报表

2. 表格式报表

创建表格式报表的具体操作步骤如下：

步骤 01，新建或打开一个数据库，在数据库窗口左侧的"对象"列表中单击 报表 选项，进入报表的数据库窗口。单击 新建(N) 按钮，弹出"新建报表"对话框，单击"自动创建报表：表格式"选项，并在"请选择该对象数据的来源表或查询"下拉列表框中选择待创建报表的数据表（如"库存表"），如图 14-31 所示。

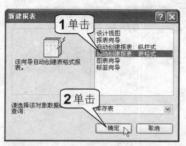

图 14-31 "新建报表"对话框

步骤 02，单击 确定 按钮，系统将自动创建表格式报表，如图 14-32 所示。

步骤 03，执行"文件>保存"命令，在弹出的对话框中为新建报表命令。

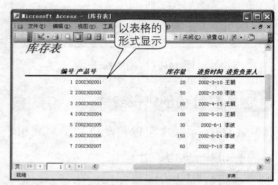

图 14-32 表格式报表

14.2 利用设计视图创建和修改报表

如果用户对 Access 比较熟悉，可以通过设计视图创建报表。主要优点是：可以按照用户的喜好设计报表的版式，使图表的创建更加灵活。

14.2.1 工具箱简介

利用设计视图创建或修改报表时，最常用的就是工具箱。打开数据库窗口，在窗口左侧的"对象"列表中单击 报表 选项，进入报表的数据库窗口，双击"在设计视图中创建报表"选项，即可弹出设计窗口和工具箱，如图 14-33 所示。

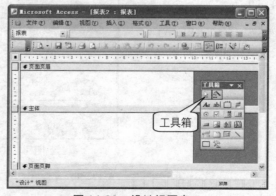

图 14-33 设计视图窗口

关于工具箱的按钮具体用途说明如表 14-1 所示。

表 14-1　工具箱按钮及其名称

按钮	名称	按钮	名称	按钮	名称
	选择对象		复选框		绑定对象框
	控件向导		组合框		分页符
	标签		列表框		选项卡控件
	文本框		命令按钮		子窗体 / 子报表
	选项组		图像		直线
	选项按钮		未绑定对象框		矩形

如果单击■按钮，将弹出下拉菜单，显示已经加载的控件，用户可根据需要进行选取。在创建报表时，一般常用的按钮有■、■、■、■、■等按钮，控件的具体功能及创建方法已在 13.2.1 中详细介绍，读者可参阅。

14.2.2　利用设计视图创建报表

利用设计视图创建报表的步骤如下：

步骤 01　打开数据库，在窗口左侧的"对象"列表中单击■报表选项，进入报表的数据库窗口，双击"在设计视图中创建报表"选项，进入"Microsoft Access-[报表 2：报表]"窗口，最大化显示窗口。在工具箱中单击■按钮，将光标移至"页脚页眉"下面的区域，光标变成十字，如图 14-34 所示。

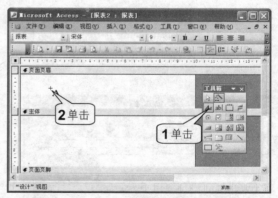

图 14-34　单击"标签"按钮后的操作

步骤 02　按住鼠标左键并拖动，形成一个矩形框，这就是新建的标签框，如图 14-35 所示。

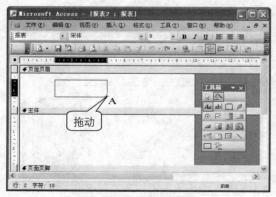

图 14-35　拖动鼠标

步骤 03　当拖动至理想大小时，松开鼠标，直接在标签框中输入相应的文字，如图 14-36 所示。

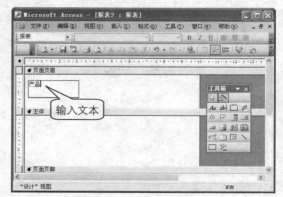

图 14-36　在标签框中输入文字

步骤 04，输入完毕后，单击矩形的边框线，使四周出现8个黑点，单击 宋体 或右侧的下三角 五号 按钮，设置相应的字体、字号，如图 14-37 所示。

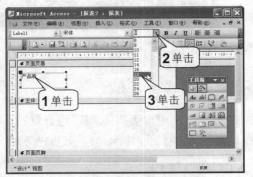

图 14-37 设定标签框中的字体

步骤 05，设置完毕后，单击 按钮，在产品表下面绘制两条直线，如图 14-38 所示。

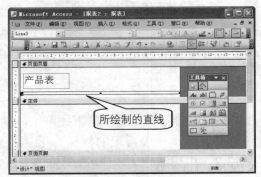

图 14-38 绘制直线

步骤 06，选中绘制的直线，单击 按钮右侧的下三角按钮，在弹出的面板中选择相应的颜色添加到直线上。选择标签框，如图 14-39 所示，单击 按钮右侧的下三角按钮，在弹出的面板中为字体设置相应的颜色。

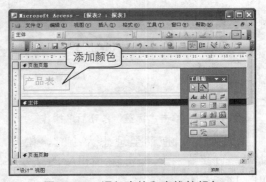

图 14-39 添加字体和直线的颜色

步骤 07，单击 按钮右侧的下三角按钮，在弹出的下拉菜单中选择合适的宽度，如图 14-40 所示。

图 14-40 设置直线宽度

步骤 08，按照同样的方式，设定"产品名称"、"产品号"、"产品数量"、"完成日期"的标签，如图 14-41 所示。

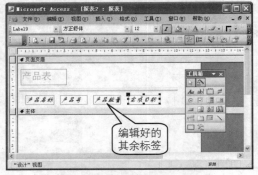

图 14-41 设定其余标签

步骤09 单击 abl 按钮，并单击"主体"下面的区域，按住鼠标左键拖动至满意大小，松开鼠标；单击鼠标右键，弹出快捷菜单，执行"属性"命令，如图14-42所示。

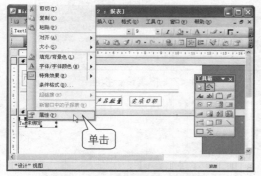

图 14-42 设置文本框属性操作

步骤11 单击"记录源"后面的下拉列表框右侧的下三角按钮，在弹出的下拉列表框中选择"产品表"选项，如图14-44所示，使产品表中的数据与文本框中的内容相对应。

图 14-44 选择相应的记录源

步骤10 弹出"报表"对话框，单击第一个下拉列表框右侧的下三角按钮，在弹出的下拉列表框中选择"报表"选项，如图14-43所示。

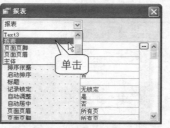

图 14-43 "报表"对话框

步骤12 窗口的标题框中的文字改为"产品表：报表"，如图14-45所示。按照同样的方法设定页眉。单击 按钮，将报表保存。

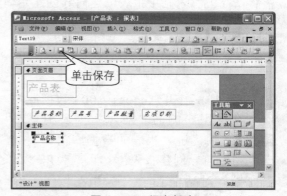

图 14-45 保存报表

14.2.3 修改已经存在的报表

如果创建的报表不够满意，或者对利用其他方法创建的报表不能够适应用户的需求，可以对其进行修改。

打开数据库窗口，在窗口左侧的"对象"列表中单击 报表 选项，进入报表的数据库窗口，最大化显示窗口。选中待修改的报表，单击 设计 按钮，如图14-46所示，进入该报表的设计视图，如图14-47所示。

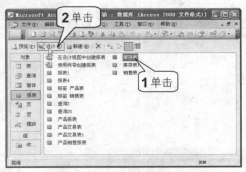

图 14-46　进入报表设计视图操作

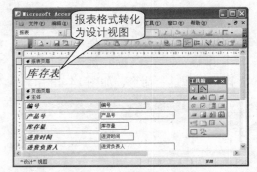

图 14-47　报表设计视图

按照 14.2.2 中所讲到的方法，对其进行相应的修改，保存即可。

14.3　边学边练：创建产品交易报表

由于企业的需要，要求创建一个关于企业产品销售状况的报表，并将产品的价格、产品的数量等数据进行汇总。

实例简析

可以将这份数据库报表取名为"产品交易报表"，创建此种数据报表的方法很简单，只需将产品汇总表利用报表创建向导创建完毕，再进入报表设计视图中修改即可创建完成。

制作步骤

1. 利用向导创建报表

步骤01，打开 Access 2003 数据库窗口，在窗口左侧的"对象"列表中单击 报表 选项，进入报表的数据库窗口，双击"利用向导创建报表"选项，弹出"报表向导"对话框之一。单击 » 按钮，将"可用字段"列表中的所有字段名导入到"选定字段"列表中，如图 14-48 所示。

步骤02，在图 14-48 所示的对话框中单击 下一步(N) > 按钮，弹出"报表向导"对话框之二，按字段名在报表中出现的优先级依次选中相应的字段，如图 14-49 所示依照图注单击 > 按钮进行添加。

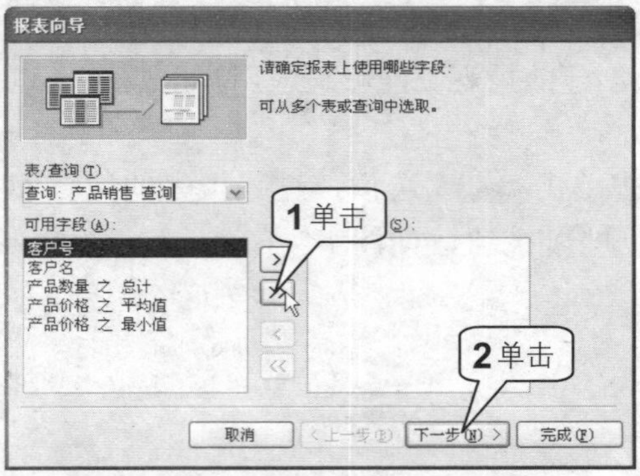

图 14-48　"报表向导"对话框之一

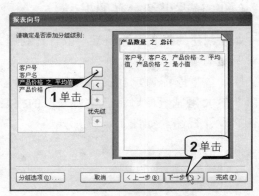

图 14-49　"报表向导"对话框之二

步骤 03 单击 下一步(N) 按钮，弹出"报表向导"对话框之三。单击第一个"升序"前面的下拉列表框右侧的下三角按钮，在弹出的下拉列表框中选择"产品价格之平均值"选项，如图14-50所示。

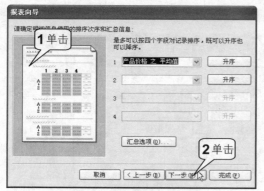

图 14-50 "报表向导"对话框之三

步骤 05 单击 下一步(N) 按钮，弹出"报表向导"对话框之五。选择具体样式（如随意），预览直至满意，如图14-52所示。

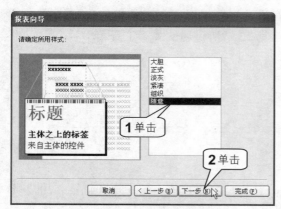

图 14-52 "报表向导"对话框之五

步骤 07 在"请为报表指定标题"下面的文本框中输入"产品销售报表"，并选择"修改报表设计"单选按钮，单击 完成(F) 按钮，即可进入报表设计视图，如图14-54所示。

步骤 04 单击 下一步(N) 按钮，弹出"报表向导"对话框之四。在"布局"选项组中选择"递阶"单选按钮，并在预览框中预览直至满意，如图14-51所示。

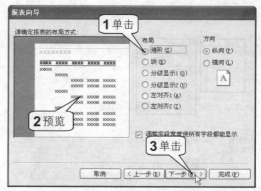

图 14-51 "报表向导"对话框之四

步骤 06 单击 下一步(N) 按钮，弹出"报表向导"对话框之六，如图14-53所示。

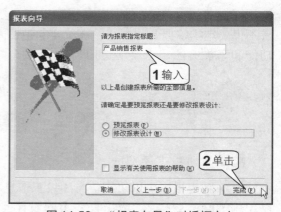

图 14-53 "报表向导"对话框之六

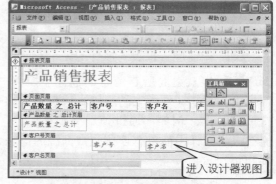

图 14-54 报表设计视图

2. 使用设计视图修改窗体

步骤 01 选中要改变相同字体或字号的所有控件，单击 宋体 ▾ 右侧的下三角按钮，在弹出的下拉列表中选择"华文楷体"选项，如图 14-55 所示。

步骤 02 单击 五号 ▾ 右侧的下三角按钮，在弹出的下拉列表框中选择相应的字号，并将所有要设定空间内字体的控件设置完毕，如图 14-56 所示。保存后，即可完成报表的创建。

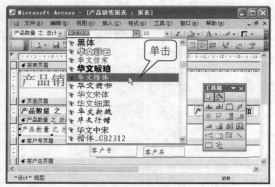

图 14-55 设置控件内字体

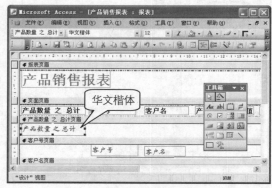

图 14-56 设置后控件示例

本例小结

在本例中，首先利用向导创建报表，然后在设计视图中对所创建的报表进行修改。读者不仅要牢牢掌握此种方法，更重要的是要回忆上第 13 章所讲述的关于工具箱中各个空间的功能和添加方法，以灵活运用。

课堂问答

问 简述报表的功能。

答 利用报表可以组织信息和设置信息的格式，以适合用户的不同用途和规格。用户可以使用 Access 来设计应用许多不同设计元素的报表。例如，应用文本、数据、图片、线条、方框、图形和其他元素来创建需要的报表。所使用的元素以及如何安排这些元素都取决于用户的需求。邮件标签、发票、销售额汇总以及电话号码表全都是使用 Access 生成的报表类型的示例。

问 如何理解报表与控件的关系？

答 报表上的所有信息都包含在控件中。控件是对象，可以显示信息，执行操作或装饰报表。某些控件绑定到基础表或查询中的字段，所以可以在字段中输入数据，也可以显示它们的数据。例如，通过使用文本框控件，可以输入并显示信息。其他控件可以显示只存储在报表设计中而没有连接到数据源的信息。例如，使用标签可以显示说明性文本，使用线条和矩形可以使报表更吸引人。

问 什么情况应用报表？什么情况应用窗体？

答 报表是只读的，用于预览或打印。窗体是交互式的，允许编辑或查看数据库中的信息。

在需要进行以下操作时使用报表：

● 提供信息以分发给其他人。

● 精确地自定义打印信息的外观。

● 阅读取自数据库的详细信息。

● 汇总或分组信息以进行进一步分析。

在需要进行以下操作时使用窗体：

● 编辑数据库中存储的数据。

● 输入新数据，如向"客户"表中添加新客户。

● 使用自定义视图输入或编辑数据。例如，使用窗体输入显示产品系列项目和订单合计的销售额订单。

● 使实际使用数据库的人员能够交互查看数据库中的信息。

问 什么是报表向导？

答 Access 提供了许多报表向导来帮助用户创建报表。自动报表向导会在不向用户提示任何信息的情况下生成一个预先设好格式的单列报表。其他报表向导会询问问题，然后根据您的回答创建报表。即使有许多创建报表的经验，也可能需要使用报表向导来快速生成一个报表。以利用向导创建的报表作为基础，可以原样使用，也可以根据需要对报表进行修改。

使用报表向导可以创建多种报表，包括单列报表、表格式报表、包含或不包含合计的分组报表、邮件标签报表、显示图形的图表报表等。

自动报表向导提供创建报表的最快速方式。利用自动报表向导创建的报表是预先设好格式的单列报表，它显示基础表或查询中的所有字段。

问 如何打印报表？

答 可以从打印预览视图、版面预览视图、设计视图或数据库窗口打印报表。打印之前，需要重新检查页面设置，如边距或页面方向等。Access 会将页面设置与报表一起保存。

（1）更改页面设置

步骤1：在设计视图或打印预览视图中打开报表（或在数据库窗口中选择报表）。

步骤2：执行"文件>页面设置"命令。如果您在打印预览视图中，还可以在工具栏上单击"设置"按钮。Access 会显示"页面设置"对话框。

步骤3：单击"页"标签，进入"页"选项卡，在该选项卡的"打印方向"选项组中，选择"纵向"单击按钮以将页面方向设为垂直方向。选择"横向"单选按钮以将页面方向设为水平方向。

（2）将报表发送到打印机

步骤1：在任意视图中打开报表（或在数据库窗口中选择报表）。

步骤2：执行"文件>打印"命令。如果在数据库窗口中，或者在版面预览或打印预览视图中，还可以在工具栏上单击打印按钮。Access 会显示"打印"对话框。

步骤3：在"打印机"选项组的"名称"下拉列表框中选择要使用的打印机，在"打印范围"选项组中设置要打印的范围（如全部内容），在"份数"选项组中的"打印份数"微调框中设定要打印的份数。单击"确定"按钮即可打印。

 举一反三

如果本章的基础知识已经掌握，为了在掌握基础知识的前提下，灵活应用本章知识及本章知识的拓展，下面列出了一个实例，以解决上述问题，这个实例不但是基础知识的实际应用，也是实际操作中很重要的一种知识拓展。掌握实例的方法，将有利于对掌握的知识的理解。

例 在报表中隐藏重复数据值

用户在创建报表时，同一组中可能有很多信息是重复出现的，看起来不够清晰，为了增添报表的视觉效果，可将重复信息隐藏，具体实现方法如下：

步骤01 打开数据库窗口，在窗口左侧的"对象"列表中单击 报表 选项，进入报表的数据库窗口，双击"查询2"选项，打开报表，如图14-57所示。

步骤02 发现"查询2"报表中，同一个客户的客户号、客户名等信息重复出现多次，显得很凌乱。单击工具栏中的 按钮，进入设计视图，如图14-58所示。

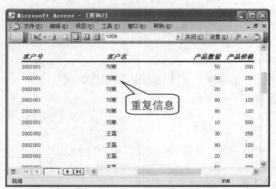

图14-57 显示重复信息的报表

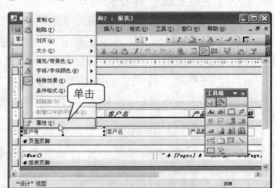

图14-58 报表的设计视图

步骤03 分别选中"客户名"和"客户号"文本框，单击鼠标右键，在弹出的快捷菜单中执行"属性"命令，弹出"文本框：客户号"对话框，如图14-59所示。单击"隐藏重复控件"文本框，右侧出现下三角按钮。单击该按钮，在弹出的下拉列表框中选择"是"选项。

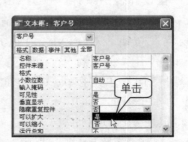

图14-59 "文本框：客户号"对话框

步骤04，关闭"文本框：客户号"对话框，保存所修改的报表，完成设置，如图14-60所示。

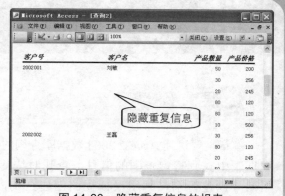

图14-60   隐藏重复信息的报表

本章练习

1. 填空题

（1）报表的灵活性很高，能按照用户所希望的详细程度显示相应的信息，同时还可以对_____进行汇总，并用最直观的_____表示出来。

（2）报表的形式多样，如_____、_____，也可以自动创建纵栏式报表和表格式报表。

（3）Access系统中可以自动创建_____和表格式报表两种形式的报表。

2. 选择题

（1）可以自动创建的报表是_____报表。

　　A. 数据式　　　　　B. 表格式　　　　　C. 图像式　　　　　D. 凸凹式

（2）设计图表报表要使用_____。

　　A. 报表向导　　　　B. 报表视图　　　　C. 图表向导　　　　D. 自动报表

（3）创建报表的方法有_____种。

　　A. 4　　　　　B. 3　　　　　C. 2　　　　　D. 1

3. 上机题

（1）以"员工"表为来源，创建一个纵栏式报表。

（2）以"图书出售情况"表为数据来源，创建书店图书售出情况报表。

（3）以"图书"表为数据来源，创建书店图书面积图报表。

Access 2003中数据的查询

15 Chapter

课前预习

本章主要讲述 Access 2003 数据库查询的基础知识。数据库的查询就是根据用户的需要在数据表中找到特定范围的信息，查找时快捷有效、灵活方便。在本章将介绍以下内容：利用向导创建查询，利用设计视图创建查询，条件查询，交叉表查询，查询的相关操作。

正式课堂

15.1 利用查询向导生成查询

如果用户对生成查询不够熟悉，可以利用查询向导生成查询，具体操作步骤如下：

步骤 01 打开数据库窗口，在窗口左侧的"对象"列表中单击 查询 选项，进入查询的数据库窗口，双击"使用向导创建查询"选项，弹出"简单查询向导"对话框之一。在"表1查询"下拉列表框中选择"表：产品表"选项，将"可用字段"列表中的所有字段名导入到"选定的字段"列表中，如图 15-1 所示。

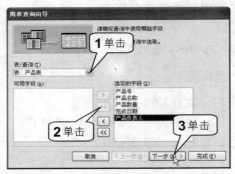

图 15-1 "简单查询向导"对话框之一

步骤 02 单击 下一步(N) > 按钮，弹出"简单查询向导"对话框之二。选择"明细（显示每个记录的每个字段）"单选按钮，如图 15-2 所示。

步骤 03 单击 下一步(N) > 按钮，弹出"简单查询向导"对话框之三。在"请为查询指定标题"下面的文本框中输入相应的标题，如图 15-3 所示。

图 15-2 "简单查询向导"对话框之二

图 15-3 "简单查询向导"对话框之三

步骤 04，单击 完成(F) 按钮，完成查询的创建，如图 15-4 所示。

图 15-4　创建的查询

15.2　利用设计视图创建查询

对于多表格的查询，可以利用设计视图生成。建立多表查询，首先要建立各表之间的关系，具体的操作步骤如下。

步骤 01，打开数据库窗口并最大化显示，在窗口右侧的"对象"列表中单击 查询 选项，进入查询的数据库窗口。双击"在设计视图中创建查询"选项，弹出"显示表"对话框和"查询 1：选择查询"窗口，如图 15-5 所示。

步骤 02，在"显示表"对话框的"表"选项卡中单击要建立查询的表，单击 添加(A) 按钮，将表添加至"查询 1：选择查询"窗口，如图 15-6 所示。

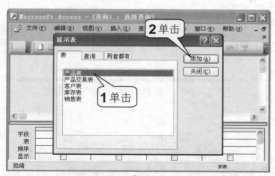

图 15-5　"显示表"对话框和"查询 1：选择查询"
　　　　　窗口

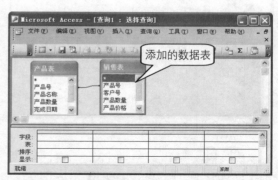

图 15-6　添加表后的"查询 1：选择查询"窗口

步骤 03，将要在查询中显示的字段名（如产品号）拖至"字段"文本框中，并设置排序顺序和显示状况，如图 15-7 所示。

步骤 04，单击工具栏中的 按钮，弹出"另存为"对话框。在"查询名称"文本框中输入相应的查询名称，单击 确定 按钮，查询创建完毕，如图 15-8 所示。所创建的查询是按照在设计视图中定义的格式显示的。

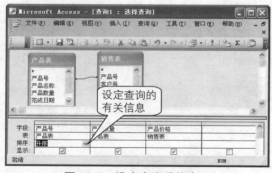

图 15-7　设定查询后的窗口

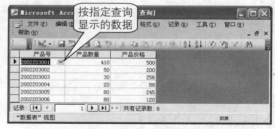

图 15-8　查询后的结果

15.3 条件查询

用户有时需对查询的内容作条件限制，以便查找更有效的数据，节省阅读数据的时间。如果要查询产品数量大于50的产品信息，具体的操作步骤如下。

步骤 01 打开数据库窗口并最大化显示，在窗口左侧的"对象"列表中单击 查询 选项，进入查询的数据库窗口，选择要采用条件查询的表，单击 设计⑩ 按钮。弹出"查询1：选择查询"窗口，右击"产品数量"列的"条件"文本框，在弹出的快捷菜单中执行"生成器"命令，如图15-9所示。

步骤 02 弹出"表达式生成器"对话框，单击 按钮，在文本框中输入50，如图15-10所示。单击 确定 按钮，即可设定查询条件为产品数量大于50的产品信息。

图 15-9 打开"表达式生成器"对话框操作

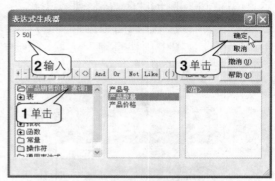

图 15-10 "表达式生成器"对话框

步骤 03 单击 确定 按钮，返回"查询1：选择查询"窗口，并在相应的位置显示设定的条件，如图15-11所示。

步骤 04 单击 按钮，将该查询命名为产品销售价格"查询1"完成条件查询，如图15-12所示。

图 15-11 添加条件的"查询1：选择查询"窗口

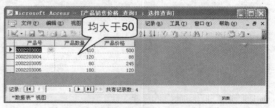

图 15-12 条件查询的结果显示

15.4　交叉表查询

交叉表查询的具体的操作步骤如下：

步骤01　打开"数据库"窗口，在窗口左侧的"对象"列表中单击 查询 选项，进入查询的数据库窗口。单击 新建(N) 按钮，弹出"新建查询"对话框，如图 15-13 所示。

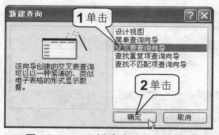

图 15-13　"新建查询"对话框

步骤03　选择"视图"选项组中的"表"单选按钮，再选择待设定交叉图表的表（如"销售表"），在"示例"框中预览满意后，单击 下一步(N) 按钮，弹出"交叉表查询向导"对话框之二。

步骤04　在"可用字段"下面的列表中选择相应的字段（如"产品号"、"产品价格"）并单击 > 按钮，将其添加到"选定字段"列表框中，如图 15-15 所示。

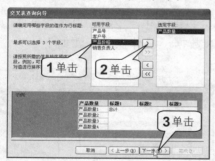

图 15-15　"交叉表查询向导"对话框之二

步骤06　单击 下一步(N) 按钮，弹出"交叉表查询向导"对话框之四，如图 15-17 所示。在"字段"下面的列表框中选择"产品价格"选项，在其右侧的"函数"下面的列表框中选择"最大值"选项。

步骤02　选择"交叉表查询向导"选项，单击 确定 按钮，弹出"交叉表查询向导"对话框之一，如图 15-14 所示。

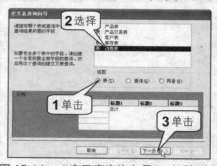

图 15-14　"交叉表查询向导"对话框之一

步骤05　单击 下一步(N) 按钮，弹出"交叉表查询向导"对话框之三，选择"产品数量"，如图 15-16 所示。

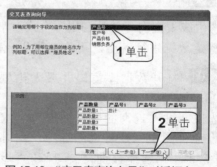

图 15-16　"交叉表查询向导"对话框之三

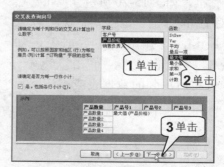

图 15-17　"交叉表查询向导"对话框之四

步骤07，在"示例"框中预览满意后，单击 下一步(N) 按钮，弹出"交叉表查询向导"对话框之五。在"请指定查询的名称"下面的文本框中输入查询的名称，如图 15-18 所示。

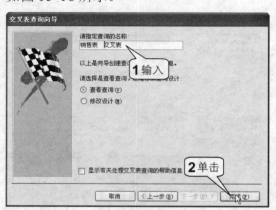

图 15-18 "交叉表查询向导"对话框之五

步骤08，单击 完成(F) 按钮，完成交叉查询的创建，如图 15-19 所示。

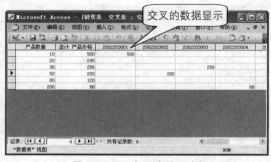

图 15-19 交叉查询示例

15.5 查询的相关操作

查询的相关操作包括生成表的查询、追加查询、查询的更新，用户可根据需要作相应的了解。

15.5.1 生成表查询

所谓生成表查询，就是利用一个或多个表的全部或部分数据新建一个表，以对数据库中一部分特定数据进行备份，可将查询生成的数据转换成表数据。具体操作步骤如下：

步骤01，打开数据库窗口并最大化显示，在窗口左侧的"对象"列表中单击 查询 选项，进入查询的数据库窗口。双击"在设计视图中创建查询"选项，同时弹出"[查询1：选择查询]"窗口和"显示表"对话框，如图 15-20 所示。单击"显示表"对话框中的"表"标签，进入"表"选项卡，选择用到的数据表，如"产品表"、"销售表"，单击 添加(A) 按钮，即可将所用到的数据表或查询添加到"[查询1：选择查询]"对话框中去。

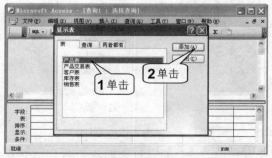

图 15-20 "[查询1：选择查询]"窗口和"显示 表"对话框

步骤02 在"[查询1：选择查询]"窗口中，单击 🔽 按钮右侧的下三角按钮，在弹出的下拉菜单中执行"生成表查询"命令，如图15-21所示。

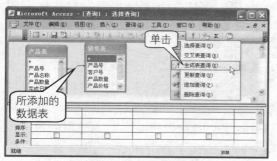

图15-21　生成表查询操作

步骤04 单击 确定 按钮，返回"[查询1：生成表查询]"窗口中，将欲在"产品交易表"中出现的字段名拖至"字段"后面的文本框中，如图15-23所示。

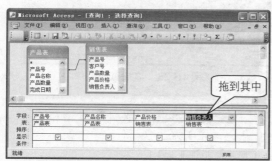

图15-23　添加有效的字段名

步骤06 单击 是(Y) 按钮，弹出Microsoft Office Access对话框之二，如图15-25所示。

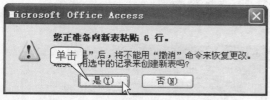

图15-25　Microsoft Office Access对话框之二

步骤03 弹出"生成表"对话框，在"生成新表"选项组中的"表名称"列表框中输入生成新数据表的名称，并选择"当前数据库"单选按钮，如图15-22所示。

图15-22　"生成表"对话框

步骤05 操作完毕后，单击 🔽 按钮，弹出"另存为"对话框，单击 确定 按钮。返回"[查询1：生成表查询]"窗口，在工具栏中单击 ❗ 按钮，弹出Microsoft Office Access对话框之一，询问是否继续，如图15-24所示。

图15-24　Microsoft Office Access对话框之一

步骤07 单击 是(Y) 按钮，完成生成表查询操作，此时在"表"中创建"产品交易表"的新表，如图15-26所示。

图15-26　创建好的生成表示例

15.5.2 追加查询

所谓追加查询，就是将一个或多个表中的一组数据追加到另一个表的尾部。例如，某公司生产一批新产品，可以将新产品的信息追加到原产品表中去，具体操作步骤如下。

步骤 01 打开数据库窗口并最大化显示，在窗口左侧的"对象"列表中单击 查询 选项，进入查询的数据库窗口，双击"在设计视图中创建查询"选项，同时弹出"[查询1：选择查询]"窗口和"显示表"对话框，如图 15-27 所示。

步骤 02 单击"显示表"对话框中的"表"标签，进入"表"选项卡，选择用到的数据表（如"产品表"），单击 添加(A) 按钮，即可将所用到的数据表或查询添加到"[查询1：选择查询]"窗口中去，关闭"显示表"对话框。在工具栏中，单击 按钮右侧的下三角按钮，在弹出的下拉菜单中执行"追加查询"命令，如图 15-28 所示。

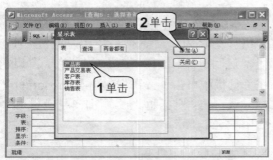

图15-27 "查询1：选择查询"窗口和"显示表"对话框

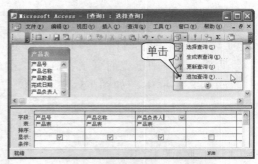

图 15-28 追加查询操作

步骤 03 弹出"追加"对话框之一，如图 15-29 所示，选择"另一数据库"单选按钮，单击 浏览(B)... 按钮。

步骤 04 弹出"追加"对话框之二，如图 15-30 所示。

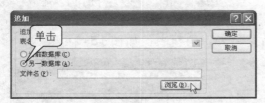

图 15-29 "追加"对话框之一

图 15-30 "追加"对话框之二

步骤 05 选择待追加的数据库，并单击 确定 按钮，返回"追加"对话框之一。自动在"文件名"文本框中添加被追加文件的地址，单击"表名称"下拉列表框右侧的下三角按钮，在弹出的下拉列表框选择相应的数据表，如图 15-31 所示。

图 15-31 设置追加表的有关信息

步骤 06 单击 确定 按钮，返回"[查询1：选择查询]"窗口，拖动"产品表"中相应的字段名，将其添加到"字段"后面的文本框中，如图15-32所示。

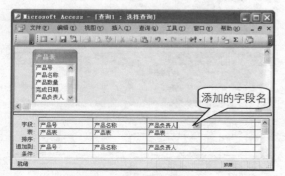

图15-32　添加字段名

步骤 07 单击 按钮，弹出"另存为"对话框，如图15-33所示。

图15-33　"另存为"对话框

步骤 08 在"查询名称"文本框中输入相应的名称，单击 确定 按钮。返回"[追加查询：追加查询]"窗口，在工具栏中单击 按钮，弹出Microsoft Office Access对话框，如图15-34所示。

图15-34　Microsoft Office Access对话框

步骤 09 单击 是(Y) 按钮，完成追加查询操作，产品表中的数据追加到产品一表中，如图15-35所示。

图15-35　产品表中的数据追加到产品二表

15.5.3　查询的更新

所谓查询的更新，就是根据用户的设定时一个或多个表中的记录作全局的更改。例如，由于统计出错，产品表中所有2002年3月5日生产的产品数量都少加了10件，现欲更新，具体操作步骤如下：

步骤 01 打开数据库窗口并最大化显示，在窗口左侧的"对象"列表中单击 查询 选项，进入查询的数据库窗口。双击"在设计视图中创建查询"选项，同时弹出"[查询1：选择查询]"窗口和"显示表"对话框，如图15-36所示。

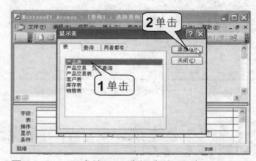

图15-36　"[查询1：选择查询]"窗口和"显示表"对话框

步骤 02 单击"显示表"对话框中的"表"标签，进入"表"选项卡，选择用到的数据表（如"产品表"），单击 添加(A) 按钮，即可将所用到的数据表或查询添加到"[查询1：选择查询]"窗口中。

步骤 03 单击工具栏中的 按钮右侧的下三角按钮，在弹出的下拉菜单中执行"更新查询"命令，如图15-37所示。

步骤 04 将"产品表"中相应的字段拖动至"字段"后的文本框中，如图15-38所示。

图15-37 更新查询操作

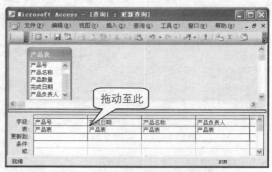

图15-38 添加字段

步骤 05 在字段名"完成日期"下面的"条件文本框"中输入"Like 2002-3-5"，在字段名"产品数量"下面的"更新到"文本框中，输入"[产品数量]+10"，单击 按钮，如图15-39所示。

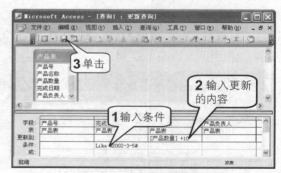

图15-39 添加更新条件示例

步骤 06 弹出"另存为"对话框，在"查询名称"文本框中输入相应的名称，单击 确定 按钮，弹出 Microsoft Office Access 对话框，如图15-40所示。

步骤 07 单击 是(Y) 按钮，更新查询创建完毕，如图15-41所示。

图15-40 Microsoft Office Access对话框

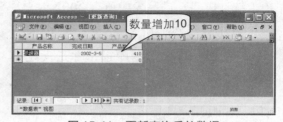

图15-41 更新查询后的数据

15.6 边学边练：产品销售状况的查询

企业需要创建一个有关客户购买产品状况的查询，要求查询出购买产品单价超过100元的客户所购买产品的总数量和平均价格。

实例简析

　　制作这份数据表的查询之前，先在设计视图中创建该查询。创建完毕后，利用向导进一步创建查询，以对所创建的查询中的数据进行汇总。本例将利用设计视图创建报表与利用向导创建报表结合在一起，要注意灵活应用两种创建报表方法。创建完毕后要对数据表进行设计，以达到最完美的效果。

制作步骤

1. 利用设计视图创建查询

步骤 01 打开数据库窗口并最大化显示，在窗口左侧的"对象"列表中单击 查询 选项，进入查询的数据库窗口，双击"在设计视图中创建查询"选项，同时弹出"[查询1：选择查询]"窗口和"显示表"对话框，如图15-42所示。

步骤 02 在"显示表"对话框中，单击"表"标签，进入"表"选项卡。在该选项卡中选择"产品表"和"客户表"选项，关闭对话框，返回至"[查询1：选择查询]"窗口，如图15-43所示。

图15-42　"[查询1：选择查询]"窗口和"显示表"对话框

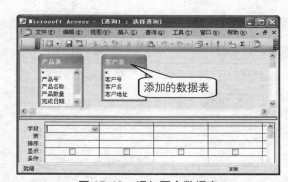

图15-43　添加两个数据表

步骤 03 拖动两个数据表中用到的字段名（如客户号、客户名、产品数量、产品价格）至"字段"后面的文本框中，如图15-44所示。

步骤 04 右击"产品价格"字段到下面的"条件"文本框，在弹出的快捷菜单中执行"生成器"命令，弹出"表达式生成器"对话框，如图15-45所示。

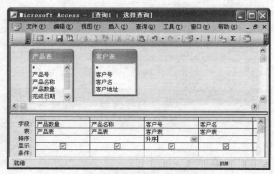

图15-44　添加新字段

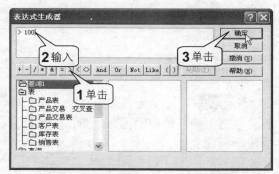

图15-45　"表达式生成器"对话框

步骤 05 单击 按钮，在上面的文本框中输入 100，单击 确定 按钮，关闭"表达式生成器"对话框。返回"[查询 1：选择查询]"窗口，在选择的文本框中自动显示所输入的条件。单击 按钮，将文件保存。

2. 利用向导创建查询

步骤 01 打开数据库窗口并最大化显示，在窗口左侧的"对象"列表中选择"查询"（用图标）选项，进入查询的数据库窗口，双击"利用向导创建查询"选项，同时弹出"简单查询向导"对话框之一，如图 15-46 所示。

步骤 02 在"表/查询"下拉列表框中选择"查询：查询 2"选项，单击 >> 按钮，将"可用字段"列表中的所有字段名导入"选定字段"列表中，单击 下一步(N) > 按钮，弹出"简单查询向导"对话框之二，如图 15-48 所示。

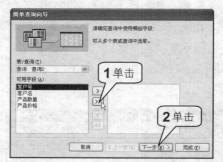

图 15-46　"简单查询向导"对话框之一

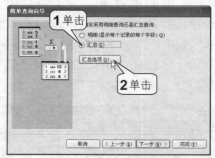

图 15-47　"简单查询向导"对话框之二

步骤 03 选择"汇总"单选按钮，单击 汇总选项(O)... 按钮，弹出"汇总选项"对话框，如图 15-48 所示。

步骤 04 在"产品数量"右侧选中"汇总"复选框，在"产品价格"右侧选中"平均"和"最小"复选框，单击 确定 按钮。返回"简单查询向导"对话框之二，单击 下一步(N) > 按钮，弹出"简单查询向导"对话框之三，如图 15-49 所示。

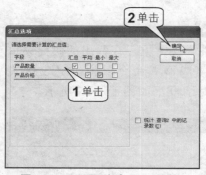

图 15-48　"汇总选项"对话框

图 15-49　"简单查询向导"对话框之三

步骤 05 在"请为查询指定标题"下面的文本框中输入相应的标题，单击 完成(F) 按钮，创建完毕，如图 15-50 所示。

图 15-50　创建的查询示例

Access 2003中数据的查询

本例小结

　　本例先利用设计视图创建查询,在设计向导中对所创建查询的数据进行汇总。方法简单易学,使用灵活。读者不仅要牢牢掌握这种方法,更要记住这两种查询的创建方法,还要学会举一反三,才能适应不同需求。

 课堂问答

　　问 如何认识和理解利用向导创建查询?

　　答 向导会提示用户选择需要的数据库字段。用户可以从表中选择字段,还可以从已建立的查询中选择字段。例如,从"雇员表"中检索人员列表,向导会提示选择要在查询中包括的字段,如每个雇员的名称、经理和电话分机。

　　向导还允许分组和汇总数据。此功能对简单查询不是必需的,可以帮助用户分析更复杂的记录集。

　　创建查询后,利用向导可以运行创建的查询,或者切换到设计视图。在设计视图中,可以指定条件并改进查询。例如,在设计视图中可以指定结果列表仅显示市场部的雇员,还可以指定按雇员的姓以便对列表进行排序。

　　问 如何为查询指定字段?

　　答 为查询指定的字段将控制查询会检索的数据。例如,在最畅销产品的列表中,可能要查看每一种产品的名称、利润率、销售量和分销商,而不需要了解产品的制造日期。

　　无论使用向导还是使用设计视图,都可以为查询指定字段。向导提示用户选择要使用的表或查询,然后提示选择要使用的字段。在设计视图中,同样首先选择要使用的表或查询,然后从网格上方显示的表中拖动每个所需字段,以便将相应字段添加到查询中。此操作将填充查询中的"字段"文本框和"表"文本框。在设计视图中,还可以双击网格上方显示的表中的字段,选择该字段,然后字段将按双击时的先后顺序显示在网格中。

　　问 如何限定数据的条件?

　　答 条件是建立在查询中的详细信息,表示要检索的特定数据。指定一个条件,将记录集限定为某一字段,其他任何数据或没有数据的表都不满足此条件,因此该查询不会检索这些数据。

　　要设置条件,请在查询网格的"条件"文本框中键入用于限定查询的文本或值。条件可以简单,也可以更复杂。复杂条件可以包括多个条件,或者对值进行比较。

　　问 如何显示或隐藏数据的某个字段?

　　答 在查询中,可以根据不同要求显示或隐藏数据的某个字段。

　　在数据查询窗口中,通过各字段名所在列的"显示"复选框可以控制该列的字段是否显示。选中"显示"复选框,查询时使用相应列的字段名;不选中"显示"复选框,则不使用。无论用户是否指定了某字段的条件,都可以显示或不显示该字段。如果在特定情况下只需要记录集的一个子集,则利用功能能够重用某个查询而仅显示部分结果。例如,显示两个字段而不是多个字段，而无需创建新查询。

问，如何运行查询？

答，可以在设计视图中测试新查询。在设计视图的工具栏中单击 ! 按钮，就会切换到结果视图。如果结果不满意，单击 设计 按钮，返回设计视图，进一步调整。

运行查询的方法：单击数据库窗口中"对象"列表中的"查询"选项，显示查询列表，然后在列表中选择查询，双击即可运行该查询。

举一反三

如果本章的基础知识已经掌握，为了在掌握基础知识的前提下，灵活应用本章知识及本章知识的拓展，下面列出了一个实例，以解决上述问题。这个实例不但是基础知识的实际应用，也是实际操作中很重要的一种知识拓展。掌握实例的方法，将会对所掌握知识的理解有所帮助。

例，在表中搜索重复记录

使用 Access 创建表格时，由于疏忽往往会添加许多重复的记录，快速查找表中的重复记录的具体实现方法如下：

步骤 01，打开数据库窗口并最大化显示，在窗口左侧的"对象"列表中单击 查询 选项，进入查询的数据库窗口，单击 新建(N) 按钮，弹出"新建查询"对话框，如图 15-51 所示。

步骤 02，单击"查找重复项查询向导"选项，单击 确定 按钮，弹出"查找重复项查询向导"对话框之一，如图 15-52 所示。

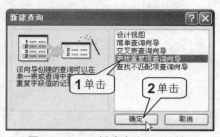

图 15-51 "新建查询"对话框

图 15-52 "查找重复项查询向导"对话框之一

步骤 03，选择"表：产品表"选项，单击 下一步(N) 按钮，弹出"查找重复项查询向导"对话框之二，如图 15-53 所示。

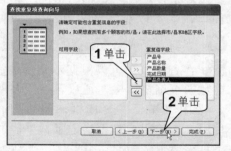

图 15-53 "查找重复项查询向导"对话框之二

步骤04 单击 >> 按钮，将"可用字段"列表中的所有字段名导入"重复值字段"列表，单击 下一步(N) > 按钮。弹出"查找重复项查询向导"对话框之三，在"请指定查询的名称"下面的文本框中输入相应的名称，单击 完成(F) 按钮，完成查询，如图15-54所示。

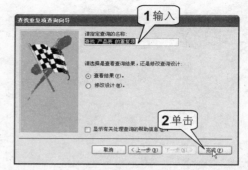

图15-54　"查找重复项查询向导"对话框之三

本章练习

1. 填空题

（1）可以采用设计视图生成多表格的查询。建立多表查询，首先要建立 _____ 之间的关系。

（2）创建查询的方法有 _____ 、_____ 、_____ 等。

（3）查询的相关操作包括 _____ 、_____ 、查询的更新。

（4）所谓生成表查询，就是 _____ ，以对数据库的一部分特定数据进行备份，可将查询生成的数据转换成表数据。

（5）查询的更新就是根据用户的设定，对一个或多个表中的 _____ 作全局的更改。

2. 选择题

（1）选择查询一般不用于 _____ 数据。

　　A. 排序　　　　　　　B. 检索　　　　　C. 浏览　　　　　D. 统计

（2）追加查询是将一个或多个表中的 _____ 追加到另一个表的尾部。

　　A. 字段　　　　　　　B. 多组数据　　　C. 一组数据　　　D. 数据组

（3）创建查询的方法有 _____ 种。

　　A. 4　　　　　B. 3　　　　C. 2　　　　D. 1

3. 上机题

（1）以书店图书情况为数据来源，创建价格相同的图书的查询。

（2）以书店售书情况为数据来源，创建交叉查询。

（3）运行查询时，只需输入书名就可查询到图书的信息。

读书笔记

Part 6

Outlook 2003的基础与应用

利用Outlook可以处理办公的日常事务，收发电子邮件、管理联系人信息、安排日程、分配任务等。

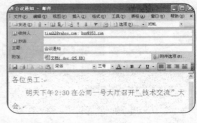

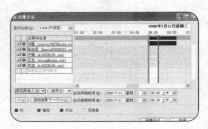

用Outlook 2003收发电子邮件

课前预习

本章主要讲述 Outlook 2003 中邮件的发送、接收等有关基础知识。Outlook 2003 的应用已经深入到工作和日常生活中，为信息传递提供了简易、快捷、廉价的平台，使信息在世界的每个角落间迅速传播。本章将介绍以下内容：创建电子邮件的帐户，添加收件人的邮件地址，撰写邮件，发送电子邮件，接收和阅读电子邮件。

正式课堂

16.1　Outlook 2003简介

本节将介绍 Outlook 2003 的基础知识。Outlook 2003 的启动和 Outlook 2003 的窗口界面参见第 1 章，这里介绍 Outlook 2003 常用的窗口组件。

Outlook 2003 的主要窗口组件有导航窗格、阅读窗格、各种菜单和各种按钮。下面将着重介绍导航窗格和阅读窗格。

1. 导航窗格

导航窗格是 Outlook 2003 中管理文件夹的重要工具，提供了简便的管理和导航。导航窗格由导航窗格选项和文件夹列表组成，如图 16-1 所示。单击文件夹选项，可以跳转到相应的文件夹窗格。

（1）"邮件"窗格

"邮件"窗格包括发件箱、收件箱、已发送邮件、垃圾邮件等文件夹。单击任何一个文件夹（如"收件箱"）位于右侧的文件夹窗体将显示该文件夹的具体信息，如图 16-2 所示。

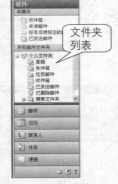

图 16-1　导航窗格

图 16-2　"邮件"窗格

（2）"日历"窗格

在日历中，可以查看自己的或与他人共享的日历，还可以设置会议、约会等日程，如图 16-3 所示。

图 16-3　"日历"窗格

（3）"联系人"窗格

可以显示联系人的姓名、地址、电话等个人信息，如图 16-4 所示。

图 16-4　"联系人"窗格

（4）"便笺"窗格

用来显示自己写给他人或他人写给自己的所有便笺，如图 16-5 所示。

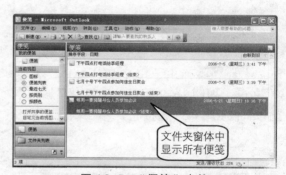

图 16-5　"便笺"窗格

2．阅读窗格

执行"视图>阅读窗格>靠右（靠下）"命令，即可打开阅读窗格。只需单击"文件夹"窗体中的任意一个选项，在窗口右侧的阅读窗格中显示相应的信息，如图 16-6 所示。

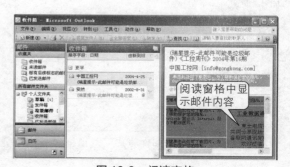

图 16-6　阅读窗格

用Outlook 2003收发电子邮件

16.2　创建电子邮件

利用 Outlook 2003 可以方便地收发电子邮件和管理电子邮件，提高工作效率。为通信开拓了一个简单、快捷、廉价的途径。

16.2.1　创建电子邮件帐户

首次应用 Outlook 2003，应先创建电子邮件帐户，具体的操作步骤如下：

步骤 01 在桌面上双击快捷方式图标，打开 Outlook 2003 窗口，如图 16-7 所示。执行"工具>电子邮件帐户"命令，如图 16-8 所示。

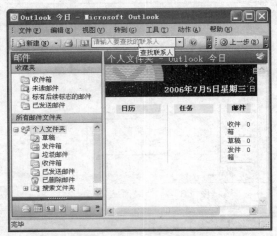

图 16-7　Outlook 2003 窗口

图 16-8　创建电子邮件帐户操作

步骤 02 弹出"电子邮件帐户"对话框之一，如图 16-9 所示。选择"添加新电子邮件帐户"单选按钮，单击 下一步(N)> 按钮。

步骤 03 弹出"电子邮件帐户"对话框之二，如图 16-10 所示。选择 IMAP 单选按钮，连接到 IMAP 电子邮件服务器，可以下载邮件标题，下载所需邮件并同步处理邮件中的文件夹。单击 下一步(N)> 按钮。

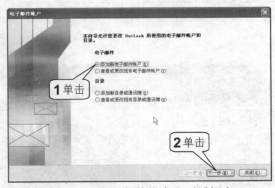

图 16-9　"电子邮件帐户"对话框之一

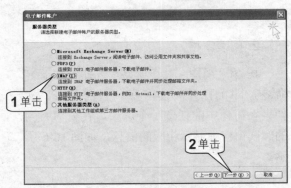

图 16-10　"电子邮件帐户"对话框之二

步骤04 弹出"电子邮件帐户"对话框之三。在"您的姓名"文本框中输入姓名，在"电子邮件地址"文本框中输入邮件地址，在"密码"文本框中输入用户密码；输入相应的服务器信息，如图16-11所示。

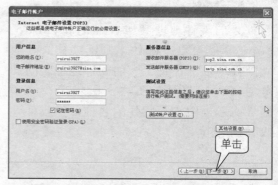

图16-11　"电子邮件帐户"对话框之三

步骤05 单击 下一步(N)> 按钮，弹出"电子邮件帐户"对话框之四，如图16-12所示，单击 完成(F) 按钮，创建电子邮件帐户成功。

图16-12　"电子邮件帐户"对话框之四

16.2.2　添加收件人邮件地址

使用Outlook 2003发送邮件时，需要添加收件人的邮件地址，具体步骤如下：

步骤01 双击桌面快捷方式图标，打开Outlook 2003窗口，执行"文件>新建>邮件"命令，如图16-13所示。

步骤02 弹出"未命名的邮件"窗口之一，如图16-14所示。

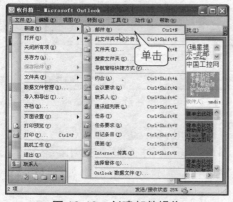

图16-13　创建邮件操作

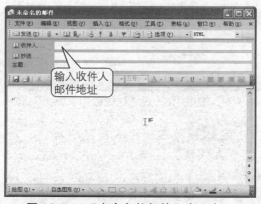

图16-14　"未命名的邮件"窗口之一

步骤 03 在"收件人"文本框中输入收件人的邮件地址（如 tianhl@yahoo.com），若要群发邮件，则继续输入其他人邮件地址，在每个人的邮件地址之间加分号（；），如图 16-15 所示。在"主题"文本框中输入邮件的名称，供收件人收件时预览。

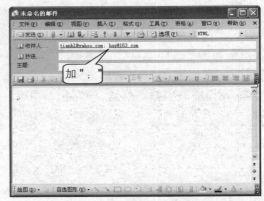

图 16-15　"未命名的邮件"窗口之二

16.2.3　撰写邮件

撰写电子邮件时，可以直接在电子邮件的文本窗口中编写。格式设定与内容编排的方式与 Word 完全相同，具体步骤如下：

步骤 01 在"收件人"文本框中输入收件人的邮件地址（如 tianhl@yahoo.com），在"主题"文本框中输入主题（如"会议通知"），邮件窗口的标题栏将变为"会议通知 - 邮件"。单击[选项]按钮右侧的下三角按钮，弹出快捷菜单，如图 16-16 所示。

步骤 02 执行"信纸"命令，弹出"电子邮件选项"对话框，如图 16-17 所示。

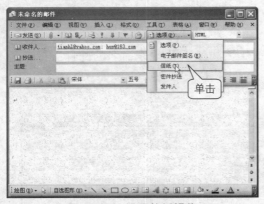

图 16-16　设置信纸操作

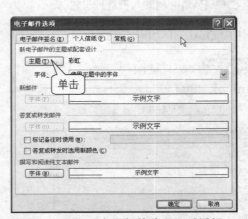

图 16-17　"电子邮件选项"对话框

步骤 03 单击"个人信纸"标签，进入"个人信纸"选项卡。单击[主题(T)]按钮，弹出"主题或信纸"对话框。在"请选择主题"列表框中，选择合适的信纸格式，如"彩珠（信纸）"，在右侧的"信纸预览"框中预览效果，如图 16-18 所示。

步骤 04 单击[确定]按钮，回到"电子邮件选项"对话框。单击[字体(N)]按钮，弹出"字体"对话框，如图 16-19 所示。

用Outlook 2003收发电子邮件

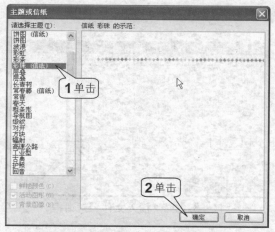

图 16-18 "主题或信纸"对话框

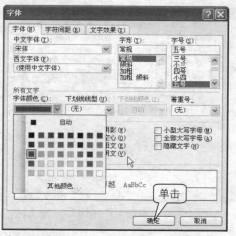

图 16-19 "字体"对话框

步骤 05 按照 Word 中所讲的方法，对文本的字体、字形、字号、颜色等进行设置，在"预览"框中预览满意后，单击 确定 按钮，返回"电子邮件选项"对话框。单击 确定 按钮，进入"会议通知 - 邮件"窗口，撰写邮件，如图 16-20 所示。

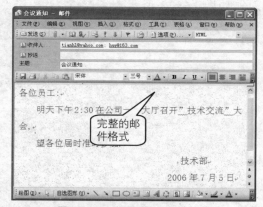

图 16-20 撰写后的电子邮件

16.3 发送电子邮件

撰写电子邮件后要将邮件发送出去。发送电子邮件之前，可以为邮件添加附件、设置邮件属性，如果想保存发送邮件还可以保留一份。

16.3.1 添加附件

在发送电子邮件时，可以给邮件添加附件。附件可以是各种类型的文件（如照片、图片、可执行的文档等）很方便地将自己的文件传送给其他同事，具体操作步骤如下：

步骤 01 在邮件窗口中，执行"插入>文件"命令，如图 16-21 所示。

步骤 02 弹出"插入文件"对话框，在"查找范围"下拉列表框中选择附件所在的文件夹，单击要添加附件的文件，如图 16-22 所示。

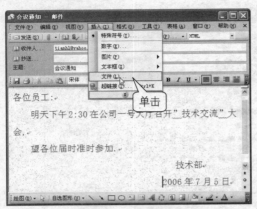

图 16-21　添加附件操作

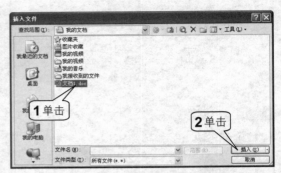

图 16-22　"插入文件"对话框

步骤 03 单击 [插入(S)] 按钮，将附件插入，如图 16-23 所示。

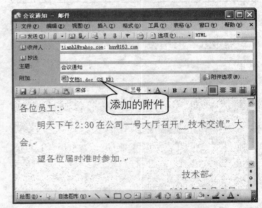

图 16-23　插入附件后的电子邮件

16.3.2　保存邮件

编辑电子邮件时，一般 Outlook 2003 会自动保存。默认情况下，每三分钟将未完成的邮件保存一次，保存在草稿箱中。

执行"文件>保存"命令，如图 16-24 所示，将所编辑的电子邮件保存至草稿箱中。如果执行"文件>另存为"命令，再将邮件保存至别的文件夹中。

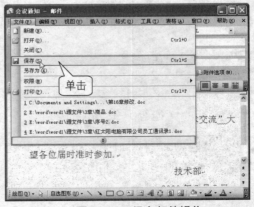

图 16-24　保存邮件操作

16.3.3　邮件属性设置

设置邮件属性的步骤如下：

步骤01，单击邮件编辑窗口中的 `选项(P)...` 按钮的下三角按钮，弹出快捷菜单，如图16-25所示。

步骤02，执行"选项"命令，弹出"邮件选项"对话框，如图16-26所示。

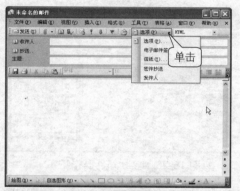

图16-25　邮件属性设置操作

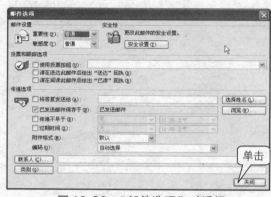

图16-26　"邮件选项"对话框

步骤03，在"邮件设置"选项组中设置邮件的重要性和优先级；在"投票或跟踪选项"选项组中设定邮件发送后或阅读后的具体动作；在"传递选项"选项组中设定发送的时限。设定完毕后，单击 `关闭` 按钮，完成邮件属性设置。

16.3.4　发送邮件

设定和编辑完邮件后，单击 `发送(S)` 按钮，该邮件先被放置到"发件箱"中，后立即被发送出去。若未连接网络，可在发件箱中看到未发送邮件的数目，如图16-27所示。

图16-27　"发件箱"文件夹

16.4　接收和阅读电子邮件

利用Outlook 2003不仅能够发送邮件，还能够接收邮件、阅读邮件、回复邮件和转发邮件。

16.4.1 接收邮件

接收邮件的具体步骤如下：

步骤 01 打开 Outlook 2003 窗口，在"邮件"窗格中选择"收件箱"文件夹，进入"收件箱"窗体。执行"工具>发送和接收>全部发送和接收"命令，如图16-28所示。

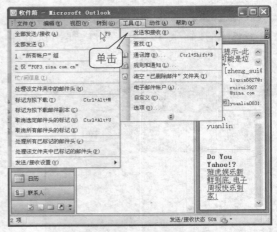

图 16-28　接收邮件操作

步骤 02 弹出"Outlook 发送 / 接收进度"窗口，如图16-29所示。同时弹出"邮件进度"对话框，显示邮件的接收进度。

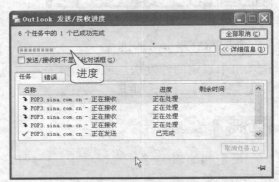

图 16-29　"Outlook 发送 / 接收进度"窗口

步骤 03 邮件接收完毕后，邮件将以列表的形式显示在收件箱中，如图16-30所示。

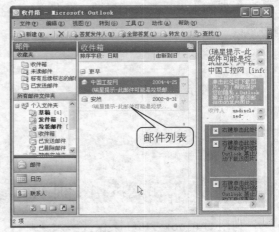

图 16-30　收件箱中的邮件列表

16.4.2 阅读邮件

单击"收件箱"文件夹，打开"收件箱"窗口，收件箱列表中显示了邮件的发送者、发送时间和邮件主题。

双击要读的邮件，打开该邮件，如图16-31所示，即可阅读。

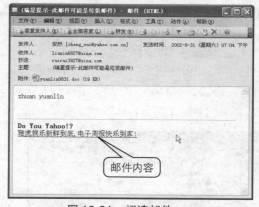

图 16-31　阅读邮件

16.4.3 答复和转发邮件

如果用户阅读完邮件后需要回复邮件，单击 答复发件人(R) 按钮，弹出答复邮件编辑窗口，如图16-32所示。

在答复邮件窗口中，"收件人"文本框显示收件人地址，"主题"文本框中显示答复主题，在编辑窗口中显示原邮件内容，从插入点后输入新邮件即可。

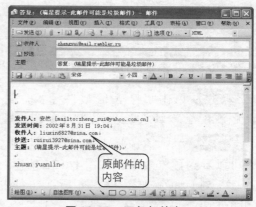

图 16-32　回复邮件窗口

16.5 边学边练：发送会议请求

如果公司召开会议，通过电子邮件通知企业员工，再向其他公司发出会议请求，可以撰写并发送会议请求的电子邮件。

实例简析

发送会议请求之前，列出与会人员的名单，再确认这些人员的电子邮件地址；撰写电子邮件时，写清楚会议的时间、地点及会议类型；最后将会议请求同时发送给与会人员。

用Outlook 2003收发电子邮件

制作步骤

1. 设置信纸

步骤 01 双击桌面快捷方式图标，打开 Outlook 2003 窗口，执行"文件>新建>邮件"命令，弹出"未命名的邮件"窗口，如图 16-33 所示。

步骤 02 单击 选项(P)... 按钮右侧的下三角按钮，弹出快捷菜单，执行"信纸"命令，弹出"电子邮件选项"对话框，如图 16-34 所示。

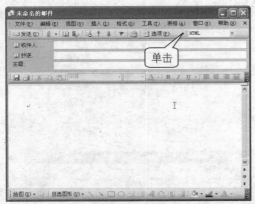

图 16-33 "未命名的邮件"窗口

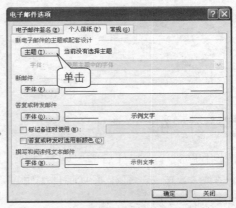

图 16-34 "电子邮件选项"对话框

步骤 03 单击"个人信纸"标签，进入"个人信纸"选项卡；在"新电子邮件中的主题或配套设计"选项组中，单击 主题(T)... 按钮，弹出"主题或信纸"对话框。

步骤 04 在"请选择主题"列表框中，选择"秋叶"选项，在右侧的"信纸预览"框中可以看到预览效果，如图 16-35 所示。满意后单击 确定 按钮，即可回到"电子邮件选项"对话框，如图 16-36 所示，单击 确定 按钮，回到"未命名的邮件"窗口，关闭即可。

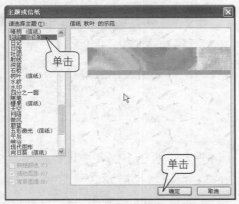

图 16-35 "主题或信纸"对话框

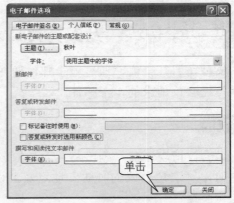

图 16-36 "电子邮件选项"对话框

2. 添加收件人电子邮件地址

步骤 01 双击桌面快捷方式图标，打开 Outlook 2003 窗口，执行"文件>新建>邮件"命令，弹出"未命名的邮件"窗口，如图 16-37 所示。

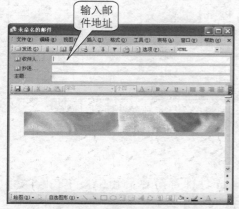

图 16-37 "未命名的邮件"窗口

3. 添加附件和撰写电子邮件

步骤 01 为正文设置相应的字体和字号，然后编写正文，如图 16-39 所示。

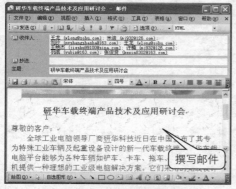

图 16-39 编写邮件

步骤 03 单击 [插入(S)] 按钮，将附件插入，如图 16-41 所示。

步骤 02 在"收件人"文本框中输入群发邮件地址，如 tianhl@yahoo.com、bmlhs@163.com 等，在每个邮件地址之间加分号（；），如图 16-38 所示，在"主题"文本框中输入"会议请求"。

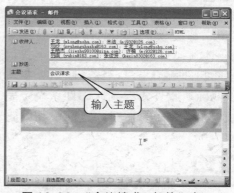

图 16-38 "会议请求-邮件"窗口

步骤 02 执行"插入>文件"命令，弹出"插入文件"对话框，在"查找范围"下拉列表框中选择附件所在的文件夹，单击要添加附件的文件，如图 16-40 所示。

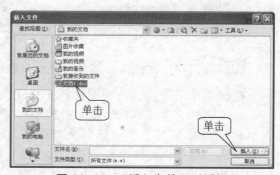

图 16-40 "插入文件"对话框

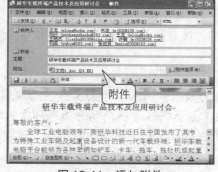

图 16-41 添加附件

4. 保存并发送电子邮件

步骤 01 在邮件编辑窗口中，单击 选项(P) 按钮的下三角按钮，在弹出的下拉菜单中执行"选项"命令，弹出"邮件选项"对话框，如图 16-42 所示。

步骤 02 在"邮件设置"选项组中将邮件的重要性和优先级设置为"高"；在"投票和跟踪选项"选项组中设定邮件发送后或阅读后的具体动作，这里选中"请在阅读此邮件后给出'已读'回执"复选框，以便确认收件人看到此邮件。设定完毕后，单击 关闭 按钮，返回邮件编辑窗口。

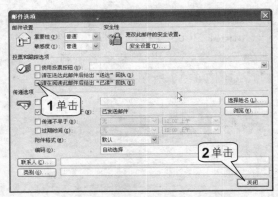

图 16-42 "邮件选项"对话框

步骤 03 执行"文件>保存"命令，将编辑的电子邮件保存至草稿箱中，单击 发送(S) 按钮，该邮件先被放置到"发件箱"中，然后立即被发送出去。

本例小结

本例主要练习如何编辑邮件、设置邮件并发送邮件。整个过程简单、灵活，在日常办公中尤为常用，读者要牢牢掌握这些方法和技巧，以适应不同需求。

课堂问答

问 如何在发送邮件时不显示发件人地址？

答 双击桌面快捷方式图标打开 Outlook 2003 窗口，执行"文件>邮件"命令，打开"未命名的邮件"窗口，单击"收件人"按钮，弹出"选择姓名"对话框。在"键入名称或直接从列表中选择"文本框中，键入名称。或者单击"高级"按钮，在弹出的下拉菜单中执行"查找"命令，弹出"查找"对话框，在"常规"选项卡的"查找包以下字符的名称"文本框中输入相应的字符，单击"确定"按钮，返回"选择姓名"对话框。选择目标联系人的邮件地址，单击"密件抄送"按钮，再单击"发送"按钮。

如果用 Microsoft Word 作为电子邮件编辑器，那么在新邮件中，单击"选项"按钮右边的下三角按钮，再执行"密件抄送"命令。

问 简述通讯簿的作用。

答 "通讯簿"是通讯簿或通讯录组成的集合。发送邮件时，可以使用通讯簿查找和选择姓名、电子邮件地址以及通讯组列表。Microsoft Outlook 会自动检查键入的名称是否与通讯簿中的名称匹配。如果两者匹配，则解析该名称，显示名和邮件地址会填入"收件人"

用Outlook 2003收发电子邮件

文本框中，然后就能发送邮件了。如果两者不匹配，"检查姓名"对话框会提示用户输入详细信息，或者新建联系人信息。如果包含键入字母的姓名不只一个，可从列表中选择一个姓名。

问 如何确认邮件发送？如何确认邮件是否被阅读？

答 Outlook 2003可以跟踪发送的邮件送达收件人或收件人阅读该邮件的时间。每封邮件在送达或阅读之后，发件人都会接收到邮件通知，邮件通知的内容自动记录在"已发送邮件"文件夹的原始邮件的"跟踪"选项卡中。

问 如何答复或转发邮件？

答 答复邮件时，需先选择要答复的邮件。如果仅答复发件人，请单击"答复发件人"按钮；若要答复所有发件人，请单击"全部答复"按钮；操作完毕后，单击"发送"按钮。

转发邮件时，需选中要转发的邮件。单击"转发"按钮。在"收件人"、"抄送"和"密件抄送"文本框中，输入收件人名称。如果要转发多封邮件，请在"主题"文本框中键入邮件主题。操作完毕后，单击"发送"按钮。

问 如何查看或更改邮件帐户设置？

答 步骤1：打开Outlook 2003窗口，执行"工具>电子邮件帐户"命令。弹出"电子邮件帐户"对话框之一。

步骤2：选择"查看或更改现有电子邮件帐户"单选按钮，然后单击"下一步"按钮。

步骤3：单击所需的电子邮件帐户，再单击"更改"按钮。弹出"电子邮件帐户"对话框之二。

步骤4：确保所看到的设置与管理员处获得的信息一致。

步骤5：如果正在更改 Microsoft Exchange Server 帐户，请单击"检查姓名"按钮，以验证服务器能够识别您的姓名。输入的姓名和服务器名称应该变为带下划线。确信计算机已连接到了网络上。如果姓名没有带下划线，请与管理员联系。如果正在更改POP3服务器帐户，请单击"测试帐户设置"按钮以验证帐户是否有效。如果有遗失或错误的信息（如密码），将提示您提供或更正该信息。确信您的计算机已连接到了Internet上。单击"完成"按钮。

举一反三

如果本章的基础知识已经掌握，为了在掌握基础知识的前提下，灵活应用本章知识及本章知识的拓展，下面列出了一个实例，将解决上述问题。这个实例不但是基础知识的实际应用，也是实际操作中很重要的一种知识拓展。掌握实例的方法，将有利于对所掌握的知识的理解。

例 回复邮件时不包含原邮件

回复邮件时，为了美观，用户不希望原邮件出现在邮件编辑窗口，具体步骤如下：

步骤 01 双击桌面快捷方式图标，打开 Outlook 2003 窗口，执行"工具>选项"命令，如图 16-43 所示。

图 16-43 打开"选项"对话框操作

步骤 02 弹出"选项"对话框，单击"首选参数"标签，进入"首选参数"选项卡，如图 16-44 所示。

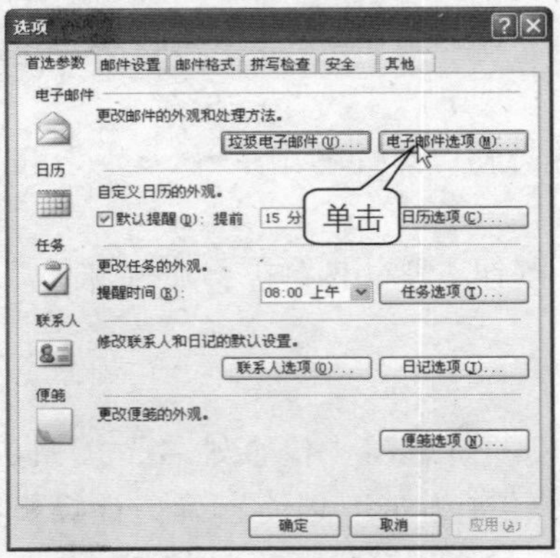

图 16-44 "选项"对话框

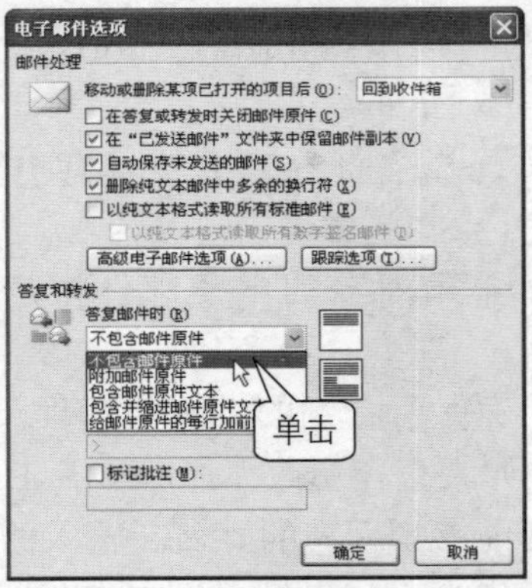

步骤 03 单击 电子邮件选项(M)... 按钮，弹出"电子邮件选项"对话框，如图 16-45 所示。

图 16-45 "电子邮件选项"对话框

步骤 04 单击"答复邮件时"下拉列表框右侧的下三角按钮，在弹出的下拉列表框中选择"不包含邮件原件"选项。单击 确定 按钮，返回"选项"对话框，单击 确定 按钮，即可实现回复邮件时不包含源邮件。

本章练习

1. 填空题

（1）首次使用 Outlook 2003，应先创建 _____ 。

（2）发送邮件时，需要添加 _____ 、 _____ 、 _____ ，还可以插入 _____ 。

（3）若要群发邮件，在"收件人"文本框中输入所有收件人邮件地址，在每个人的邮件地址之间加 _____ 。

2. 选择题

（1）给邮件添加附件，就是在发送电子邮件时，附加各种类型的文件，如 _____ 。

  A. 照片   B. 图片   C. 可执行的文档   D. 不可执行的文档

（2）利用 Outlook 2003 不仅能够发送邮件，还能够 _____ 。

  A. 接收邮件   B. 阅读邮件   C. 回复邮件   D. 转发邮件

3. 上机题

（1）编写会务安排的邮件。
（2）为邮件添加信纸。
（3）为邮件添加附件。

用 Outlook 2003 收发电子邮件

用Outlook 2003管理联系人信息

课前预习

本章主要讲述 Outlook 2003 中有关联系人信息管理的基础知识，包括创建联系人、管理联系人、联系人分类、打印联系人资料以及使用联系人。在本章将介绍以下内容：创建联系人，管理联系人，联系人分类，打印联系人地址，同时向多个人发送邮件。

正式课堂

17.1 创建联系人信息

利用 Outlook 2003 可以方便记录和添加联系人的姓名、电子邮件、电话等信息，以更方便地和联系人联系。创建联系人信息的具体步骤如下：

步骤 01 双击桌面快捷方式图标，打开 Outlook 2003 窗口，执行"新建>联系人"命令，如图 17-1 所示。

步骤 02 弹出"未命名 – 联系人"窗口，如图 17-2 所示。

图 17-1　创建联系人操作

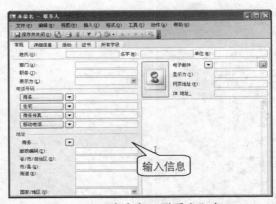

图 17-2　"未命名 – 联系人"窗口

步骤 03 在"姓氏"和"名字"文本框中输入联系人的姓名；在"电话号码"选项组中，分别在"单位"、"住宅"、"移动电话"文本框中输入相应的电话号码，在"电子邮件"文本框中输入联系人的电子邮件地址，如图 17-3 所示。

步骤 04 单击"详细信息"标签，进入"详细信息"选项卡。在该选项卡中，可以输入联系人的具体信息，如配偶姓名、配偶生日等，依次输入，如图 17-4 所示。输入完毕后，单击按钮，保存该信息。如果新建下一个联系人表，继续输入下一个联系人的信息即可。

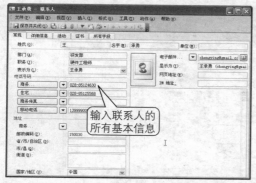

图 17-3　输入联系人的基本信息

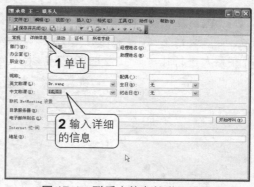

图 17-4　联系人信息的详细设置

17.2　编辑联系人信息

创建联系人后，可以对联系人的信息进行编辑，如查看联系人信息、修改联系人信息和删除联系人信息。

17.2.1　查看联系人信息

查看联系人信息的具体步骤如下：

步骤 01，双击桌面快捷方式图标，打开 Outlook 2003 窗口，单击按钮，如图 17-5 所示。

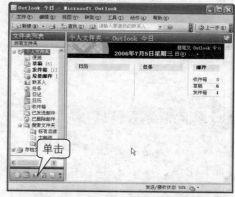

图 17-5　查看"联系人"操作

步骤 02，窗口中弹出"联系人"窗格，显示所有联系人信息，如图 17-6 所示。

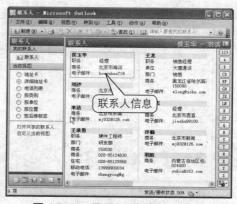

图 17-6　显示"联系人"信息

步骤03，单击 ^{查找(I)} 按钮后，单击"联系人"窗格右侧的字母，利用字母次序对联系人进行排序查找，如图17-7所示。

图 17-7　对联系人信息进行排序查找

17.2.2　修改联系人信息

修改联系人信息的具体步骤如下：

步骤01，双击桌面快捷方式图标，打开 Outlook 2003 窗口，单击 按钮，如图17-5 所示。

步骤02，窗口中弹出"联系人"窗格，双击待修改联系人条目，弹出如图17-8 所示的窗口。

步骤03，对相应的信息进行修改后，单击 保存并关闭(S) 按钮，即可完成。

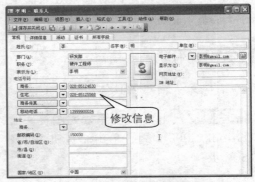

图 17-8　修改联系人信息窗口

17.2.3　删除联系人信息

删除联系人信息的方法很简单，只需选定要删除的联系人项目，单击鼠标右键，弹出快捷菜单，执行"删除"命令，如图17-9 所示，即可删除联系人信息。

图 17-9　删除联系人信息操作

17.3　联系人信息的分类

在 Outlook 2003 中，可以利用多种方式对联系人信息进行排序和分组，如地址、部门等。具体操作步骤如下：

步骤 01 双击桌面快捷方式图标，打
开 Outlook 2003 窗口，单击█按钮，窗口
中弹出"联系人"窗格，右击视图的空白
处，弹出快捷菜单，执行"显示字段"命
令，如图 17-10 所示。

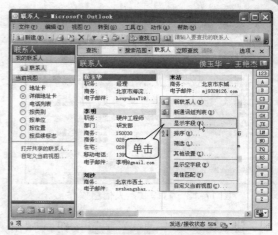

图 17-10　设置显示字段操作

步骤 02 弹出"显示字段"对话框，
如图 17-11 所示。选择"可用字段"列表
框中的字段名，单击 添加(A) -> 按钮，将被
选字段添加到"按此顺序显示这些字段"
列表框中。选择"按此顺序显示这些字
段"列表框中的字段名，单击 <- 删除(R) 按
钮，将被选字段删除掉。

步骤 03 单击 确定 按钮，返回
"联系人"显示窗口。在"联系人"窗
格"当前视图"选项组中选择"按单位"
单选按钮，联系人资料的格式变成表格，
显示设定的字段，再按照不同单位分成不
同的表格，如图 17-12 所示。

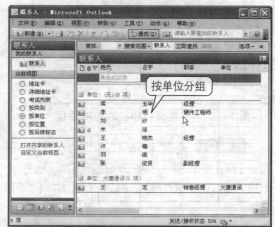

图 17-12　联系人分组

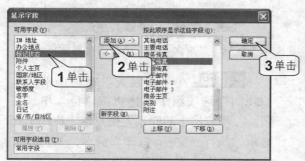

图 17-11　"显示字段"对话框

17.4　打印联系人信息

创建联系人列表后，可以打印联系人的信息，具体操作步骤如下：

步骤 01 双击桌面快捷方式图标，打开 Outlook 2003 窗口，单击 █联系人 按钮，窗
口中弹出"联系人"窗口，执行"文件>打印"命令，如图 17-13 所示，打开"打印"
对话框。在"打印范围"选项组中选择"所有项目"单选按钮，如图 17-14 所示。

图 17-13 打印联系人信息操作

图 17-14 "打印"对话框

步骤 02 单击 定义样式(T)... 按钮，弹出"定义打印样式"对话框，如图 17-15 所示。

步骤 03 在"打印样式"列表框中选择"卡片式"选项，单击 编辑(E)... 按钮，弹出"页面设置：卡片式"对话框，如图 17-16 所示。

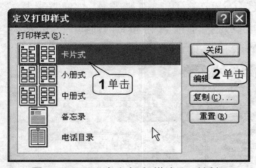

图 17-15 "定义打印样式"对话框

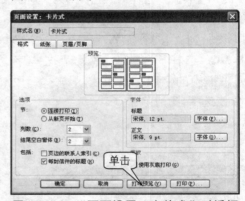

图 17-16 "页面设置：卡片式"对话框

步骤 04 设置相应打印格式（如列数、打印方式等），单击 打印预览(V) 按钮，弹出"打印预览"对话框，如图 17-17 所示。

步骤 05 在"联系人"窗格中的"当前视图"选项组中选择"按单位"单选按钮，左侧窗格中的联系人信息以表格的形式显示。执行"文件>打印"命令，只可以打印为表格的形式，预览结果如图 17-18 所示。

图 17-17 卡片式预览结果

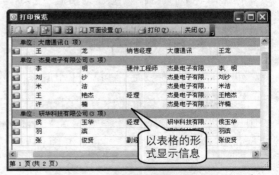

图 17-18 表格式预览结果

步骤 06 预览满意后，单击 打印(P)... 按钮，返回到"打印"对话框，单击 确定 按钮，即可打印。

17.5　同时向多个联系人发送邮件

同时给多个联系人发送邮件的具体操作步骤如下：

步骤 01 双击桌面快捷方式图标，打开 Outlook 2003 窗口，执行"文件>新建>邮件"命令，打开"未命名的邮件"窗口，如图 17-19 所示。

步骤 02 单击 按钮，弹出"选择姓名"对话框之一，如图 17-20 所示。

图 17-19　"未命名的邮件"窗口

图 17-20　"选择姓名"对话框之一

步骤 03 双击要发送邮件的目标联系人选项，将收件人的地址自动添加到"收件人"文本框中，如图 17-21 所示。

步骤 04 将所有联系人添加完毕后，单击 确定 按钮，返回"未命名的邮件"窗口，如图 17-22 所示。在"主题"文本框中输入主题名称，再输入邮件正文。

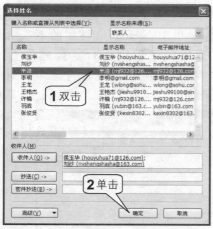

图 17-21　"选择姓名"对话框之二

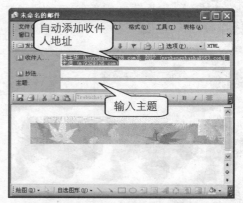

图 17-22　添加收件人地址后的邮件

17.6 边学边练：发送会议通知

如果公司召开大型会议，可以通过邮件发送会议通知给出席会议的所有人，再建立收件人联系方式。

实例简析

发送此种类型的会议通知，需要撰写会议通知内容，再创建或添加联系人信息，最后将所有参会人员的地址打印出来，以备会议期间与会人相互联络。

本例中所涉及的知识点比较多，需要将以前学过的知识和本节学过的知识结合起来，应多多注意知识点之间的融会贯通。

制作步骤

1. 撰写会议通知

步骤 01，双击桌面快捷方式图标，打开 Outlook 2003 窗口，执行"文件>新建>邮件"命令，打开"未命名的邮件"窗口。在该窗口中，设置信纸，编写相应的会议通知，如图 17-23 所示。

步骤 02，在"主题"文本框中输入"会议通知"即可。

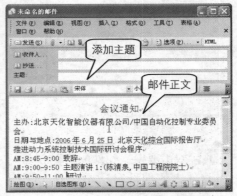

图 17-23 编写相应的会议通知

2. 添加联系人并发送邮件

步骤 01，单击工具栏中的 按钮，弹出"选择姓名"对话框之一，如图 17-24 所示。

步骤 02，单击 高级(V) 按钮的下三角按钮，在弹出的菜单中执行"新建"命令，弹出"未命名 - 联系人"窗口，如图 17-25 所示。

图 17-24 "选择姓名"对话框之一

图 17-25 "未命名 - 联系人"窗口

步骤03 依次输入所有参加会议人士的
所有信息。每输入完成一个条目,单击 按钮,保存该信息,再新建新的联系人
表,继续输入下一个联系人的信息。输入
完毕后,保存并退出,返回"选择姓名"
对话框之二。添加的联系人信息出现在此
对话框,如图 17-26 所示。

图 17-26 "选择姓名"对话框之二

步骤04 双击要发送邮件的联系人条
目,将收件人的地址自动添加到"收件
人"文本框中,如图 17-27 所示。

步骤05 将所有与会人员的地址添加完
毕后,单击 确定 按钮,返回原邮件,
如图 17-28 所示。

步骤06 单击 发送(S) 按钮,将邮件发
送出去。

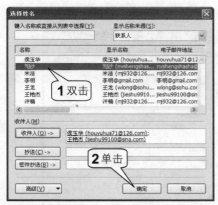

图 17-27 添加收件人地址

3. 打印联系人信息

步骤01 双击桌面快捷方式图标,打
开 Outlook 2003 窗口,单击 按钮,窗口
中弹出"联系人"窗格,选择"详细地
址卡"单选按钮显示联系人所有信息,如
图 17-29 所示。

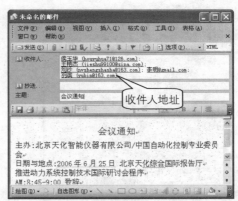

图 17-28 添加收件人地址后的邮件

图 17-29 联系人详细地址

步骤 02 执行"文件.>打印"命令，打开"打印"对话框，如图 17-30 所示。

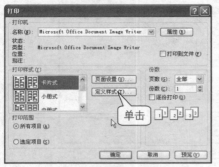

图 17-30 "打印"对话框

步骤 04 在"打印样式"列表中选择"卡片式"选项，单击 编辑(E)... 按钮，弹出"页面设置：卡片式"对话框，如图 17-32 所示。

图 17-32 "页面设置：卡片式"对话框

步骤 03 单击 定义样式(T)... 按钮，弹出"定义打印样式"对话框，如图 17-31 所示。

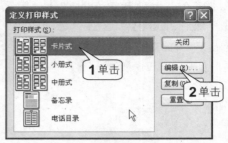

图 17-31 "定义打印样式"对话框

步骤 05 单击 打印预览(V) 按钮，弹出"打印预览"对话框，如图 17-33 所示。预览满意后，单击 打印(P)... 按钮，返回到"打印"对话框，单击 确定 按钮，即可打印。

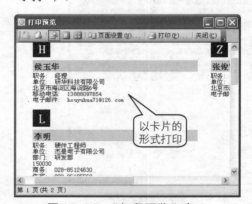

图 17-33 "打印预览"窗口

本例小结

本例内容包括编写邮件内容，利用通讯簿将发件人的邮件地址导入编写好的邮件中，发送邮件。

灵活掌握这些方法，有助于明白创建联系人资料与群发邮件之间的联系，以便处理许多问题，进而更方便地应用 Outlook 2003。

课堂问答

问 简述创建联系人信息的步骤。

答 步骤 1：双击桌面快捷方式图标，打开 Outlook 2003 窗口。执行"文件>新建>联系人"命令，在弹出的窗口中键入联系人的名称。

步骤2：输入该联系人的其他信息。在"显示为"文本框键入名称，可以指定联系人名称在邮件"收件人"文本框中的显示形式。在"IM 地址"文本框中可以指定联系人的即时消息地址。

步骤3：在字段中输入多个条目（如多个地址或电子邮件地址）。单击字段右侧的下三角按钮（如电子邮件右侧的下三角按钮），输入联系人的多个地址，若要确定邮件合并时使用的地址，请选中"此处为通讯地址"复选框。

问　如何与联系人通信？

答　在联系人列表中选择某个联系人的信息，右击，在弹出的快捷菜单中执行"致联系人的新邮件"命令，此时就会新建一个"未命名的邮件"。也可以为联系人新建会议请求、约会或任务，在右键快捷菜单中执行相应的命令即可。

问　如何向联系人中添加图片？

答　步骤1：双击桌面快捷方式图标，打开 Outlook 2003 窗口。单击■按钮，打开"联系人"导航窗格。创建或查看一个联系人信息。

步骤2：双击联系人条目，弹出"联系人"窗口。执行"动作>添加图片"命令。

步骤3：弹出"添加联系人图片"对话框，定位要插入的图片。

步骤4：双击要插入的图片，单击"确定"按钮。

问　如何将个人通讯簿转换为联系人文件夹？

答　步骤1：双击桌面快捷方式图标，打开 Outlook 2003 窗口，执行"文件>导入和导出"命令。弹出"导入和导出向导"对话框之一。

步骤2：在"请选择要执行的操作"列表中，单击"从另一程序或文件导入"选项，再单击"下一步"按钮。

步骤3：在"从下面位置选择要导入的文件类型"列表中，单击"个人通讯簿"选项，再单击"下一步"按钮。

步骤4：单击"浏览"按钮，弹出"浏览"对话框，选择要导入的文件。返回"导入文件"对话框，然后单击"下一步"按钮。

步骤5：在"选择目标文件夹"列表中单击"联系人"选项，再单击"下一步"按钮。按向导中的其余步骤进行操作。

问　如何使用联系人进行邮件合并？

答　邮件合并是为大量分发的邮件标签、信封、套用信函、分类、电子邮件或传真上添加姓名和地址的过程。可以从 Outlook 或 Word 开始邮件合并，然后在 Word 中使用"邮件合并向导"或"邮件合并"工具栏完成。请注意，必须使用 Word 2002 或更高版本，以保证邮件合并功能正常工作。

可以使用 Outlook 中"联系人"文件夹作为邮件合并的数据源，提供将合并到主文档中的姓名和地址。

可以用三种方法选择邮件合并将包括的联系人：

（1）按住 Ctrl 键的同时单击联系人，从"联系人"文件夹中选择。

（2）创建单独的联系人文件夹，然后只将所需联系人的信息复制到该文件夹。

（3）创建自定义的"联系人"文件夹视图。例如，可使所创建的视图只包含来自特定省/市/自治区的联系人，然后只为他们发送自定义的电子邮件。

举一反三

如果本章的基础知识已经掌握，为了在掌握基础知识的前提下，灵活应用本章知识及本章知识的拓展，下面列出了一个实例，将解决上述问题。这个实例不但是基础知识的实际应用，也是实际操作中很重要的一种知识拓展。掌握实例的方法，将使对所掌握的知识的理解提高一大步。

例 直接为联系人发送邮件

查看联系人信息时，如果要发送邮件给某人，为了操作方便，可以不必返回到寄件夹，直接为其发送邮件，具体步骤如下：

步骤 01 双击桌面快捷方式图标，打开 Outlook 2003 窗口，单击 按钮，弹出"联系人"窗格，如图 17-34 所示。

图 17-34 查看联系人信息操作

步骤 02 查看联系人，再单击邮件接收者的联系人条目，执行"动作>致联系人的新邮件"命令，如图 17-35 所示。

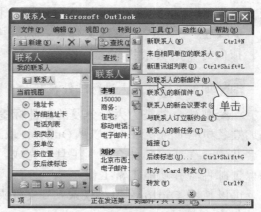

图 17-35 直接为联系人发送邮件操作

步骤 03 弹出"未命名邮件"窗口，该联系人地址直接添加到"收件人"文本框中，如图 17-36 所示。添加主题后编写邮件正文，单击 发送(S) 按钮，将邮件发送出去。

添加的联系人地址

图 17-36　添加联系人地址

本章练习

1. 填空题

（1）Outlook 2003 可以方便地记录和添加联系人的 _____ 、 _____ 、 _____ 等信息，以更方便地和联系人联系。

（2）对联系人信息的编辑包括 _____ 、 _____ 和 _____ 。

（3）在"联系人"窗格中，选择"当前视图"选项组中的"_____"单选按钮，左侧窗格中的联系人信息的格式变成 _____ ，按照不同单位分成不同的表格。

2. 选择题

（1）为多个人发送邮件时，执行"_____"命令，打开"未命名的邮件"窗口，单击 按钮，弹出"_____"对话框。

　　A. 文件>新建>邮件、选择姓名　　　　B. 文件>新建>发送邮件、选择姓名

　　C. 文件>新建>发送邮件、选择通讯簿　D. 文件>新建>邮件、选择通讯簿

（2）在 Outlook 2003 窗口中，执行"_____"命令，可对联系人的信息进行打印。

　　A. 文件.>打印　　　　　　　　　　　B. 编辑>打印预览

　　C. 文件.> 打印预览　　　　　　　　 D. 编辑>打印

3. 上机题

（1）创建一个会务组"联系人"通讯录，会务组成员联系方式如下：

姓名	E-mail	住址
侯玉华	houyuhua71@126.com	北京市海淀区海淀路6号
王艳杰	jieshu99100@sina.com	北京市西直门外上园村
张俊贤	kexin8302@163.com	北京市海淀区海淀路40号
刘沙	nvshengshasha@163.com	北京市西土城路12号
米洁	mj932@126.com	北京市东城区东棉花胡同31号
许楠	mj932@126.com	北京市新街口外大街18号

（2）以卡片的方式打印联系人信息。

（3）将退出会务组的"米洁"的联系人信息删除。

用Outlook 2003管理日常工作

课前预习

本章主要讲述如何利用 Outlook 2003 进行日常生活的安排和管理，包括任务的创建、日程安排、日记的创建与使用以及便笺的创建与使用。本章将学习以下内容：管理任务，日程安排，日记，便笺。

正式课堂

18.1 管理任务

任务就是一个事务，可以重复发生责任。对任务的管理包括任务的创建、任务的分派、任务的发送和响应。

18.1.1 创建任务

使用任务的第一步是创建任务，创建任务的具体步骤如下：

步骤 01 双击桌面快捷方式图标，打开 Outlook 2003 窗口，单击 按钮，打开"任务"窗口，如图 18-1 所示。

步骤 02 双击"任务"窗口中的空白处，弹出"未命名 – 任务"窗口，如图 18-2 所示。

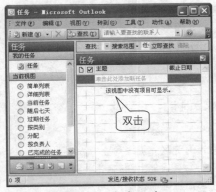

图 18-1 "任务"窗口

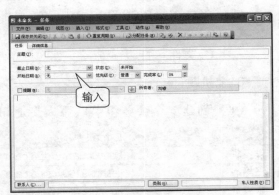

图 18-2 "未命名 – 任务"窗口

步骤 03 在"主题"文本框中输入任务，输入开始日期和截止日期，再设置状态，选中"提醒"复选框，如图 18-3 所示。

步骤 04 单击 重复周期(U)... 按钮，弹出"任务周期"对话框，可创建定期任务，如图 18-4 所示。

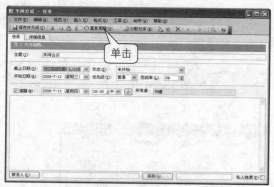

图 18-3　创建之后的任务示例

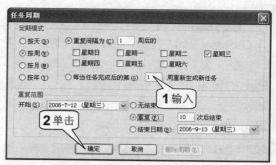

图 18-4　"任务周期"对话框

步骤05　单击 确定 按钮，返回
"车间会议－任务"窗口，如图18-5所示。
单击 保存并关闭(S) 按钮，创建完毕。

图 18-5　"车间会议－任务"窗口

18.1.2　浏览任务

双击桌面快捷方式图标，打开Outlook 2003窗口，单击 按钮，打开"任务"窗口，
显示任务条目，如图18-6所示。双击相应的任务，弹出任务的具体内容，如图18-7所示。

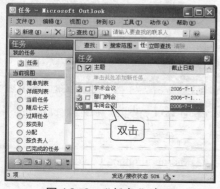

图 18-6　"任务"窗口

图 18-7　任务具体内容

18.1.3　分派任务

所谓分派任务，就是把任务分配给下属完成。将任务分派出去后，失去任务的所有权，
用户就不能更改任务的内容，任务的提醒也随之消失。

分派任务的具体步骤如下：

步骤 01 双击桌面快捷方式图标，打开 Outlook 2003 窗口，单击 ⬛ 按钮，打开"任务"窗口，双击"学术会议"任务，弹出"学术会议 - 任务"窗口之一，单击 ▣分配任务(N) 按钮，窗口中出现 收件人(X)... 按钮，如图 18-8 所示。

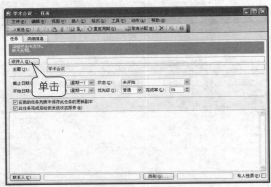

图 18-8　"学术会议 - 任务"窗口之一

步骤 03 双击联系人选项，邮件地址自动加入到"收件人"文本框中，单击 确定 按钮，返回到"学术会议 - 任务"窗口，在 收件人(X)... 按钮后面的文本框中自动添加了收件人地址，如图 18-10 所示。

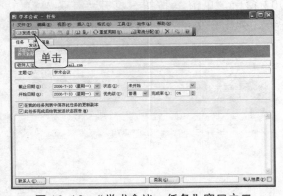

图 18-10　"学术会议 - 任务"窗口之二

步骤 02 确认信息无误后，单击 收件人(X)... 按钮，弹出"选择任务收件人"对话框，如图 18-9 所示。

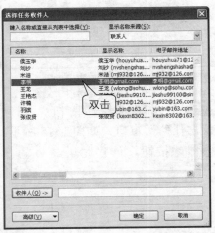

图 18-9　"选择任务收件人"对话框

步骤 04 单击 ➡发送(S) 按钮，弹出 Microsoft Office Outlook 对话框，如图 18-11 所示。如果确认不再是此项目的所有者，可以单击 确定 按钮，关闭任务的提醒。如果要继续拥有此项目，可以单击 取消 按钮。

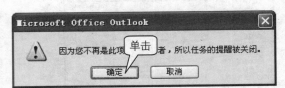

图 18-11　Microsoft Office Outlook 对话框

用Outlook 2003管理日常工作

步骤 05　单击 [确定] 按钮，将邮件发送出去。发送完毕后，"学术会议－任务"窗口变成不可修改状态，显示"在6天内到期，等待收件人响应"的提示，如图18-12所示。

图 18-12　分派任务后的窗口示例

18.2　日程安排

日程安排就是利用 Outlook 2003 中的"日历"功能设定约会、策划会议等等，给用户的工作和生活带来方便。

18.2.1　约会安排

约会安排是"日历"中较为常用的功能，目的是提醒用户。创建约会安排的具体操作步骤如下：

步骤 01　打开 Outlook 2003 窗口，单击 按钮，弹出"日历"窗口，如图18-13所示。

步骤 02　单击窗口左侧的"日历"窗格选项，设定约会的日期（如"7月11日"），单击 新建 按钮的下三角按钮，在弹出的下拉菜单中执行"约会"命令，如图18-14所示。

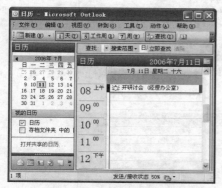

图 18-13　"日历"窗口

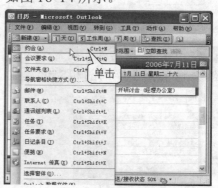

图 18-14　创建约会的操作

步骤 03　弹出"无命名－约会"窗口，如图18-15所示。

步骤 04　在"主题"文本框中输入主题（如"公司庆典"），此时显示"公司周年庆典－约会"窗口，在"地点"文本框中输入约会地点，设定约会的起始时间（如2006-7-11　8：00），设定约会的结束时间（如2006-7-11　9：30）等，单击 重复周期(U)... 按钮，如图18-16所示。

新编中文版 Office 五合一教程

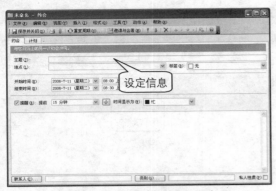

图 18-15 "未命名-约会"窗口

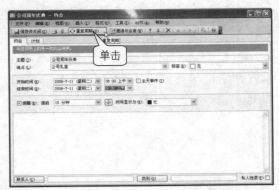

图 18-16 "公司周年庆典-约会"窗口

步骤 05 弹出"约会周期"对话框，如图 18-17 所示，可设定约会周期。

步骤 06 设定完毕后，单击 确定 按钮，返回"公司周年庆典-约会"窗口，单击 保存并关闭(S) 按钮，返回"日历"窗口，在 7 月 11 日的 8：00—9：30 时间段显示约会内容，如图 18-18 所示，约会创建完毕。

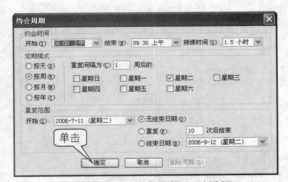

图 18-17 "约会周期"对话框

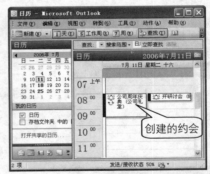

图 18-18 "日历"窗口

步骤 07 单击 7 周 按钮，可显示"周日历"，约会记录会在该周的相应位置显示出来，如图 18-19 所示。

步骤 08 单击 31 月 按钮，可显示"月日历"，约会记录会在该月的相应位置显示出来，如图 18-20 所示。

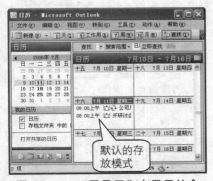

图 18-19 "周日历"中显示约会

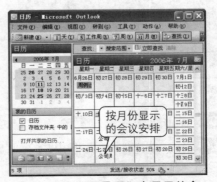

图 18-20 "月日历"中显示约会

· 324 ·

18.2.2　会议安排

所谓会议安排，就是邀请别人参加约会，会议安排的具体操作步骤如下：

步骤 01 双击桌面快捷方式图标，打开 Outlook 2003 窗口，单击█按钮，弹出"日历"窗口，单击窗口左侧的"日历"窗格选项，设定约会的日期，如图 18-21 所示。

图 18-21　"日历"窗口

步骤 02 执行"动作>安排会议"命令，如图 18-22 所示。

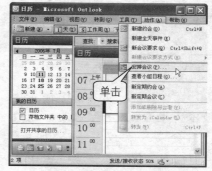

图 18-22　安排会议操作

步骤 03 弹出"安排会议"窗口，如图 18-23 所示。

步骤 04 单击 添加其他人(D)▼ 按钮右侧的下三角按钮，在弹出的下拉菜单中执行"添加自通讯簿"命令，弹出"选择与会者及资源"对话框，如图 18-24 所示。

图 18-23　"安排会议"窗口

图 18-24　"选择与会者及资源"对话框

步骤05 双击联系人条目，将地址添加到"必选"文本框中，单击 确定 按钮，返回到"安排会议"窗口，全部与会者就被添加完毕，设置会议的开始时间（如 2006-7-11 8：00），设置会议的结束时间（如 2006-7-11 8：30），如图 18-25 所示。

步骤06 单击 安排会议 按钮，弹出"未命名 - 会议"窗口，在"收件人"文本框中自动添加了与会人员的电子邮件地址，如图 18-26 所示。

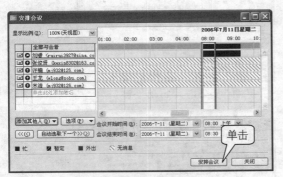

图 18-25　添加与会人员

图 18-26　"未命名 - 会议"窗口

步骤07 在"主题"文本框中输入会议主题"技术审批会议"，窗口的标题改为"技术审批会议 - 会议"，在"地点"下拉列表框中输入会议地点（如"公司礼堂"），如图 18-27 所示。

步骤08 单击 发送(S) 按钮，将会议邀请发送出去，返回"日历"窗口，在具体的位置显示该会议安排，如图 18-28 所示。

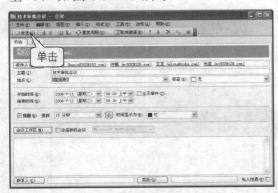

图 18-27　"技术审批会议 - 会议"窗口

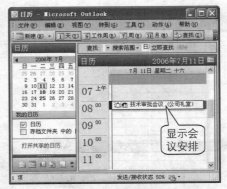

图 18-28　显示会议安排

18.3　日记

　　日记就是记录日常活动的日志，Outlook 2003 中的日记可以自动记录用户的邮件的收发情况。

用Outlook 2003管理日常工作

18.3.1   创建日记

创建日记就是将日常发生的事务记录下来，具体操作步骤如下：

步骤 01 双击桌面快捷方式图标，打开 Outlook 2003 窗口。在导航窗格下端单击 ■ 按钮，显示"所有文件夹"窗格，单击"日记"选项，如图 18-29 所示，弹出"日记"窗口。

图 18-29   "日记"窗口

步骤 02 执行"动作>新日记条目"命令，如图 18-30 所示。

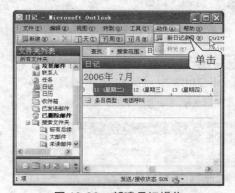

图 18-30   新建日记操作

步骤 03 弹出"未命名-日记条目"窗口，在"主题"文本框中输入日记主题"与客户会谈"，对话框的标题改为"与客户会谈-日记条目"。在"条目类型"下拉列表框中输入相应的选项（如"电话呼叫"），如图 18-31 所示。

步骤 04 单击 启动计时器(M) 按钮，开始计时。如果要暂停计时，可以单击 暂停计时器(M) 按钮，如图 18-32 所示。

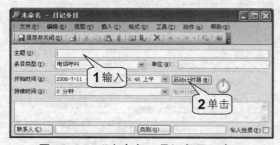

图 18-31   "未命名-日记条目"窗口

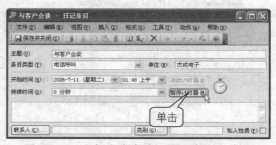

图 18-32   "与客户会谈-日记条目"窗口

步骤 05 计时结束时，单击 暂停计时器(M) 按钮，计时停止。在"持续时间"下拉列表框中自动显示所计时间，单击 保存并关闭(S) 按钮，完成日记条目的创建。

18.3.2　浏览日记

双击桌面快捷方式图标，打开 Outlook 2003 窗口，单击 按钮，显示"所有文件夹"，单击"日记"选项，弹出"日记"窗口，如图 18-33 所示，双击相应的日记条目即可查看。

图 18-33　浏览日记操作

18.3.3　管理日记

创建日记后，可对日记进行管理，具体的操作步骤如下：

步骤 01，双击桌面快捷方式图标，打开 Outlook 2003 窗口，执行"工具>选项"命令，如图 18-34 所示。

步骤 02，弹出"选项"对话框，如图 18-35 所示。

图 18-34　管理日记操作

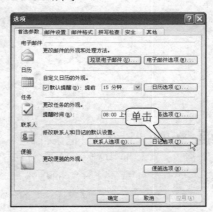

图 18-35　"选项"对话框

步骤 03，单击 日记选项(J)... 按钮，弹出"日记选项"对话框，在"自动记录"列表框内选择希望监控的项目（如"电子邮件"、"会议取消"、"会议相应"等），在"记录文件"列表框中记录接收的 Excel，Word 等文件，如图 18-36 所示。

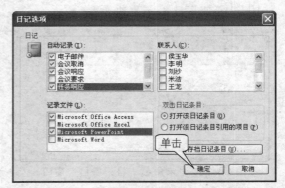

图 18-36　设置后的"日记选项"对话框

Outlook

步骤04，单击 确定 按钮，返回至"选项"对话框，单击 确定 按钮，完成设置。

18.4 便笺

便笺用来提醒用户要做的事情，与任务不同，但与便条的功效相似，是用户管理日常事务的得力助手。

18.4.1 创建新便笺

创建便笺的具体步骤如下：

步骤01，双击桌面快捷方式图标，打开 Outlook 2003 窗口，单击 按钮，进入"便笺"窗口，如图 18-37 所示。

步骤02，单击 新建 的下三角按钮，在弹出的下拉菜单中执行"便笺"命令，如图 18-38 所示。

图 18-37 "便笺"窗口

图 18-38 新建便笺的操作

步骤03，弹出黄色的方框型文本框，同时"便笺"窗格中出现新便笺图标，如图 18-39 所示。

步骤04，在便笺中输入文本内容，如图 18-40 所示。单击 按钮，关闭"便笺"窗口，创建的便笺自动保存。

图 18-39 创建好的便笺

图 18-40 在便笺中输入文本

18.4.2 浏览便笺

双击桌面快捷方式图标，打开 Outlook 2003 窗口，单击 **■** 按钮，进入"便笺"窗口，如图 18-41 所示。双击待浏览的便笺。既可打开便笺并进行浏览，如图 18-42 所示。

图 18-41 "便笺"窗口

图 18-42 浏览便笺

18.4.3 处理便笺

1. 便笺视图处理

双击桌面快捷方式图标，打开 Outlook 2003 窗口，进入"便笺"窗口。在"便笺"窗格中，选择"便笺列表"单选按钮，便笺以表格的形式显示，如图 18-43 所示。可以根据需要显示相应的视图。

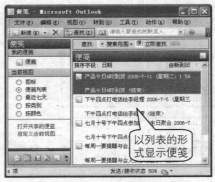

图 18-43 便笺列表

2. 设置便笺

步骤 01 双击桌面快捷方式图标，打开 Outlook 2003 窗口，单击 **■** 按钮，进入"便笺"窗口。执行"工具>选项"命令，弹出"选项"对话框，如图 18-44 所示。

图 18-44 "选项"对话框

用Outlook 2003管理日常工作

步骤02，单击 便笺选项(N)... 按钮，弹出"便笺选项"对话框，如图18-45所示。单击"颜色"下拉列表框右侧的下三角按钮，在弹出的下拉列表框中便笺的颜色（如"粉红色"等）。单击"大小"下拉列表框右侧的下三角按钮，在弹出的下拉列表框中设置便笺的大小，可以选择"大"、"中"、"小"。

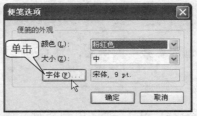

图18-45　"便笺选项"对话框

步骤03，单击 字体(F)... 按钮，弹出"字体"对话框，如图18-46所示。

步骤04，根据需要设置字体、字形、字号和字体的颜色，在"示例"框中预览，满意后，单击 确定 按钮。返回到"便笺选项"对话框，"字体"按钮后面的文本框显示的字体和字形就是设置后的样式，如图18-47所示。单击 确定 按钮，设置完毕。

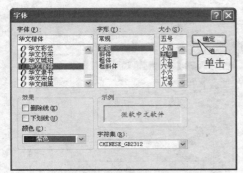

图18-46　"字体"对话框

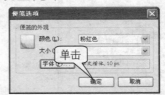

图18-47　"便笺选项"对话框

3. 将便笺发送给其他人

可以将便笺发送给别人，实现便笺的共享，具体操作步骤如下：

步骤01，双击桌面快捷方式图标，打开Outlook 2003窗口，单击 按钮，进入"便笺"窗口。右击待发送的便笺，弹出快捷菜单，执行"转发"命令，如图18-48所示，弹出"转发：产品今日4时到货 - 邮件"窗口。

步骤02，在"收件人"文本框中输入邮件地址，如图18-49所示，单击 发送(S) 按钮，将便笺发送出去，返回"便笺"窗口。

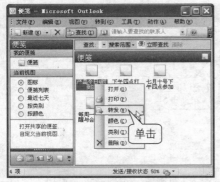

图18-48　转发便笺操作

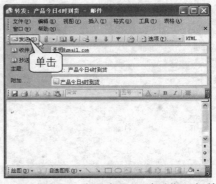

图18-49　"转发：产品今日4时到货 - 邮件"窗口

18.5 边学边练：用Outlook 2003安排周例会

某公司每周要开一次例会，为了及时提醒每一个人，需要用 Outlook 2003 安排周例会。

实例简析

利用 Outlook 2003 安排周例会时，先安排会议的时间、地点，然后设置约会周期，最后确定与会人员，将会议通知发送出去。

制作步骤

步骤 01 双击桌面快捷方式图标，打开 Outlook 2003 窗口，单击 按钮，弹出"日历"窗口，执行"动作>新定期会议"命令，如图 18-50 所示。

步骤 02 弹出"未命名 - 会议"窗口和"约会周期"对话框，如图 18-51 所示。

图 18-50 创建定期会议操作

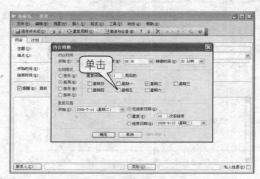

图 18-51 "未命名 - 会议"窗口和"绘会周期"对话框

步骤 03 根据会议情况，在"约会周期"对话框的"约会时间"选项组中，在"开始"文本框中输入 8：00 上午；在"结束"文本框中输入 8：30 上午；在"定期模式"选项组中选择"按周"单选按钮，将重复间隔设置成为"1 周后的星期五"，如图 18-52 所示。

步骤 04 单击 确定 按钮，返回"未命名 - 会议"窗口，在"主题"文本框中输入"周例会"，在"地点"下拉列表框中输入"公司礼堂"，在"标签"下拉列表框中选择"必须出席"选项；如图 18-53 所示。

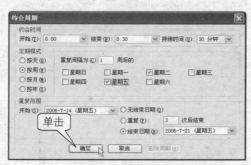

图 18-52 "约会周期"对话框

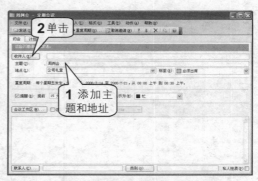

图 18-53 "周例会 - 定期会议"窗口

步骤 05 在"收件人"按钮后面的文本框中输入与会人员的邮件地址，如图18-54所示。

步骤 06 单击 发送(S) 按钮，把邮件寄给联系人。返回"日历"窗口，显示周例会，如图18-55所示。

图 18-54   添加邮件地址

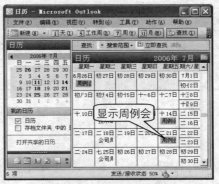

图 18-55   日历中显示周例会

本例小结

本例利用日历的安排会议或约会的功能安排周例会。所用知识点不是太多，但能体现出灵活应用知识点的重要性。

课堂问答

问 如何在任务列表中对所有任务排序？

答 步骤1：双击桌面快捷方式图标，打开Outlook 2003窗口。切换到"任务"窗格，执行"视图>排列方式>当前视图>自定义当前视图"命令。弹出"自定义视图：简单列表"对话框，单击"排序"按钮。弹出"排序"对话框。

步骤2：在"排序依据"下拉列表框中，单击要作为排序依据的字段。如果所需字段不在"排序依据"下拉列表框中，在"可用字段选自"下拉列表框中选择不同字段。

步骤3：选择"升序"或"降序"作为排序方式。

步骤4：若要按其他字段排序，请在"第二依据"下拉列表框中选择某个字段。

问 什么是分派任务？

答 除创建自己的任务之外，可创建分配给别人的任务。通过向他人发送任务要求可分配任务。接收任务要求的人变成临时任务所有者。他们可谢绝任务、接受任务或将任务分配给其他人。如果他们谢绝任务，任务则返回给任务分配者。可通过将任务返回到任务列表收回所有权。如果他们接受任务，就成为任务所有者。

所有者是唯一可更改任务的人。当所有者更新任务时，Microsoft Outlook更新所有的任务副本（原来发送任务要求的人的副本和以前的任务所有者的副本）。当所有者完成任务时，Outlook自动给原来分配任务的人、以前任何所有者和请求报告的任何人发送状态报告。

如果同时将任务分配给多人，则不能在任务列表中保留任务的更新副本。要将同一项目分配给多人并用 Outlook 跟踪最新工作进度，请将工作划分为多个任务并分别分配每项任务。例如，要将报告分配给三个人，请创建三个任务，分别命名为"第一部分"、"第二部分"和"第三部分"。

问 什么是便笺？如何创建便笺？

答 "便笺"是贴纸便笺的电子替代品。使用"便笺"可记下问题、想法、提醒及任何以前要写在贴纸上的事情。工作时可将"便笺"在屏幕上开着。使用"便笺"来存储以后可能需要的信息（如要在其他项目或文档中再次使用的指导性内容或文字）时尤其方便。

下面是创建便笺的步骤。

步骤 1：双击桌面快捷方式图标，打开 Outlook 2003 窗口，执行"文件>新建>便笺"命令。

步骤 2：在弹出的文本框中键入便笺正文。

步骤 3：若要关闭便笺，请单击"便笺"窗口右上角"关闭"按钮。

问 简述如何在"日记"中记录信息？

答 "日记"自动记录用户与所选联系人之间的交互操作，将操作放到日程表视图中。除跟踪 Microsoft Outlook 项目（如电子邮件）或其他 Microsoft Office 文件（如 Microsoft Word 或 Microsoft Excel 文件）外，还可以记录要记住的任何交互（甚至不在计算机上的），如电话交谈、邮寄或接收的手写信件。

使用"日记"记录和联系人交互的日期和时间，如跟踪花费在特定帐户上的小时数。若要创建与联系人相关的所有项目的列表，请使用活动跟踪，而不必将项目链接到联系人。

如果只记得使用某文件的日期，却忘了它的路径，可使用"日记"根据执行操作的时间查找信息。"日记"条目是根据操作发生的时间记录的。例如，当创建或最后修改某 Word 文档时，此文档就记录在日程表中。可将日程表上的"日记"条目组织成逻辑组（如电子邮件、会议和电话）以快速定位信息（如上周或上月参加的所有会议）。

问 如何将任务分配给他人？

答 步骤 1：创建新任务。双击桌面快捷方式图标，打开 Outlook 2003 窗口，执行"文件>新建>任务要求"命令。若要分配现有任务，请在任务列表中打开要分配的任务，然后单击"分配任务"按钮。

步骤 2：在"收件人"文本框中，输入任务承担者的姓名。若要从列表中选择姓名，请单击"收件人"按钮。弹出"选择任务收件人"对话框。选择收件人后，单击"确定"按钮。返回"未命名 - 任务"窗口。

步骤 3：在"主题"文本框中键入新建任务的名称（现有任务的"主题"文本框已经填写），再选定想要的截止日期和状态选项。

步骤 4：选中或清除"在我的任务列表中保存此任务的更新副本"和"此任务完成后给我发送状态报告"复选框。

步骤 5：如果要重复执行该任务，执行"动作>重复周期"命令。弹出"任务周期"对话框，选择所需选项，然后单击"确定"按钮。

步骤 6：在任务的正文部分，键入有关任务的指令或信息，单击"发送"按钮。

用Outlook 2003管理日常工作

举一反三

　　如果本章的基础知识已经掌握，为了在掌握基础知识的前提下，灵活应用本章知识及本章知识的拓展，下面列出了一个实例，将解决上述问题。这个实例不但是基础知识的实际应用，也是实际操作中很重要的一种知识拓展。掌握实例的方法，将对掌握的知识进一步理解。

　　例 打印带有约会信息的日历

　　用户需要将带有约会的日历打印出来，已备平时查阅或备份，具体实现步骤如下：

　　步骤 01 双击桌面快捷方式图标，打开 Outlook 2003 窗口，单击 ▥ 按钮，弹出"日历"窗口，执行"文件>打印"命令，弹出"打印"对话框，如图 18-56 所示。

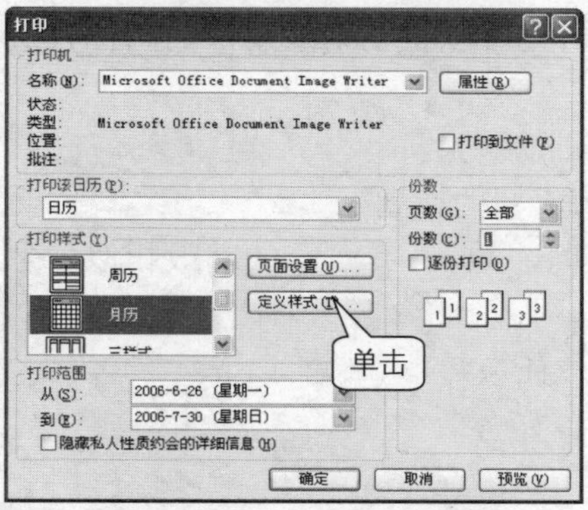

　　步骤 02 单击 [定义样式(T)...] 按钮，弹出"定义打印样式"对话框，如图 18-57 所示。

图 18-56　"打印"对话框

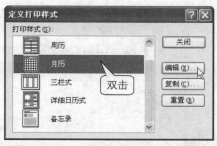

图 18-57　"定义打印样式"对话框

　　步骤 03 双击"月历"选项，弹出"页面设置：月历"对话框，如图 18-58 所示。设置相应的打印方式，预览后打印。

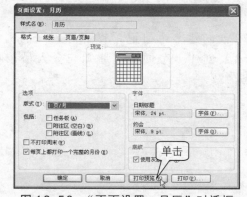

图 18-58　"页面设置：月历"对话框

本章练习

1. 填空题

（1）任务就是一个事务，可以重复发生责任。对任务的管理包括 _____、_____、_____。

（2）分派任务就是把任务分配给下属完成，将任务分派出去后 _____，用户就 _____ 更改任务的内容，任务的提醒也随之消失。

（3）日程安排就是 Outlook 2003 的 "_____" 功能，可以设定约会、策划会议等等，给用户的工作和生活带来方便。

2. 选择题

（1）会议安排就是一种需要 _____ 的约会。
    A. 与他人相约去开会议　　　　　B. 集体出去玩的安排
    C. 邀请别人参加　　　　　　　　D. 被邀请参加

（2）日记就是 _____ 的日志，Outlook 2003 中的日记可以自动记录用户的邮件收发情况。
    A. 记录每天的事情　　　　　　　B. 记录日常活动
    C. 要求每天写的文章　　　　　　D. 要求每天写的计划

（3）便笺是用来提醒用户做的事情，与 _____ 不同，与 _____ 的功效相似，是用户的得力助手
    A. 任务、便条　　　　　　　　　B. 便条、任务
    C. 约会、便条　　　　　　　　　D. 约会、任务

3. 上机题

（1）创建一个约会安排，安排每周二下午 12：00-12：30 有例会，地点在经理办公室。

（2）创建一个日记，提醒每周二的例会安排。

（3）创建一个便笺，通知与会人员按时参加会议。

第1章

1. 填空题

（1）Microsoft公司、PowerPoint 2003、Outlook 2003

（2）"所有程序>Microsoft Office> Microsoft Office Word 2003（Microsoft Office Excel等其他应用程序）"

（3）文档的创建、文档的保存、文档的打开、文档的设置

（4）剪切和复制、文本的粘贴、文本的查找和替换

（5）

（6）帮助>Microsoft Office Word帮助

2. 选择题

（1）A　　　　　　（2）D　　　　　　（3）C

第2章

1. 填空题

（1）普通、页面、大纲、Web版式、阅读版式

（2）字体、字号、字符颜色、字符的特殊形态（下划线、斜体等）

（3）Ctrl+B、Ctrl+I

（4） 、取消、 、取消

（5）两端对齐、居中对齐、右对齐、分散对齐、页边

（6）标尺、"格式"工具栏、"段落"对话框

（7）公式

（8）文档的编者、页边距、读者

（9）

（10）样式和格式

2. 选择题

（1）C　　　　　　（2）B　　　　　　（3）B

第3章

1. 填空题

（1）表格插入、行列数、表格和边框

（2）不能

（3）表格与边框

（4）Alt+Home、Alt+End、Alt+Page Up

（5）单元格的拆分、单元格的合并、表格的缩放

（6）表格的行高、表格的列宽

（7）放大和缩小、调整句柄

（8）利用"绘图"工具栏绘制斜线表头、利用"插入斜线表头"对话框绘制斜线表头

2. 选择题

（1）B （2）ABCD （3）ABCD

第4章

1. 填空题

（1）多边形自选图形

（2）添加颜色、图形轮廓、添加阴影、添加三维效果

（3）选定、调整、排列。

（4）软件

2. 选择题

（1）ABCD （2）A （3）C

第5章

1. 填空题

（1）报表、分析、预测、制作图表

（2）标题栏、菜单栏、工具栏、编辑栏、状态栏

（3）存储并处理、一个或多

2. 选择题

（1）D （2）A （3）B

第6章

1. 填空题

（1）工作簿的窗口操作、工作簿的新建、工作簿的打开和关闭

（2）同一个工作簿中

（3）最小单位

（4）文字、数字、日期、公式

（5）移动、复制

2. 选择题

（1）B　　　　　　　　（2）D　　　　　　　　（3）B

第7章

1. 填空题

（1）算术运算符、比较运算符、引用运算符
（2）":"、","、冒号、C3:C8
（3）TRUE、FALSE
（4）函数名、参数列表、函数名（参数1，参数2……）
（5）ROUND、AVERAGE(A5,B3),SUM(C4,A2)

2. 选择题

（1）D　　　　　　　　（2）B

第8章

1. 填空题

（1）普通视图、幻灯片浏览视图、幻灯片放映视图、普通视图
（2）升序排序、降序排序、升序排序、降序排序
（3）排序

2. 选择题

（1）D　　　　　　（2）A　　　　　　　　（3）B

第9章

1. 填空题

（1）普通视图、幻灯片浏览视图、幻灯片放映视图
（2）幻灯片母版、讲义母版、备注母版
（3）字形、项目编号样式、背景、配色方案
（4）占位符、文本框、图形、备注文本、页眉和页脚
（5）该区域、文本

2. 选择题

（1）C　　　　　　（2）B　　　　　　　　（3）C

第10章

1. 填空题

(1) 解说、视频、声音和影片、CD

(2) "插入>声音和影片>剪辑管理器的影片/声音"

(3) 剪辑管理器中的声音、文件中的声音、播放CD乐曲、录制的声音

(4) 新建文档、原有文件或网页

(5) 文本、图形、表格、艺术字

2. 选择题

(1) D   (2) B、C   (3) C

第11章

1. 填空题

(1) 时间

(2) 演讲者放映(全屏幕)、观众自行浏览(窗口)、在展台浏览(全屏幕)

(3) 前一张、后一张、快捷菜单、暂停、上一张、下一张

(4) 设置放映方式

2. 选择题

(1) D   (2) A   (3) C

第12章

1. 填空题

(1) 查询、窗体、报表   (2) 行与列、一行

(3) 主键、关键字   (4) 关键字

(5) 表

(6) 使用设计器创建表、使用向导创建表、通过输入数据创建表

(7) 表设计器   (8) 数据的导入和导出

2. 选择题

(1) C   (2) B   (3) A

第13章

1. 填空题

(1) 窗体、数据编辑、数据接收、数据查看

(2) 按下、相应的向导   (3) 说明性

（4）单独的　　　　　　　　　　　（5）页与页之间的切换、可以

2. 选择题

（1）D　　　　　　　　（2）D　　　　　　　　（3）C

第14章

1. 填空题

（1）数据、图表

（2）标签报表、图表报表

（3）纵栏式报表

2. 选择题

（1）B　　　　　　　　（2）C　　　　　　　　（3）B

第15章

1. 填空题

（1）各表

（2）使用向导创建查询、在设计视图创建查询、交叉表查询

（3）生成表查询、追加查询

（4）利用一个或多个表的全部或部分数据新建一个表

（5）记录

2. 选择题

（1）A　　　　　　　　（2）C　　　　　　　　（3）C

第16章

1. 填空题

（1）电子邮件帐户

（2）收件人的邮件地址、邮件主题、撰写邮件、附件

（3）"；"

2. 选择题

（1）ABC　　　　　　　　　　（2）ABCD

第17章

1. 填空题

（1）姓名、电子邮件、电话
（2）查看联系人信息、修改联系人信息、删除联系人信息
（3）按单位、表格

2. 选择题

（1）A　　　　　　　　（2）A

第18章

1. 填空题

（1）任务的创建、任务的分派、任务的　　　　响应
（2）失去任务的所有权、不能
（3）日历

2. 选择题

（1）C　　　　　　（2）B　　　　　　　（3）A